우리는 북한을 어떻게 해야 할까

북핵문제의 성찰과 해법

우리는 북한을 어떻게 해야 할까
북핵문제의 성찰과 해법

2017년 5월 2일 초판 인쇄 | 2017년 5월 8일 초판 발행

지은이 이현주
펴낸이 한정희

총괄이사 김환기
편집주간 정창현
편집·디자인 김지선 나지은 박수진 문성연 유지혜
마케팅 김선규 유인순 하재일

펴낸곳 역사인
출판신고 제406-2010-000060호

주소 경기도 파주시 회동길 445-1 경인빌딩 B동 4층
대표전화 031-955-9300 | **팩스** 031-955-9310
홈페이지 www.kyunginp.co.kr | **전자우편** kyungin@kyunginp.co.kr

ISBN 979-11-86828-06-9 03340
값 15,000원

역사인은 경인문화사의 자매 브랜드입니다.

우리는
북한을 어떻게
해야 할까

북핵문제의 성찰과 해법

이현주 지음

역사인

1997년 7월, 북한 현지에 부임하여 한반도에너지개발기구(이하 KEDO) 금호사무소를 개설하고 2년 넘게 근무한 지 벌써 20년이 흘렀다. 20년 전에 관찰하고 체험한 내용이 오늘에 무슨 의미가 있을까 했는데 마침 역사인 출판사 한정희 사장님의 제안으로 새로운 내용을 보완하여 출간하게 되었다. 북한체제와 사회가 지난 20년간 정신적으로나 물질적으로 거의 변화가 없었다는 점이 20년 전에 간행된 책 내용을 여전히 새롭게 하는 아이러니를 만들고 있는 것이다.

그러나 필자인 나는 많이 변했다. 40세를 갓 넘은 혈기왕성한 장년이던 나는 이미 현역에서 퇴직한 61세가 되었다. 육체적인 쇠퇴함에 반비례하여 지혜가 그만큼 깊어졌는지는 자신이 없다. 그러나 20년 더 나이 먹은 지금의 내가 보는 관점에서는 북한만 변하지 않았다고 말할 수는 없을 것 같다. 대한민국, 즉 남한도 정신적으로는 변한 게 없다. 여전히 뭣에든지 "좌다 우다", "진보다 보수다", "종북이다 수구꼴통이다"로 갈라서 반쪽만이라도 차지하려고 하는 천박한 이데올로기가 판치고 있다. 그 편 가르기는 급기야 국내의 경제, 사회, 교육, 문화 정책으로까지 번지더니 이제는 외교안보문제도 그러한 단순한 이데올로기 탈을 쓴 편 가르기로 대립하고 있다.

17년 전인 2000년 당시 햇볕정책을 생각하던 사람들은 이 책 내용이 햇볕정책에 반한다고 생각했던 것 같다. "햇볕은 악마에게도 비출 수 있는 것이므로 햇볕정책을 한다고 북한의 인권문제에 눈감고 북한을 미화할 것까지는 없다"는 생각은 강경보수 취급을 받았다. 그러나 그로부터 10년 후 보수정권에 들어와서 "북한 사람들이 먹고도 남을 정도로 식량 원조를 하면 북한도 변할 수 있다"는 생각은 정반대로 유화적인 좌파 취급을 받았다.

물론 그때나 지금이나 변하지 않은 생각은 북한에 대하여 무엇을 하든 미지근한 제재와 단편적인 유인책을 특정 정부 정책으로 번갈아가며 시행할 것이 아니라 강한 제재와 큰 유인책을 동시에 실행해야 한다는 것이다. 그리고 그 유인책은 체계적인 경제계획하에 주어져야 비로소 지렛대 효과가 있다. 강한 제재와 군사 압력, 충분히 크고 체계적인 경제지원은 북한에게 사실상 효과가 같은 '압력'이다. 이러한 생각은 북한체제와 관료들을 억압하는 공포 심리와 이를 극복하는 교묘한 지혜를 고려한 것이다. 이 내용은 본문 2부 7장과 8장에서 보다 구체적으로 설명했다.

그런데 지금은 미국 트럼프 정부나 우리 정부나 모두 대북강경정책을 실행하고 있다. 나도 북한에 대해서는 북한이 두려움을 느낄 정도의 강한 제재와 협박에 준하는 압박이 필요하다고 생각한다. 그러나 이와 동시에 출구 방향 정도는 언제나 보여주어야 한다. 북한핵문제와 관련된 모든 이해당사자들stakeholders의 각기 다른 입장을 고려한다면 더욱 그렇다. 지금 그러한 출구로서 북한에 대한 구체적이고도 체계적인 경제지원 구상과 이를 위한 국제협력체제를 미리 준비해두어야 한다고 말하는 순간 내가 또 어떤 취급을 받을지 모르겠다. 보수와 진보 양쪽 진영으로부터 '이단아'로 찍힐지도 모르겠다.

그러나 북핵문제나 북한문제 그 자체, 그리고 장차 통일문제가 단순한 이데올로기적 접근이나 이데올로기를 가장한 정치적 편 가르기로는 절대로 해결될 수 없다고 생각한다. 전문 관료들은 이러한 정치적 편 가르기에 편승하기보다는 갈수록 복잡해져가는 북한문제의 해결 프로세스를 종합적으로 관리(코디네이팅)할 수 있는 능력을 발휘해야 할 것이다.

변변치 못한 원고를 평가하여 출간해준 역사인 출판사 한정희 사장께 감사의 말씀을 전하고 싶다.

2017년 5월
이현주

북한 이야기를 시작하기 전에 먼저 내가 왜 북한에서 근무를 하게 되었는지를 설명해야겠다. 내가 가 있었던 곳은 북한 함경남도 신포군 인근의 금호지구라고 지정된 경수로 건설부지였다. 경수로는 중수重水라는 화학적으로 특수한 물이 아닌 경수輕水(보통의 물)로 냉각을 하는 방식의 원자로를 의미하는데, 핵무기에 사용되는 플루토늄의 추출이 어려운 방식이라서 국제적으로는 일단 안전한 방식의 원자로라고 알려져 있다.

1990년대 초부터 미국 첩보위성과 국제원자력기구(이하 IAEA)가 북한의 핵무기개발 움직임을 사실상 폭로하게 되어 1993년 2월 25일에 IAEA 정기이사회가 북한에 대한 특별사찰을 요구하는 결의안을 채택했다. 그러자 북한은 3월 12일에 핵확산금지조약NPT으로부터 탈퇴를 선언했다.

결국 그해 6월 북한과 미국 간 직접협상이 시작되어 1년 반 후, 즉 1994년 10월 21일에 제네바에서 북한이 기존에 운용 중인 흑연감속로 방식 원자로를 폐쇄하여 핵개발을 동결하는 대가로 북한에 대해 경수로를 제공하는 방향으로 타결하는 합의문이 마련되었다. 그것이 바로 요즘 존폐 기로에 서 있고 '제네바합의Agreed Framework'로 알려져 있는 바로 그 최종합의문이다. 이에 따라 다음 해인 1995년 3월 9일에 한국, 미국, 일본 등 3개국 간의 협정으로 KEDO가 설립되었다. 12월에

KEDO와 북한 간에 경수로제공협정이 체결되어 그 합의에 따라 1,000
메가와트급 경수로발전소 두 기를 북한 신포 인근의 금호지구에 지어
주기로 했다. 나는 그 현장인 KEDO 사무소 대표로서 근무하게 되었고
1997년 7월, 북한 현지에 부임하여 KEDO 금호사무소를 개설했다.

금호사무소가 있던 동해안 바닷가 신포 변두리의 시골구석은 평양
이라는 대도시보다 생생한 북한의 내부 모습을 들여다볼 수 있는 기회
가 되었다. 평양은 사실 북한 사람들이 말하는 대로 북한에서는 '특별
한 곳'이다. 그래서 평양은 정치적으로는 북한을 대표하겠지만 사회적
으로는 북한이 아니다. 북한의 시골구석과 평양을 비교해보면서, 한편
으로는 북한 관리들의 묘한 행태를 보면서, 그리고 길 가는 북한 주민
들의 얼굴에 드리워지는 표정 변화를 읽으면서, 그 이면의 북한 모습
을 여러 각도에서 그려보는 일은 슬프고 한스러우면서도 흥미 있었다.
그러면서 무엇이 이 땅 사람들을 저토록 이상한 사람들로 저주받게 만
들었는지 하는 의문도 계속되었다. 그 핵심은 북한의 사회주의 이데올
로기가 과연 무엇인가라는 것이었다.

내가 본 북한 사람들도 대부분은 단순한 인간에 불과한 공산주의자
들이었다. 그곳에도 법 없이도 살 수 있는 착한 사람도 있고, 성격이 고
약하고 나쁜 사람도 있다. 그들도 좋은 사람은 사귀고 나쁜 사람은 피
한다. 그들 사이에서도 좋고 나쁨의 기준은 사상이 아니라 인간 됨됨
이로 가른다.

사실 북한 관리들이 우리에게 우호적인 것은 아니었다. 그래서 협조
보다는 갈등이나 싸움이 더 많았다. 그러나 시간이 흐르면서 한 가지
사실을 발견했다. 그들이 겉으로는 우리에게 아무리 불쾌한 말이나 행

동을 해도 사회체제 내에서 그들이 처해 있는 사정을 이해하면 그들을 미워할 수 없게 된다는 것이다. 겉으로 나타나는 북한 사람들의 모습이 어떻든 간에, 그들이 우리와 정반대의 모습과 말을 하며 적대감에 짓눌려 으르렁거릴 때도 그 '공포의 체제'에서도 살아남고자 하는, 그리고 어떤 상황에서도 더 행복해지려고 최선을 다하는 인간의 본성에는 아무런 차이가 없었다.

우리 같으면 도저히 숨 한 번 제대로 못 쉴 것 같은 체제 속에서도 내 것을 먼저 챙기고, 가족 간의 사랑도 두텁고, 죽음의 두려움도 있었다. 우리가 전혀 다른 사람들이 아니라는 사실, 그렇기 때문에 서로 대립하고 있지만 언젠가는 서로를 이해할 수 있게 될 것이라는 역설적인 믿음이 안도감을 주었다.

그러한 발견을 하게 될수록 북한 내부의 모습을 본 그대로, 겪은 그대로, 그 이유가 무엇인지 고민하고 판단한 결과 그대로를 여러 사람과 같이 나누고 싶은 욕망이 생겼다. 남쪽 사람들이 언젠가 북한 사람들을 직접 만나서 경험하게 될 때 실망하고 멸시하지 않게 하기 위해서다. 또한 1930년대 유럽 지식인들이 스탈린지배하 소련의 실상을 있는 그대로 전달하지 않거나 미화하는 우를 범했던 사실도 생각했다. 사실을 사실 그대로 자신 있게 설명할 수 있어야 한다는, 한 작은 지식인의 의무라는 생각이기도 했다

북한 사람들이 어떤 체제 속에서, 어떤 환경 속에서 살아가는지를 정확히 알아야 북한 사람들을 진정으로 이해할 수 있다. 실제 모습을 짐짓 외면한 채 하는 사랑은 언제 또 증오나 혐오나 멸시감으로 바뀔지 모른다. 그러나 북한을 다녀왔다는 어떤 사람들은 좋은 추억만 이

야기한다. 많은 지식인들이 입을 다물고 있다. 하긴 남의 문제점이나 잘못을 파헤치고 지적하려면 보다 냉철한 이성이 필요하고 또한 자신의 부끄럽지 않은 도덕성도 요구된다. 그만큼 우리 사회 내부에서 바라보는 우리 모습도 아름다워져야 한다는 조급함이 더해진다. 북한 사회의 문제점이나 결점마저 끌어안기 위해서는 우리 스스로 그러한 어두운 공간을 미리 비워두어야 하기 때문이다.

이 책의 상당부분은 1997년 여름에서 1999년 가을에 걸쳐서 실향민의 아들인 한 외교관이, 어려서부터 품어왔던 호기심을 안고 북한에 가서 살며 보고 경험하고 고민하는 과정을 서술한 것이다. 따라서 현재로부터 20여 년 전 이야기가 되겠지만, 북한의 실상이나 북한 정권의 행태가 거의 달라진 것이 없다는 점에서 단순한 구문舊聞은 아닐 것이다. 오히려 당시에 했던 이야기가 오늘날의 현실과 맞는지 틀렸는지를 확인해보는 것도 흥밋거리가 될 수 있을 것이다. 물론 꼭 필요할 경우 지난 얘기가 된 것을 일부 삭제하거나 최근 상황을 추가했지만 기본 골격은 그대로다.

특히 북핵문제는 20여 년의 세월이 흘렀지만 여전히 진행 중인 사안이다. 그동안 북한은 다섯 차례나 핵실험을 했고, 여전히 국제사회의 비핵화협상을 거부하고 있다. 이를 반영하여 후반부에는 북핵문제와 북한문제 해법을 나름으로 제시했다.

북한을 들여다보면 볼수록 우리와 다른 점보다는 닮은 점이 더 눈에 띈다. 무엇이 북한과 같은 그런 지독한 삶의 방식을 만들었을까 질문하면 할수록, 혹시 그러한 못된 원형이 우리 모두의 내부 어디엔가 숨어 있는 것은 아닐까 하는 두려움도 생긴다.

민주주의와 독재는 사실 종이 한 장 차이로부터 갈라진다. 독재도 처음에는 남의 의사를 존중하지 않는 작은 행위에서 출발한다. 그렇기 때문에 우리가 지금 누리고 있는 '자유'라는 행복이 언제 어떤 형태로 손상될지 모른다는 경계심을 항상 가지고 있어야 한다. 남한과 북한 사람이 아무리 똑같다고 생각되더라도 남한과 북한이 분명히 다르다고 말할 수 있는 것은 바로 그 자유의 있고 없음의 차이가 있기 때문이다. 자유의 소중함을 알아야 한다는 것, 그리고 앞으로 우리가 모르는 사이에 다시 다가올지도 모르는 어떤 새로운 형태의 독재를 항상 경계해야 한다는 것, 그러기 위해서는 우리가 남의 자유와 의견을 존중하고 포용하는 예의를 가져야 한다는 것, 이런 것들이 결국 북한 이야기를 통해 내가 전하고자 했던 결론이다.

지난 10년간 남북대화가 사실상 단절되면서 북한과 대화나 협상을 해본 경험이 있는 통일부, 외교부의 현직 관료들이 거의 없다고 한다. 민간교류까지 막히면서 비정부기구NGO 실무자나 통일부 출입기자 중에서도 북한 땅을 밟아보지 못한 경우가 대다수라고 한다. 그런 점에서 20년 전 경험이지만 북한의 태도를 이해하고, 대화와 협상이 재개될 때를 준비하는 차원에서 이 책이 조금이나마 보탬이 되었으면 하는 바람이다.

지난 시기 북한문제와 북핵문제에 접근하면서 나의 의문과 고뇌를 풀어주는 데는 외무부 후배들의 도움이 컸다. 어떤 후배는 입맛에 똑 떨어지는 책들을 어떻게 찾아서 구해다 코멘트까지 곁들여서 보내주는지 그 풍부한 지식과 통찰력에 경탄했고, 또 어떤 사람은 밤새우며 토론하는 과정에서 나의 스승이 되어주기도 했다. 나를 능가하는 후배들의 탁월한 식견을 보면서 우리 사회가 발전하는 방향으로 나아가고 있다는 것을 분명히 느끼게 된다. 그것 또한 기쁜 일이다.

이 책을 북한 땅에서 일했던 한국전력의 직원들과 현대, 대우, 동아건설, 한국중공업, 기흥토건, 외환은행과 그 외 작은 회사 근로자들에게 바친다는 뜻을 전하고 싶다. 당시 그들이 일하는 모습은 북한 사람들에게 많은 깨달음을 주었다고 생각한다. 그들의 에너지를 북한 사람들은 부러워했다. 세월이 많이 흘렀지만 2년이라는 기간 동안 북한의 황량한 벌판에서 그들과 더불어 일했다는 사실을 소중한 기억으로 간직할 것이다.

차례

1부

북한 회상

북한은 변한 게 없다?

1장
낯선 땅으로의 여행

한밤의 항해

캄캄한 어둠 속이었다. 내가 지금 어디에 있는 것인지 알 듯 모를 듯 몽롱한 상태에서 손과 발은 무언가에 단단히 묶여 있는지 도무지 움직일 수가 없었다. 몸을 틀어 벗어나려고 해보았지만 소용이 없었다. 누군가 나를 잡아 누르고 있는 것일까? 갑자기 밀려오는 공포와 함께, 삶의 본능처럼 그 순간 눈이 떠졌다. 다시 까만 어둠 속이었다.

그러나 곧 어둠은 회색빛으로 엷어지면서 선실의 실루엣을 희미하게 만들어내고 있었다. 적막한 바다에서 배가 물길을 가르며 일으키는 물보라 소리만이 거대한 폭포수처럼 귓전에 몰려왔다. 선실 까만 창밖으로 하얀 불빛들이 하늘거리며 다가왔다. 동해의 오징어잡이 배들이 내뿜는 집어등 불빛은 까만 하늘을 배경으로 쏟아져내리던 별빛마저

지워버리고 있었다.

　시계는 밤 11시를 가리키고 있었다. 저녁 먹을 무렵부터 엄습하기 시작했던 뱃멀미는 한숨 잔 덕분인지 견딜 만할 정도로 가라앉았다. 밤바다의 공기를 마시러 조용히 선실을 빠져나왔다. 바다도 잠을 자는지 고요했다. 캄캄한 어둠 속에서의 가위눌림과 뱃멀미가 앞으로 다가올 북한 땅에서의 생활을 예고하는 것은 아니었을까?

　1997년 4월 8일 아침, 버스 편으로 서울을 출발하여 동해항으로 온 우리는 부산에서 올라와 우리를 기다리던 해양대학교 실습선인 한나라 호에 승선했다. 저녁 6시에 배는 동해항을 출항했다. 경수로발전소 건설을 착공하기 전에 우리 근로자들의 통행과 안전, 북한 인력의 고용문제 등을 협의하기 위해 함흥 인근의 마전휴양소에서 개최되는 KEDO, 즉 '한반도에너지개발기구'와 북한 간의 고위급 협상 대표단 일원으로 낯선 여행을 떠나는 순간이었다.

　1996년 가을, 북한의 경수로 건설부지 근무를 자원한 후 8개월 만이었다. 현지에 부임하기 전 사전답사의 목적도 있었다. 동해항을 출항해서 다섯 시간이 지났으니 공해상으로 빠져나오기는 했겠지만 아직 북한 수역으로 진입하지는 못했을 것이다. 직선거리로는 300여 킬로미터에 불과한 거리를 우리 배는 공해상을 에둘러 돌아가야 했다. 분단이래 남북관계가 언제나 그랬듯이 가장 가까운 지름길을 외면하고 먼 길을 돌아서 가야 하는 것이다. KEDO와 북한 간에 체결된 '통행의정서'에 따르면, 경수로 건설을 위한 인력이 북한을 출입할 수 있는 통행로는 베이징을 경유하여 돌아 들어가는 항공로와 동해 공해상을 멀리 둘러서 돌아 들어가는 바닷길로 한정했기 때문이다.

오징어잡이 배들의 불빛이 하나둘 수평선 밑으로 빨려 들어가면서 하늘의 별은 점점 더 가까이 쏟아져내리기 시작했다. 문득 밤바다가 쏟아내는 장관에 넋을 잃었다. 저 멀리 수평선 밑에서는 집어등 불빛 수백 개가 마치 공원 분수대 밑에 설치된 조명장치처럼 은은하게 밤하늘에 퍼져 오르고, 하늘에서 쏟아져내리는 별빛은 반딧불 수천, 수만 마리처럼 달빛 아래서 춤췄다.

소설《광장》에서 홍콩 앞바다에 몸을 던져버린 '이명준'. 그의 눈에 비쳤을 홍콩 야경과 같은 무대 위에 서 있는 듯한 느낌이었다. 남과 북 모두에 환멸을 느끼고 감당하기 어려운 동족 간 처절한 전쟁에 지친 이명준은 밤바다가 주는 오랜만의 평온함과 난생 처음 보는 휘황찬란한 홍콩 밤풍경이 어우러지는 모순을 감당할 수 없었는지도 모른다.

얼마나 많은 사람들이 남과 북을 달리하며 생명을 잃고 또는 예상치 못했던 험난한 인생길로 내몰려야 했을까? 인간의 기억력은 모질어서 좋든 싫든 과거로부터 완전하게 해방될 수는 없다. 자신의 의사와는 상관없이 생이별을 해야 했던 남편과 아내, 부모와 자식, 형제들, 그리고 소중한 이의 죽음 등 우리에게는 낯설지 않은 처절한 이야기의 주인공들이 남북 간 분단의 칼날을 더욱 예리하게 세웠다. 반세기 전에 시작된 아직 끝이 나지 않은 한맺힘이다.

그러나 우리 세대는 그 한의 깊이를 잘 모른다. 단지 전설 같은 옛이야기로 슬픈 멜로드라마와 같은 흥미를 자아낼 뿐이다. 그날 같이 간 일행이 들뜬 호기심에 가득 차 있던 것도, 자신이 아직은 몇 안 되는 북한 땅을 밟아보는 사람이 될 것이라는 자부심에 더 큰 의의를 부여하고 있는 것도 그 때문이었나? 나 역시 예외는 아니었다. 뱃전에 서서 아버지, 어머니 세대의 슬프고 처절했던 이야기를 밤바다의 별빛과 오징어잡이 배들의 불빛, 그리고 파도소리에 실어 고독한 낭만으로 엮어 내고 있지 않았던가.

끼룩끼룩, 갈매기 울음소리가 선창을 때렸다. 창밖은 이미 훤히 밝아 있었다. 눈을 떴다. 몇 시나 되었을까? 간밤에 잠을 설친 탓에 머리는 맑지 못했으나 이제 기다리던 시간이 왔다는 설렘에 자리를 차고 일어날 수 있었다. 바람이 밤보다는 훨씬 잦아들어 배의 요동도 어느 정도 진정되어 견딜 만했다. 우리가 탄 배는 속도를 늦추고 신중하게 바닷길을 찾아가고 있었다. 아, 육지다! 마치 콜럼버스가 신대륙이라도 발견한 양 멀리 수평선 너머로 보이는 거무스레한 윤곽의 산을 바라보면서 모두들 들뜬 마음을 추슬렀다.

나중에 알게 되었지만 그 산은 마양도였다. 멀리 보이는 저 땅은 우리가 살던 곳과 다름이 없는 모습이었다. "그러면 그렇지 아무리 북한이라 해도 우리가 사는 곳과 무어 그리 다르겠느냐"고 모두들 '안도'의 말을 나누었다. 어떤 종류의 '안도'일까? 사전허가 없이 북한을 방문하여 물의를 빚었던 어느 소설가의 말처럼 "그곳에도 사람이 살고 있었네"라는 단순한 사실을 확인할 수 있을 것이라는 '안심'일까? 처음 보는 북한의 모습이 남한과 너무 다르지 않기를 바라는, 그래서 저 산의 모습은 우리 산과 같다고 애써 자위하는 그런 '안도감'일 수도 있었다.

바람은 쌀쌀했지만 하늘은 그런 대로 맑았다. 파도는 진정되기는 했지만, 그래도 3천 톤짜리 배를 흔들 정도는 되었다. 이윽고 엔진소리가 작아지더니 배가 멈추었다. 아마도 정해진 도선구역pilot station(항구에 입항하기 위해 뱃길을 안내하는 길잡이 배를 기다리며 대기하는 구역)에 들어온 모양이다. 저 멀리서 조그만 배가 다가온다. 양화항까지 물길을 안내할 도선이다. 배는 가랑잎처럼 파도 위에서 춤추며 달려오고 있다. 그런데 이건 배라기보다는 넝마가 다 된 고철 덩어리다. 아, 이제 현실이 다가 오는구나!

군복 차림의 몇 사람이 뱃전에 서 있다. 우리가 손을 흔들자 그들도 손을 흔든다. 북측 배가 우리 배의 뱃전에 선체를 붙인 후 북한 관리들이 승선했다. 통행검사소(출입국사무소) 관리와 도선사, 그리고 검역담당 의사였다. 모두 선하게 생겼다. 그런데 웃고는 있지만 뭔가 어색한 표정과 얼굴 주름살이 우리와 다른 인종인 듯한 인상을 준다.

검역의사는 참으로 양순하고 순진해 보이는 사람이었다. 그는 들고 온 조그만 가방에서 청진기 한 개와 체온계 여섯 개를 꺼내 들었다. 체온계는 사람들에게 돌려서 각자 겨드랑이에 끼워 체온을 재도록 했다. 그리고 자신의 손가락으로 우리의 왼손 동맥을 누르며 약 20~30초간 손목시계 초침을 보고 맥박을 측정했다.

그런데 우리를 놀라게 한 것은 그 의사의 손바닥이었다. 그것은 의사의 손이 아니었다. 험하고 힘든 육체노동을 한 막노동자의 손바닥처럼 굳은살이 두껍게 박이고 손바닥과 손가락에는 굵은 주름 사이로 영구때 같은 것이 거미줄처럼 까맣게 음각되어 있었다. 도대체 그런 손으로 맥박의 진동을 느낄 수나 있을지 의심스러울 정도였다.

"맥박이 참 좋습네다."

그가 뱉어낸 유일한 말이었다. 누군가가 뒤에서 속삭였다.

"저 사람 수의사 아니야?"

아무튼 그 의사는 나중에 한국 텔레비전에도 나왔고, 우리 일행이 가장 화젯거리로 삼은 북한 사람이기도 했다. 아마도 순박한 미소와 함께 그가 보여준 또 다른 면, 즉 가난과 피로의 흔적, 거칠어진 손바닥, 남루한 옷차림과 낡고 보잘것없는 의료장비, 이런 묘한 대조가 북한을 바라보는 혼란스런 심정만큼이나 우리의 기억 속에 뚜렷이 각인되었기 때문인지도 모른다.

배가 육지에 다가가자 양화항 뒷산이 시야에 들어왔다. 산에는 나무 한 그루 남아 있지 않고, 풀 몇 포기에 누렇게 황토만 보일 뿐이었다. 파랗게 갠 하늘 아래 황톳빛 알몸으로 창백하게 서 있는 산의 모습이 산중턱에 다닥다닥 붙어 있는 가난에 찌든 초라한 집들과 어우러져 을씨년스런 장면을 연출했다. 시간은 분명히 아침이다. 그러나 마을은 한밤중처럼 고요하다. 대나무 숲처럼 어지럽게 솟아 있는 수많은 굴뚝에서는 한 모금의 연기조차 보이지 않고, 사람의 인적도 보이지 않았다.

일행은 모두들 아무 말도 하지 않았다. 양화 부두의 모습이 점점 더 시야에 클로즈업되면서 이 음침한 무대의 전모가 드러났다. 부둣가는 황량한 사막이었다. 새까맣게 녹슨 조그만 발동선 몇 척이 겹쳐서 묶여 있고, 고철 같은 원양어선 한 척이 해체를 기다리는 듯 부두에서 잠자고 있었다. 페인트가 제대로 남아 있는 배는 한 척도 없었다. 그냥 녹슨 고철 덩어리에 불과해 보였다. 그 배들은 부두에 정박해 있다기보다는 한 번도 움직여본 적이 없는 듯 깊은 잠을 자고 있었다.

"위대한 수령 김일성 동지는 영원히 우리와 함께 계신다"는 구호가 새겨진 높다란 첨탑이 이 동네에서 가장 높고 깨끗하고 웅장한 건축물이었다. 가뜩이나 응축되어 터질 것 같던 호기심은 그 순간 끈 떨어진 풍선처럼 허공 속으로 맥없이 흩어져버렸다.

낯선 시간 속으로

부둣가 안쪽 저 멀리서 서성이던 몇몇 북한 사람들이 우리 배를 경이롭게 쳐다보았다. 그러나 그것도 잠깐, 그들은 이 낯선 물건과 위험한 사람들을 오랫동안 쳐다보는 것조차 두려운 듯 총총히 발걸음을 돌렸다. 부둣가에서 총을 메고 서 있는 나이 어린 병사만이 긴장한 듯 뻣뻣하게 서서 우리 쪽을 주시했다. 우리는 배에서 점심식사를 마치고 부두 왼쪽에 있는 건물로 들어가서 입국수속을 했다.

양화는 읍 정도의 조그만 시가지를 끼고 있었는데, 우리가 배에서 보았던 낯선 장면을 더욱더 자세하게 드러냈다. 비포장길 양쪽으로 늘어선 4~5층짜리 아파트 건물들은 거무죽죽한 때를 안은 채 오후 햇살을 차단하고 있었다. 집 짓는 사람들이 일하기 싫어하며 마지못해 지었는지 정말 건물이라고는 할 수 없는 조악한 건축물이었다. 각 살림집은 방이 두 개씩 있는 것 같고, 넓이는 10평 내외로 보였다.

길가에는 바다 쪽에서는 보이지 않던 사람들이 나와 있었다. 그러나 뭔가 하고 있다거나 어디를 바삐 가고 있는 것이 아니라, 그저 할 일 없이 거리에 나와 쪼그리고 앉아 있는 군상들이다. 가까이에서 보는 집들은 뭔가 복잡하고 어지럽다는 인상을 준다. 울타리 안을 모두 차지하고 있는 조그만 텃밭에는 한 뼘의 노는 땅도 없이 밭고랑이 나 있고, 울타리를 따라 하늘을 향해 긴 막대기들을 붙들어 매 놓았다. 나중에 알게 된 것이지만 그 긴 막대기들은 강낭콩을 재배하는 것이었다.

우리 버스가 지나가는 것을 몰래 내다보고 있는 얼굴들이 창문마다 보였다. 우리가 탄 버스는 읍내를 빠져나와 고개를 올라갔다. 고개 정상은 신포시와 금호지구의 경계선이 된다. 고개 정상에는 조그만 시멘트 판에 "황금산, 보물산을 만들자"라는 낡은 구호가 쓰여 있었다. "보물산은 만들지 못했어도 황금산은 만들었군. 모든 산이 녹색이 아닌 누런 황금색이니" 하고 누군가가 속삭였다.

우리 일행은 밤 10시에 강상리역에서 기차 편으로 마전으로 출발했다. 강상리역은 경수로 부지에서 가장 가까운 조그만 시골 역이다. 우리는 대합실을 통하지 않고 별도의 화물차 출입구를 통해서 플랫폼으로 들어갔다. 역 구내에는 많은 사람들이 모여 있는 것 같았다. 희미한 실내 불빛이 만들어내는 실루엣들이 창문을 통해서 우리를 신기한 듯 주시하고 있는 것을 볼 수 있었다. 일반 기차여행자들과 우리를 격리시키고 있는 것이었다.

북한 측이 우리를 야간에만 이동시키려고 하는 이유도 뻔하다. 우리와 북한 주민이 서로를 보지 못하게 하는 데 목적이 있을 것이다. '우리가 북한 주민이나 내부 모습을 보지 못하게 하는 것이 더 중요할까, 아니면 북한 주민들이 우리를 못 보게 하는 것이 더 중요할까' 하는 궁금증이 생겼다.

이 궁금증은 시간이 지나면서 자연스럽게 풀렸다. 바로 후자다. 그들의 모습을 더 이상 우리에게 숨길 수 없다는 것은 어느 정도 깨닫고 있는 듯했다. 북한 스스로가 과대 선전한 기아사태를 계기로 이제 전 세계가 북한 실상을 알고 있는 마당에, 우리에게 굳이 감출 필요가 없었을 것이다. 오히려 이제는 북한 주민들에게 우리 존재를 최대한 감추는 것이 급선무가 되었을 것이다. 우리는 그들을 오염시킬 수 있는 위험한 존재일 테니까 북한 주민들로부터 철저하게 격리되어야 하는 것이다.

그래서 우리는 한동안 밤에만 다녀야 했다. 우리가 처음 타본 북한 기차도 우리만을 위한 특별열차였다. 침대차였는데 한 량으로도 충분한 것을 자기들 딴에는 최소한의 그럴싸한 연극을 하느라 쓸데없이 두 량을 더 갖다 붙였다. 뭐든지 처음에는 과하게 포장한다. 그러나 시간이 흐를수록 포장을 하나둘씩 벗겨내지 않을 수 없게 된다. 사람이 세상 사는 이치와 똑같다. 우리는 이런 사치스런 특별열차를 이후 한두 번 더 타고 더 이상은 못 타보았다.

기차는 80킬로미터의 길을 두 시간 이상 느릿느릿 달렸다. 창밖으로 보이는 세계는 캄캄한 암흑 그 자체였다. 마치 캄캄한 우주의 심연을 달리는 '은하철도 999'처럼 기차는 어둠의 공간을 헤쳐 나아갔다. 간간이 보이는 희미한 주황색 불빛들이 그래도 이곳에 인간이 살고 있다는 사실을 일깨워주는 유일한 단서였다.

기차는 자정이 넘어 마전역에 멈춰 섰다. 우리는 대기 중이던 버스로 다시 옮겨 타고 밤길을 달려 새벽 1시경에야 최종 목적지인 마전휴양소에 도착했다. 오는 도중에 어둠 속에서도 유일하게 밝게 빛나는 것이 있었는데, 바로 황금빛 김일성 동상이었다. 환한 조명을 받고 있는 그것은 주변의 어둠과 대조를 이루어 그들이 살고 있는 세상의 참모습을 상징적으로 보여주는 듯했다.

마전휴양소에 도착하고 나서 경험한 그날의 마지막 경이로움은 하늘에서 쏟아져내리는 별들이었다. 주위도 어둡고 공기도 맑은 바닷가기 때문이겠지만 난생 처음 보는 장관이었다. 여기서는 '헤일봅 혜성'의 크기가 맨눈으로 보아도 전구만 하고 꼬리는 제트기 꼬리에서 뿜어나오는 비행구름처럼 길고 굵게 매달려 있었다.

마전휴양소는 지도에서 보면 흥남에서 해변을 따라 바로 북쪽에 있는 해수욕장이다. 과거 김정일이 현대 정주영 회장을 면담했다는 서호초대소가 바로 옆에 있다. 모래사장을 따라 방갈로 같은 2층짜리 하얀 건물 10여 채가 20~30미터 간격으로 바닷가를 면하여 서 있고, 각 건물에는 독립된 객실이 5~6개 있었다. 각 방에는 침대와 욕실이 있고, 숙박료는 처음에는 50달러였는데 수개월 후에는 60~70달러로 인상했다. 여름 휴양소라서 난방시설이나 온수시설은 없었다. 우리가 처음 갔던 4월 초순에는 임시방편으로 전기난로를 각 방에 집어넣고, 욕조마다 전기 코일선을 물속에 넣어서 물을 데웠다. 우리는 이를 '돼지꼬리'라고 불렀다.

휴양소는 뒤쪽, 즉 육지 쪽으로 기다랗게 병풍처럼 늘어선 나지막한 언덕으로 둘러싸여 있어서 밖에서는 바다 쪽에 무슨 시설이 있는지 전혀 알 수 없는 은밀한 지형에 자리 잡고 있다. 일반 주민들도 많이 이용한다고 하는데, 실상은 당 간부나 특권층 사람들만 이용할 수 있는 것으로 보였다. 그곳에 가끔 들르면서 본 외국인은 세계식량계획WFP이나 유엔개발계획UNDP 같은 국제원조기구 직원들이 고작이었고, 거의 손님도 없이 덩그러니 비어 있는 편이었다. 나중에 서울을 오갈 때 우리는 한동안 이 곳에서 하루를 묵었다.

북측이 회의장소로 이곳을 택한 이유도 '북한 주민들로부터 격리'가

목적이었다. 북한 관계자로부터 특별한 주의사항을 듣지는 못했지만, 우리가 이 휴양소 밖으로 나갈 수 없다는 것은 자명했다. 아침에 산책 삼아 긴 해변을 걷다가 어느 정도 멀리 왔다 싶으면 어디선가 낯선 남자가 갑자기 나타나 길을 막곤 했다. 결국 우리가 움직일 수 있는 해변가는 약 500미터 정도로 제한되어 있었다.

해변 자체는 백사장도 깨끗하고 풍광도 아름다웠다. 동해안치고는 수심도 그리 깊지 않아서 아이들이 놀기에도 안성맞춤이었다. 자연은 언제 어디서나 순수하고 아름답다. 사위四圍가 조용한 바닷가에서 들려오는 소리는 오직 파도소리뿐이고, 고개를 들어 보면 파란 바다가 하얀 머리를 하고 모래사장에 밀려오고 있다.

그러나 사람의 입맛은 간사하다고 했던가. 처음 하루이틀간은 바닷가의 고즈넉한 분위기에 모두들 도취되었다. 그러나 바닷가에는 흔히 있어야 할 것들이 있다. 누군지 모르는 낯선 얼굴도 있어야 하고, 연인들의 은밀한 속삭임도 있어야 한다. 때로는 바위가지를 씌우는 횟집이라도 있어야 한잔 걸칠 수 있는 낭만도 있는 것이다. 그런 것이 없는 바다는, 생선 비린내조차 없는 바다는 그저 물과 모랫바닥일 뿐이다. 마전휴양소에 그러한 '자유의 색깔'이 있었다면, 난방시설이나 온수시설이 있든 없든 우리의 기억 속에 천국으로 남았을 것이다. 나중 얘기지만 우리는 그 통제된 휴양소에서 하룻밤 묵는 것조차 치를 떨며 싫어하게 된다. 그 이유를 북한 사람들은 알 리가 없을 것이다.

"매일 저녁 리태백이야요"

마전휴양소에 도착한 다음날 아침부터 우리는 북측과 지루한 협상을 시작했다. 의제는 통행경로와 통신수단, 그리고 북한 인력의 고용조건 등 일반적인 국제관계에서는 낯선 문제들이었다. 그러나 북한으로서는 아주 중요한 문제들이다. 그것은 물론 북한 주민들과 외부, 특히 남한 인력을 '격리'하기 위해 아주 중요한 수단일 것이기 때문이다. 또 다른 이유는 가능한 한 모든 분야의 상세한 조건을 보다 높은 차원에서 미리 정해놓아야 나중에 실무자들이 책임문제로부터 안전할 수 있는 것이다.

북한 사람들은 수동적이고 경직된 편이었다. 그들은 결코 긍정하는 법이 없었다. 우선 'NO'로 시작한다. 그래서 서로가 엉뚱한 동문서답을 하게 되고, 어떤 문제를 해결하는 데 지루할 정도로 오랜 시간이 걸렸다. 더구나 북쪽 사람들은 우리(KEDO) 측이 조금이라도 자기네 체제의 문제점을 건드리거나, 정치적으로 민감한 사안으로 발전할 소지가 있는 발언을 하면 반드시 정색을 하고 이에 대해 반박하곤 했다.

예를 들면 만약 공식회담 석상에서 우리 측이 "북한의 의료시설을 사용하기 전에 시설 확인을 위해서 우선 병원을 한번 보여달라"고 말을 꺼낸다면, 북한 대표는 틀림없이 "우리는 인구가 2천 만이나 되는데도 질병 사망률이 세계 최하 수준이다. 위급하면 두메산골의 산모를 직승기(헬리콥터)로 실어온다. 우리는 모든 인민이 이렇게 의료혜택을 받아 잘살고 있다"고 강변했다. 그런데 웃기는 것은 좀 시간이 지나면 정반대의 얘기를 한다.

"병원 설비는 있는데 좀 낡아서. 솔직히 말하면 물건을 비교할 때는 좀 비슷한 것끼리 비교해야 하는 것 아니야? 의료시설은 1960년대 수준인데 1990년대 것을 내놓으라고, 좀 보자고 한다면, 이건 정치선전에 이용하겠다는 의도가 아니고 뭐가서?"

그러나 북한 사람들은 아무런 모순도 느끼지 않고, 또 모순 그 자체가 존재하지도 않는다. 그 이유는 간단하다. 어떤 형태의 것이든 간에 털끝만큼이라도 책임이 돌아올 말은 절대로 하지 않는다. 가장 안전한 답을 해야 안심할 수 있다. 거짓말이라도 해야 한다. 그래서 직접적인 말보다는 우회적이고 비유적인 말투를 자주 쓰고, 속담이나 옛말도 많이 인용한다. "오이는 바로 먹으나 까꾸로 먹으나 맛있습네다", "너무 걱정이 많으면 소발굽에 고인 물에도 빠져 죽을까봐 길 못 다닙네다", "귀가 두 개 있는 것은 한쪽 귀로 듣고 한쪽 귀로 흘려버리기 위한 것이디요" 등이 기억에 남는 말이다.

일반적으로 상대방과 협상할 때는 자기가 만든 초안을 기초로 협상을 시작하자고 주장하여 어느 쪽 초안을 택하느냐, 아니면 이를 어떻게 합성하느냐 하는 문제로부터 협상이 시작되는 경우가 다반사다. 그런데 KEDO와 북한 간의 협상에서는 상황이 달라진다. 문서의 초안은 KEDO측에서 만들었다. KEDO측이 초안을 내밀면 북측은 이를 통째로 걷어차 버린다. 주권을 침해하는 것이라는 둥 자존심을 해치는 것이라는 둥 하면서, 조항별로 의견을 내놓고 반박하는 것이 아니라 전체를 다 거부해버리고 만다. 자기네 의견은 내놓지도 않는다.

자, 그러면 어떻게 하지? 상식적으로는 "당신네 의견을 내봐라"라고 요구하면 되지만, 그렇게 얘기해도 북측은 딴청만 부린다. 그렇게 시간만 흐르고, 다음날 어렵게 새로 만든 초안을 내밀면 북측은 다시 한 번 걷어찬다. 그러면 어제의 과정이 되풀이된다. 이렇게 한두 번 초안 전체를 거부하고 나서야 각 조항별로 구체적인 협상이 시작된다. 북한 사람들과의 협상에서는 대단한 '인내'가 필요했다.

북측이 그렇게 나오는 것은 어떤 세련된 협상전략이나 전술이 있어서라기보다는 다분히 내부사정 때문인 듯하다. 우선 초안을 자기네들이 만드는 것 자체가 일이 잘못되면 나중에 책임을 지게 될 위험이 있고, 둘째는 한두 번 강하게 KEDO측 안을 거부함으로써 상부에 자기들은 할 만큼 했고 교섭에서 이겼다고 부풀려 보고할 수 있기 때문일 것이다. 이런 흔적은 때마다 나타난다.

또 다른 이상한 일은 모든 문서의 타이핑이나 복사를 KEDO측이 할 수밖에 없다는 것이다. 북한의 지방에는 컴퓨터나 복사기와 같은 사무장비가 없다. 그렇다 하더라도 북측은 북한에서 열리는 회의의 주최자다. 보통은 회의 개최 국가에서 무료든 유료든 사무용 기기를 준비해놓는 것이 당연한 관례다. 하지만 이곳에서는 그런 국제관례는 없다. 뉴욕에서 출장 오는 사무국 직원들이, 또는 한전 직원들이 필요한 사무기기를 몽땅 다 가져왔다. 당시 북측 사람들은 휴대용 컴퓨터를 들여다보며 무척 신기해했다. 그래서 이래저래 문서작업의 모든 궂은 일은 KEDO측이 해줄 수밖에 없다.

그런데 그러한 복잡한 과정의 문서작업은 보통 하루 회의가 끝난 후 저녁을 먹고 나서, 그리고 KEDO의 내부협의를 거친 후 시작된다. 그래서 우리의 작업은 밤늦게, 어떤 때는 자정이 넘어서 끝났다. 밤에 문서를 들고 호텔 복도를 왔다 갔다 하다 보면 얼굴이 벌게진 북측 대표와 종종 마주친다. 한잔씩들 걸친 것이다. 한번은 술기운이 올라 있는 북한 사람에게 "팔자 좋습니다" 하고 말을 건넸더니 그 사람이 하는 말,

"우리는 거저 어디서든 매일 저녁 리태백이야요."

비행기와 부채

모두들 꼼짝 못 하고 앉아서 비지땀을 흘렸다. 실내는 땀에서 피어오르는 수증기가 어리고, 가뜩이나 희미한 창유리에 인간의 체취가 묻어난 방울들이 맺혔다. 양복을 입은 사람이나 짧은 셔츠를 입은 사람이나 모두 옷과 살이 찰싹 달라붙었다. 나도 등과 가슴으로 땀이 물줄기를 이루며 흘러내렸다.

사우나 같은 이곳은 기내다. 베이징에서 평양으로 가는 고려항공의 구소련제 비행기 TU-154 안이다. 비행기는 7월 더위에 뜨겁게 달아올라 있었다. 엔진에 무리가 가서 이륙하기 전에는 에어컨을 가동할 수 없다고 일행 중 누군가가 설명해주었다. 이륙 준비를 하면서 엔진을 가속시키면 기내는 하얀 드라이아이스 연기 같은 안개로 가득 찬다.

1997년 7월 11일, 경수로 건설부지에 부임하러 북한으로 들어가는 길이었다. 비행기에 탑승하자 좌석마다 부채가 하나씩 놓여 있는 것이 보였다. 150인승 현대식 제트여객기와 부채라니! 북한을 세 번째 방문하면서 느끼는 것 중 하나가 북한 그 자체든 남북관계든, 뭐라고 표현하기 어려운 묘한 대조가 있다는 것이다. 그날은 그 묘한 대조를 몸 전체로 체험했다. 지금은 사라졌지만 비행기 속에서 부채를 나누어줄 정도로 친절한 항공사는 세계에서 고려항공이 유일할 것이다. 더구나 요란한 '북한식 찬송가'가 더위에 지친 승객들을 한 번 더 짜증나게 했다.

고려항공은 이전에는 조선민항이었는데 이름을 바꿨다. 그래서 당시 좌석표 등 인쇄물 대부분에는 여전히 조선민항으로 표시되어 있었다. 고려항공의 운항현황을 보면 북한의 대외개방 정도를 단적으로 알 수 있다. 과거에는 모스크바나 베를린까지 정기편이 운항되었다는데 당시에는 모두 없어지고, 정기편이라고 할 수 있는 것은 평양-베이징 노선 하나뿐이었다.

　평양-북경 간을 150인승 비행기가 일주일에 두 번, 화요일과 토요일에 운행했다. 두 시간 거리 비행이다. 물론 일주일에 한 번 러시아를 왕복하는 편이 있긴 했다. 그런데 행선지는 모스크바가 아니라 블라디보스토크고, 비행기도 30인승짜리 소형 쌍발프로펠러 비행기였다.

　최근에 와서는 베이징-평양 간을 중국 북방항공이 월요일과 금요일에 운항한다고도 한다. 그리고 방콕이나 마카오, 불가리아 소피아, 베를린 등지로 부정기 항공편이 있다고 하는데, 그것이 언제 어떤 경우에 뜨는지는 알 길이 없다. 누구에게든 물어보면 기껏 듣는 대답은 "잘 모르겠습네다"가 대부분이다. 이 나라에서는 모든 것이 비밀이라서, 의도적인 비밀이든 사람들이 정말 몰라서 자연스럽게 비밀이 되는 뭔가를 물어보는 것 자체가 수상쩍은 경계대상이 된다. 아무튼 고려항공은 세계에서 가장 간단하고 단출한 항공사라고 해도 틀린 말은 아닐 것이다.

　순안공항에 있는 고려항공사 비행기는 여객기가 8대 정도, 화물기 4~5대, 소형 프로펠러기 4대가 보이는 전부였다. 그 비행기들이라도 쉴 새 없이 움직여야 할 텐데, 고려항공은 노선이 워낙 없어서 그런지 비행기들이 대부분 일렬로 정렬하여 서 있는 경우가 보통이었다. 승무원들은 북한의 여느 봉사원들과는 달리 항상 미소를 머금고 친절하려고 노력했다.

고려항공 비행기는 베이징공항 터미널의 문어발 같은 탑승램프에 직접 비행기를 갖다 대는 일이 거의 없다. 활주로 계류장의 가장 후미진 곳에서 대기한다. 그래서 타고 내릴 때마다 버스를 타고 한참을 가야 했다. 그러나 평양에서 떠나는 시간만은 아침 9시를 정확히 지켰다. 운영을 잘 해서라기보다는 베이징공항의 비교적 한적한 시간대인 아침시간에 착륙해야 하기 때문이었다. 당시 고려항공 관계자로부터 "비행기가 늦으면 되놈들이 시끄럽게 논다. 아예 못 내리게 한다고 협박한다"는 얘기도 들었다.

항공사 운영이라야 복잡할 게 없을 것이다. 일주일에 두세 번 정도 비행기를 띄우는 것이 뭐 그리 복잡하겠는가? 그래서 컴퓨터도 필요 없다. 모두 손으로 쓴다. 체크인할 때 보면 8절지 크기 종이에 인쇄된 좌석표 양식에 승객들 이름을 하나하나 적어 내려간다. 단체승객에 대해서는 '자리표'를 단체로 주면 된다. 한 가지 기특한 것은 우리가 흔히 아무 생각 없이 '보딩패스'라고 영어로 말하는 좌석표를 순우리말로 '자리표'라고 한다는 것이다. 부지에서 일하는 사람들 모두 이 순우리말식 용어 하나만은 사랑했다. 남한의 한글학자들은 뭐하고 있었나 하는 자탄의 소리도 들렸다. 우리도 북한으로부터 배워야 할 것이 있다는 것은 기쁜 일이다.

워낙 항공편이 적다 보니 순안공항에서 비행기가 뜨고 내리는 날은 큰 행사를 치르는 날이다. 어른들이 재미있는 '공항놀이'를 하는 날이다. 그날이면 평양 시내에 있는 호텔이 덩달아 북적인다. 외국인들이

호텔에 투숙하거나 떠나는 날은 손님이 미리 말 안 해도 대충 알 수 있다. 화요일 아니면 토요일이기 때문이다.

어떤 기회가 있어 화요일이나 토요일이 아닌 날 공항에 가보면 완전히 빈집이었다. 아무나 공항의 출입국검사대를 통과해서 들락날락할 수 있다. 불도 안 켜져 있다. 그것이 한 나라의 국제공항의 모습이다. 비행기 좌석이 매번 완전히 찬다고 가정했을 때 이 유일한 국제공항을 통해 일주일에 최대 300명 정도의 사람들이 나가고 또 그 수만큼 들어온다. 그 가운데 외국인은 절반 이하다. 이것이 북한이 바깥세상으로 열려 있는 당시 개방의 현주소였다.

마지막으로 비행기 운행횟수에 비해서 조종사는 많은 편이다. 그들은 현역 공군이든 아니든 비행기를 타볼 기회가 별로 없는 것 같다. 그러나 해결하는 방법이 있다. 우리가 전세 내는 35인승 소형 프로펠러 비행기의 승객이 적을 때는 반드시 제복 입은 남자 승무원 몇 명이 비행기를 탔다. 언젠가 베이징행 항공편을 놓치는 바람에 다음날 블라디보스토크로 가는 비행기(35인승)를 타고 나온 적이 있다. 그때 승객은 나를 포함해서 두 명이었다. 그러나 남자 승무원들은 열 명도 더 탔다. 이들은 비행기가 날아가고 있는 동안 연신 조종실을 들락거렸다. 실습을 하는 것이다.

우리는 한 번 휴가 나오려면 비행기를 왕복 여섯 번 타야 했다. 그중에 네 번이 고려항공 비행기다. 부지에서 근무한 지 2년째 되면서는 휴가 가는 사람들이 "이제는 비행기 타는 게 좀 부담된다"고 농담 반 진담 반으로 얘기하곤 했다. "우리 그동안 비행기 너무 많이 탔지?"도 자주 듣는 말이었다. 아무 사고 없이 무사했던 것을 고려항공 관계자들에게 감사해야겠다.

경수로 건설부지의 북한 내 주소는 그냥 함경남도 금호지구였다. 그 이전에는 신포시에 속해 있는 지역이었는데, 경수로 건설부지로 선정된 후 북한 정부가 정무원(현재 내각)령으로 특별지구인 '금호지구'로 지정했다.

경수로 건설부지는 건설부지와 주거지역, 골재원지역으로 나누어져 있었다. 주거지역은 건설 근로자들의 주거 및 생활을 위한 부지로서 약 20만 평이며, 건설부지는 발전소가 건설될 공사현장으로 약 200만 평이었다. 두 부지 사이 거리는 약 6킬로미터다. 건설 근로자들이 짧은 시간이나마 출근하는 맛을 느낄 수 있어 부지 내에 갇혀 지내는 무료함을 달랠 수 있었다. 골재원지역은 인근 남대천 하상에 50만 평이 지정되어 있었다.

서울에서 부지로 가는 여행경로는 KEDO와 북한 간의 합의에 따라 항공로와 해로 두 가지 방법이 있었다. 항공편을 이용할 경우는 서울에서 월요일이나 금요일 아침 비행기로 중국 베이징으로 가서, 그곳에서 하룻밤 묵은 후 다음 날, 즉 화요일이나 토요일 오전 11시 50분에 평양행 고려항공편으로 북한으로 들어갔다. 평양 순안공항에 도착하면 거기서 바로 35인승 소형 러시아제 프로펠러 비행기로 옮겨 타서 오후 3~4시경에 함흥 남쪽 군사 비행장인 선덕공항에 도착했다.

선덕공항은 원래 AN-2기의 기지인 군사비행장이다. AN-2기는 날개가 두 개인 쌍엽기로 북한 특수 게릴라들을 10명 정도 태우고 저공비행으로 레이더에 걸리지 않게 남쪽으로 침투가 가능한 비행기라고 배웠는데 이곳에서 직접 보면 장난감 같은 인상이다. 북한이 약 200여

대를 보유하고 있다고 했다. 선덕공항에는 30~40대 이상 눈에 띄었다. 우리가 그렇게 자주 왕래해도 그 비행기가 비행하는 것을 본 사람은 아무도 없었다.

선덕에서 입국 및 세관 절차를 거치고 오후 4시 반이나 5시에 공항을 출발한다. 버스로 한 시간 이상 달린 후 함흥 시내의 신흥산여관이라는 곳에서 15달러짜리 저녁을 먹는다. 메뉴는 그냥 한식인데 진짜 함흥냉면을 먹을 수 있다. 이곳에서는 평양냉면은 냉면이라고 하지만, 함흥의 것은 국수라고 했다. 함흥국수는 메밀이 아니라 녹말가루가 원료라고 한다.

저녁을 먹고 7시쯤 함흥을 출발하면 부지에는 밤 9시 반에서 10시 반 사이에 도착한다. 함흥과 부지 사이 거리는 약 90킬로미터고 비포장 황톳길이었다. 부지에서 서울로 나갈 때는 들어올 때의 역순인데, 평양에서 숙박한다. 월요일이나 금요일 아침 9시에 부지를 출발해서 함흥에서 점심을 먹고, 오후 4시 반쯤 전세 비행기로 선덕공항을 출발하여 평양으로 가서 평양역 앞에 있는 고려호텔에 투숙했다.

호텔 밖으로는 나가지 못하게 하지만 한두 번 택시를 타고 비공식적으로 주마간산走馬看山식 시내 구경을 하기도 했다. 공통적인 현상은 한 번 본 사람은 더 이상 흥미를 느끼지 못하게 된다는 것이다. 근처 뒷골목에 있는 '창광 가요주점'에 가기도 하지만, 비싸게 바가지를 씌워서 다시는 가보고 싶은 생각이 없어졌다.

저녁은 호텔 내 평양식당에서 먹는데 주로 불고기와 냉면을 먹었다. 냉면이 참 맛있다. 처음에는 맛을 못 느꼈는데, 몇 번 먹어보면 서울의 냉면보다 훨씬 맛있다는 것을 느낄 수 있다. 불고기 외에 소뼈(곱

창), 소 심장(염통), 소혀(그곳 우스갯말로는 헷떼기), 소위(양곱창) 등도 먹을 수 있었다. 고려호텔에서 하룻밤 묵은 후 다음날 아침 9시에 출발하는 베이징행 고려항공 편으로 베이징으로 나온다. 따라서 올 때나 갈 때나 1박 2일이 걸렸다. 몇 년 후에는 속초에서 쾌속선을 타고 왕래하게 되면서 4시간여밖에 걸리지 않게 되었다.

안내원이라는 존재

북한에 발을 들여놓는 순간부터 북한 땅에서 나갈 때까지 밤이나 낮이나 붙어 다니는 그림자가 있는데 바로 안내원이다. 북한을 한 번이라도 가본 적이 있는 사람들은 때로는 아주 친절한 관광안내원이 되기도 하고, 그러면서 말 한마디 한마디 엿듣기도 하고, 때로는 사진촬영이나 북한 주민 접촉을 견제하고, 또 어떤 경우에는 사상과 체제의 전도사가 되기도 하는 북한 안내원을 잘 기억할 것이다.

그들은 외부인사가 북한 땅 어디를 가든, 어디서 밥을 먹든 붙어 다닌다. 이 세상 어느 나라를 가보아도 외부 방문객을 북한처럼 철저하게 관리하는 나라는 없을 것이다. 이건 완전히 맨투맨 방식이다. 일주일 동안 입국하는 외부인이 1~2백 명 수준일 때는 그나마 맨투맨 방식이 별로 부담은 안 될 것이다. 그런데 외부의 방문객이 1~2천, 아니 1~2만 명이 될 때도 안내원 수만 명을 풀어놓을 수 있을는지.

북한의 안내원 제도는 북한체제의 폐쇄성을 적나라하게 상징하는 것이다. 이는 또한 외국인이든 외국거주 동포든, 북한에 발을 들여놓는 것이 얼마나 어렵고 복잡한 과정을 거쳐야 하는 일인지 추측할 수 있게 해준다. 여기서 추측할 수밖에 없는 이유는 그 과정을 안내원이나 다른 관계자에게 물어봐야 설명해주는 사람이 없기 때문이다. 그들이 일부러 감추려고, 아니면 정말 비밀이기 때문에 그러는 것은 아닌 것 같다. 그들 자신도 전체 과정을 잘 모른다. 오직 자기가 맡은 분야에 대해서만 알고 명령받은 일에만 신경 쓸 뿐이다.

아무튼 이 안내원 제도는 현 상황에서는 없어질 가능성이 전혀 없어 보인다. 단지 북한의 문이 활짝 열리고 외부 방문객이 하루에 수천, 수만 명으로 늘어나 물리적으로 도저히 감당할 수 없게 된다면 모를까.

북한 안내원의 역할은 내 경험으로 보아서 다섯 가지로 집약할 수 있다.

첫째는 물론 외부 손님의 안전한 여행을 보장하는 것이다. 북한은 바깥세상과는 너무 다른 세상이다. 외부인들은 혼자서 도저히 다닐 수가 없다. 지하철이나 기차, 버스도 표를 살 수 없는 것은 물론이고 시간표조차 알 수 없다. 어느 것이 택시인지도 알 수 없고, 외부인이 아무리 불러봐야 오지도 않는다. 더구나 김일성 배지를 달지 않은 사람이 혼자서 돌아다니면 북한 주민들이 당장 사회안전부(현재 명칭은 인민보안성으로 우리의 경찰에 해당함)에 신고한다. 배지를 달지 않은 사람은 '간첩'일 수도 있기 때문이다. 그래서 안내원이 있어야 모든 것이 편리해진다. 무료로 봉사하는 관광안내원인 셈이다. 아니, 무료라고는 볼 수 없다. 외부인에 대한 모든 바가지요금에 그 비용이 이미 포함되어 있을 테니까.

둘째는 외부인에 대한 감시다. 안내원은 외부인이 정해진 곳 외의 장소를 가려고 하거나, 허용되지 않은 일을 하는 것을 막는다. 방문자의 목적에 따라가야 할 곳과 해야 할 일이 미리 정해져 있다. 일반적으로는 보기에 좋은 곳이나 그들의 정치선전에 유익한 곳으로 데리고 가야 한다. 그러나 식량원조를 목적으로 오는 사람들에게는 가장 어렵고 비참한 곳을 만들어서라도 보여주어야 한다. 따라서 안내원의 임무는 외부 방문객이 초청 목적에 부합되는 여행만 하도록 관리하는 것이다.

셋째는 북한 주민과의 접촉을 차단하기 위한 것이다. 외부인이 북한 주민과 어떠한 대화나 접촉을 통해 북측이 원치 않는 정보를 얻게 될 우려가 있으며, 또한 북한 주민들도 외부 사상이나 정보에 오염될 위험성이 있기 때문이다.

넷째는 방문객에 대한 전도사업이다. 북한의 사상이론과 김일성 숭배라는 종교를 방문객에게 전파하는 것이다. 이론적으로는 방문객들을 잘 포섭하면 이들이 자기 나라로 돌아가서 듣고 본 것을 전파할 것이니 이들을 우선 전도하는 것이 중요한 사업이다.

마지막으로는 외화벌이에 기여하는 것이다. 안내원은 방문객이 북한 체류 중 가급적 외화를 많이 쓰도록 해야 한다. 관광상품점으로 안내해 구매하도록 부추기고, 식사 후에는 술집에도 데려가 돈 좀 쓰게 만든다. 자기가 먹고 마신 것도 방문객이 지불하면 되니까 먹어서 좋고 외화벌이 실적이 올라가 좋고 일거양득이다. 방문객이 어떻게 생각하든 알 바 아니다. 어차피 다시 만날 사람도 아니니까. 때로는 개인적인 외화벌이가 될 때도 있다. 이건 정말 신나는 일이다. 주로 남쪽에서 온 사람들이 인심이 좋다.

우리는 북한에 온 초기부터 안내원이 따라붙는 것을 정말 지겨워했다. 평양을 간다거나 하는 먼 길이라면 몰라도 여기야 어차피 좁은 바닥인데 놀러 가는 것도 아니고 작업과 관련해서 나가는 것도 일일이 안내원이 따라붙을 필요는 없는 것이다. 초기에 양화항이나 남대천 지역에 갈 때 동반 안내원의 필요 여부를 놓고 북측과 갈등을 빚곤 했다.

그래서 우리는 북측으로부터 부지를 정식으로 인도받은 다음에는 부지 안에 북한 사람들의 출입을 철저히 통제해야겠다고 다짐했다. 북한 사람들이 부지 내에 들어올 일이 있을 때는 사전에 허가를 받고 우리 안내를 받아야 하도록 했다.

생활부지의 식당이 막 가동되었던 초기 일이다. 미국인 대표와 식당에서 점심을 먹고 있는데 이 사람 눈이 마치 먹이를 발견한 맹수처럼 번쩍이더니 밖으로 뛰어나갔다. 웬일인가 하고 내다보았더니 북한 안내원이 일이 있어서 부지 안에 들어와 있었는데 그에게 뭔가 이야기하는 것이었다. 그 미국인 대표는 한국말을 약간은 할 줄 알았다.

이야기를 마치고 그가 포복절도하며 돌아와서 그 이유를 말해주었다. 자기가 그 안내원에게 가서 (부지 안에 들어오려면 우리 측 안내가 있어야하므로) "안내 있어요?" 하고 물었더니, 그자가 참 이상하다는 표정으로 "제가 안내원인데…" 하더라는 것이다.

이준 열사의 생가

골재를 채취할 수 있는 남대천은 경수로 건설부지를 지나서 약 18킬로미터 떨어진 곳에 있었다. 상류부터 하류까지 4킬로미터의 남대천 양안 지역이 골재채취 지역으로 선정되어 건설부지와 똑같은 법적 지위를 지니게 되었다. 즉 북한법 적용이 유보되고 KEDO의 배타적인 관할권 아래 놓여 있는 것이다.

건설부지에서 왼쪽으로 돌아 나가면 철길과 나란히 달리는 비좁은 비포장도로와 만난다. 이 도로는 남한의 속초에서 화진포로 이어지는 7번 국도와 이어져 있던 간선도로로 일종의 우회도로다. 그 길을 따라 계속 달리면 북청으로 가게 되는데, 남대천 골재채취장은 북청 바로 직전에 자리 잡고 있었다.

남대천은 생각했던 것만큼 물이 맑지는 않았다. 생활오수로 오염된 상태인지 물속에 깔린 돌에는 개천에서 볼 수 있는 시커먼 이끼가 너울거리고 있고, 가뭄으로 말라붙은 바닥은 손바닥만 한 크기로 딱지가 일어나고 있었다. 그러나 흐르는 물 자체는 어느 정도 맑았고, 비가 와서 수량이 늘어나면 그런 대로 괜찮아졌다. 남대천은 물줄기 크기에 비해서는 하상(河床)이 무척 넓고, 강 양변의 둑 사이도 아주 넓다. 서울에서 오는 건설 관계자들은 강바닥에 널려 있는 모래와 자갈이 다 '돈 덩어리'라며 "남쪽으로 수출해서 외화벌이나 하는 게 낫겠다"고들

감탄했다.

골재 채취장으로 가는 도중에 속후리, 광천리, 서흥리, 용전리 등의 마을을 지난다. 시골마을은 각 층에 한 가구 정도 거주할 수 있는, 벽돌로 지어진 3층짜리 조그만 아파트가 몇 채 있고, 나머지는 어디서나 볼 수 있는 단층의 일자형 단독주택으로 이루어져 있었다. 물론 마을 중심부에는 김일성 초상이 그려진 넓은 비석(사당이라는 표현이 더 어울릴 것이다), 작은 주체사상탑, 주체사상 연구실 등 '북한판 종교시설'이 자리 잡고 있다.

이런 시설은 어느 것이나 다 깨끗하게 유지되어 있고, 그 어려운 전기 사정에도 밤에도 환하게 조명을 비춘다. 그러나 조그만 아파트는 아파트라기보다는 어둠침침한 창고 같기도 하고, 짓다가 도중에 그대로 방치한 것 같은 너저분한 상태였다. 건물 골격만 대강 짓고 문짝이나 창틀 같은 것은 들어와 사는 사람들이 각자 해 달았는지 집집마다 모두 다르다.

골재부지로 가는 길에 제일 마지막으로 나오는 마을이 용전리다. 이곳은 이준李儁 열사의 고향이고 열사의 생가生家가 있는 마을이다. 부임 초기에 선발대 인원이 나를 포함해서 다섯 명이었는데, 우리는 북한 안내원과 함께 부지를 비롯한 주변 지역을 돌아다녔다. 동행하던 안내원이 그 지역 자랑거리의 하나로 이준 열사의 고향을 거론했다. 우리는 그 안내원을 잘 구슬려 열사의 생가에 가보기로 했다. 그때만 해도 안내원이 우리 행동반경을 어떻게 통제해야 할지에 관해 상부에서 구체적인 지침을 받지 않은 것 같았다.

보통 북한 사람들은 구체적인 지침이나 지시가 없을 때는 우선 부정적으로 나온다. 안전판으로 무조건 안 된다고 하는 것이다. 그런데 초기 며칠간은 분위기가 달랐다. 남쪽에서 온 동포들이니까 잘 대해주어야 한다는 생각이었던 것 같다. 게다가 항일 역사유적이니 정치적으로도 문제가 발생할 소지가 없었을 것이다.

아무튼 우리가 이준 열사 생가를 방문할 수 있었던 것은 당시 아직은 느슨한 분위기 덕분이었다. 그때 이후 이준 열사의 생가를 가본 사람은 아무도 없다. 그때 우리를 안내해준 안내원은 나중에 그 일로 매우 혼이 났다는 얘기를 들었다.

용전리는 조그만 리 단위의 마을로 큰길가 낮은 산 밑에 자리 잡고 있었다. 이준 열사의 생가라고 하는 집은 마을 중심을 지난 외곽의 산자락에 있는데 평범한 일자형 주택이었다. 알고 보면 이준 열사가 실제로 태어난 집은 아니고, 열사의 후손이 살고 있다는 것 외에는 열사와 아무런 인연이 없는 집인 것 같았다. 그러나 여기서는 그냥 '생가'라고 한다.

생가의 사립문 같은 출입문을 열고 들어가면 입구에 조그만 돼지우리 한 채가 있었고, 우리 안에는 새끼돼지 한 마리가 멀건 구정물 한 그릇을 앞에 놓고 있었다. 마당 한가운데는 우물이 있고, 구석에는 대강 만든 재래식 화장실이 있었다. 우물 깊이는 채 2미터도 안 되었는데 아무도 마셔볼 엄두를 내지 못했다. 집은 좁은 방 두 칸에 부엌이 딸린 흙벽돌집인데, 방 하나는 가족용이고 나머지 방 하나가 기념실처럼 꾸며져 있었다.

꾸며져 있다고 해봐야 출입문 쪽을 향하여 벽에 높이 걸려 있는 김일성 부자의 사진 두 개와 그 밑에 걸려 있는 이준 열사와 그 가족들 사진을 한꺼번에 끼워놓은 조그만 액자 하나뿐이었다. 벽에 붙어 있는 테이블 위에는 열사의 아들 이용李勇이 1952년에 받은 김일성훈장과 훈장증, 그리고 노력영웅 휘장이 전시되어 있었다. 그게 유물의 전부였다. 집을 지키던 부인이 "모든 유물을 평양 중앙박물관으로 다 가져가서 여기에는 유물이 없다"고 설명했다.

그 부인은 이준 열사의 증손며느리였다. 돌 정도 되는 아기를 안고 있었는데 그 아기가 열사의 고손자로 이름은 '이광'이었다. 열사 집안은 대대로 이름을 외자로 쓴다고 한다. '세대주'는 출타 중이라고 했다. 북한에서는 남편을 '세대주'라고 부르는데 전통적인 가부장적 분위기를 느끼게 해준다.

광이는 이목구비가 또렷한 귀여운 아이였다. 돌 된 아이 같지 않게 작았고 안아보니 너무 가벼웠다. 누런 천으로 만든 기저귀를 차고 있었다. 보통 그 정도의 어린아이들 같으면 깨어 있을 때는 울든가 버둥거리며 움직임이 활발할 텐데, 광이는 그저 조용히 미동도 하지 않고 엄마 품에 안겨 있었다. 우리가 돌아가며 안아주어도 낯을 가리는 울음도 울지 않았다.

광이는 영양상태도 좋지 않아 보였고 발육도 정상이 아닌 것이 확실했다. 아이 엄마도 정상적인 영양상태는 아니었다. 처음에는 할머니가 아기를 봐주고 있는 줄 알고 "애 엄마는 어디 갔느냐"고 물었더니 자신이 애 엄마라는 것이다. 이 여자가 20대 후반이나 30대 초반일 거라고는 믿어지지 않았다.

부엌은 정돈도 잘 되어 있고 아주 깨끗했다. 부뚜막에는 조그만 가마 솥 두 개가 걸려 있었다. 눈에 띄는 먹을 것이라고는 껍질을 벗겨놓은 달걀만 한 크기의 감자 한 알이 전부였다. 그래서 부엌이 깨끗했던 것이다. 우리는 그곳에서 광이와 사진도 찍을 수 있었다. 아무런 무게도 느껴지지 않는 광이를 안고 있는데 왜 그렇게 가슴이 무거워져오는 것일까? 북한에서도 독립 유공자는 우대한다고 하던데 이 정도가 우대받는 것인지, 이들은 왜 평양에서 살게 하지 않는 것인지, 열사의 생가를 지키기 위해서인지….

돌아오면서 모두들 어떻게 하면 광이에게 분유라도 갖다 주고, 그 집에 쌀이라도 좀 줄 수 있을까 궁리해보았다. 그러나 그것은 실현 가능성이 없는 몽상이었다. 북측이 허용할 리가 없기 때문이었다.

일 년쯤 뒤 그곳 방문 얘기가 다시 나왔는데 북측이 입장료(?)조로 1인당 30달러씩 요구하여 그만두라고 했다. 이준 열사의 생가와 후손마저 외화벌이의 도구로 전락하는 것이 보기 싫었기 때문이다. 지금 광이는 만으로 21살 정도(2003년 당시) 되었을 것이다.

"남조선 차는 안 타!"

경수로 건설작업이 시작된 초기의 일이었다. 대상 사업국 관계자가 만나자고 해서 만났더니, 우리 근로자가 북한 여자를 성희롱했다며 항의했다. 트럭 운전사가 북한 아주머니를 차에 태우고는 '여자의 은밀한 곳에까지 손을 댔다'는 것이다. 그 말을 그대로 믿을 수도 없고, 당장 확인할 길이 없으니 그럴 리가 없다고 잡아뗄 수도 없고 참 난감한 일이었다.

일단 알아보겠다고 하고 나와서 조사를 해보았다. 당시에는 길을 지나는 북한 주민들이 KEDO 표시 단 차를 운전하는 사람들이 '남조선 사람'이라는 것도 모른 채 자동차가 지나가면 무조건 손을 들어 차를 태워 달라고 사정하곤 했다. 그러다가 "남조선 차"라는 말을 들으면 얼굴이 하얗게 되어 도망갔다.

이 사건도 조사해보니 한 운전사가 경험한 에피소드에 불과했다. 중년 여자가 태워달라고 해서 태워주긴 했는데, 그때 안내원이 옆자리에 앉아 있었고 자기는 의심받을 행동을 하지 않았다는 것이다. 그런데 그 운전사가 전하는 여자의 행동이 참 이상했다. 이 여자는 차를 타고 나서는 얼마 못 가서 소변이 마려우니 내려달라고 하더란다. 그래서 차를 세우고 내려주었더니, 아니 이 여자가 트럭 뒷바퀴 근처에 앉아서 정말로 소변을 보더니 도망가버리더라는 것이다.

운전사가 한 일은 뒷거울을 통해 이 모습을 보면서 낄낄 웃은 것뿐이라고 했다. 그렇다면 거울을 보며 웃은 것이 "여자의 은밀한 곳에 손을 댔다"는 내용으로까지 부풀려진 것이다. 우리 측의 이러한 설명에 대해 북측이 더 이상 따지지 않아서 큰 논쟁은 없었다. 그러나 이 사건은 북한 주민들의 신고가 어떻게, 얼마나 과장되게 부풀려지는지 단적으로 보여주는 사례였다.

추측해보면 그 여자의 행동심리는 이런 것이었을 것이다.

'그냥 지나가는 트럭으로 알고 탔는데, 타고 나서 보니까 앗! 이건 남조선 놈들의 트럭이다. 큰일 났다. 난 이제 안전부에 끌려가서 죽었다. 그냥 내리겠다고 하면 운전사가 안 내려줄 것 같고, 계속 타고 가면 안전부에 잡혀가는 것은 분명하고, 진퇴양난이다. 아, 좋은 수가 있다. 소변 핑계를 대자. 그리고 일단 내리고 나서는 소변 핑계를 댔으니 소변보는 시늉을 하고 내빼자. 후유! 살았다.'

그런데 문제는 그 다음부터다.

'내가 남조선 트럭에 탔던 것을 누가 보기라도 했으면 어쩌지? 본 사람이 없을 리가 없어. 여기가 어떤 곳인데, 항상 누군가의 눈초리가 번뜩이고 있는 곳인데. 이럴 땐 내가 먼저 안전부에 신고하는 것이 안전해. 그런데 그냥 신고하면 모르고 태워달라고 했다 하더라도 남조선 트럭에 탄 걸 야단칠지 모르니 좀 꾸며대야겠다. 흔히 있을 법한 일로 덧칠해서 신고하면 내가 트럭을 태워달라고 했다는 사실보다 남조선 사람의 성희롱 문제가 더 큰 문제가 될 테니까.'

뭐 이런 것이 그 여자의 생각이 아니었을까?

양화항에 갔다 오는 길에 내가 직접 겪은 일도 있다. 양화항과 부지 사이에는 커다란 고개가 하나 있다. 우리 일행이 탄 차가 고갯길을 오르고 있는데 웬 정복 입은 사회안전부 군관 한 명이 손을 들어 차를 세웠다. 우리는 '이 녀석이 뭘 모르고 검문이라도 하려고 하나'라고 생각하며 차를 세웠더니, 그 군관이 차를 태워달라는 것이었다. 북청까지 간다고 했다. 그곳에서 북청까지는 30킬로미터는 되는 거리다. 그 먼 길을 정복 입은 안전부 군관도 걸어가는 것이다.

그런데 그 군관은 일단 차에 타더니 표정이 좀 이상해졌다. 우리가 이 차는 KEDO 차고 우리는 남쪽 사람이라고 설명하고는 "저 앞에 검문소가 있는데 우리는 상관없지만 당신은 괜찮겠느냐?"고 물어보았다. 처음에는 일없다고 했다. 그러다 한 2~3백 미터 가서는 "나 내리가서" 하는 것이었다. 우리가 고갯마루까지라도 태워다주겠다고 하는데도 계속 "일 없습네다" 하면서 내리겠다고 했다.

결국은 내려주었는데, 그 군관은 차 뒤로 돌아서 고갯길의 낭떠러지 쪽 길가로 비틀거리며 가서는 돌무더기 위에 몸을 던지듯 털썩 주저앉더니 모자를 벗고 땀을 닦았다. 얼마나 놀랐을까? 그 군관도 역시 앞에서 말한 여자와 마찬가지 심리상태였을 것이다.

또 이런 일도 있었다. 이번엔 인민군 군관 이야기다. 우리 건설부지에서 남대천으로 가다 보면 속후리라는 마을이 나오는데 그곳에 기차역이 있다. 그 기차역 앞에서 한 인민군 병사가 우리 차를 세웠다. 자기 상관이 갑자기 토사곽란(토하고 설사하는 병)이 일어나 급히 광천리에 있는 병원에 가야 하는 데 좀 태워달라는 것이었다. 우리가 남쪽 사람이라는 것을 밝혀도 이 사병은 사람이 죽어가는데 무슨 상관이냐며 태워달라고 했다. 그래서 이들을 태워주었다.

그런데 조금 가다가 군관이 정신이 들었는지 차 안을 둘러보고 나서는 그 사병에게 "야, 이거 이거 무슨 차이가?"라고 물었다. '남조선 차'라는 말을 듣고는 언제 아팠느냐는 듯이 벌떡 일어나 내리겠다는 것이다. 그래서 그들은 또 중간에서 내렸다.

남대천에서 돌아오는 길에 보니까 아까 그 인민군 병사가 어디서 자전거를 구했는지 자전거를 끌고, 그 군관은 자전거 위에 웅크리고 엎드려서 오고 있었다.

산타할머니

마전휴양소에 처음 갔을 때 일이다. 각 건물에 있는 객실은 북한 아주머니가 두 사람씩 짝을 이루어 청소를 담당했다. 그들은 반드시 둘이 붙어서 다닌다. 나는 마지막 날 회의에 참석하기 위해 방을 나오며 10달러를 침대 위에 놓고 나왔다. 점심을 먹고 짐을 꾸리러 방에 다시 들어가 보니 침대 위에 놓아두었던 돈이 보이지 않아서 '아, 북한에서도 팁은 받는 모양이구나'라고 생각했는데, 웬걸 책상 위에 1달러짜리 지폐 열 장이 가지런히 정리되어 놓여 있었다. 봉사료를 챙겨갈 생각조차 없었던 것 같다.

그런데 떠날 시간이 다 되어 버스를 기다리며 모두들 수군거렸다.

"아줌마들에게 팁을 주니까 받더란 말이야."

"봉사료를 준다고 하니까 처음에는 한사코 안 받겠다고 하긴 하더라. 두 아줌마가 같이 있어서 그런 모양이야. 그래서 그냥 침대 위에 놓고 왔는데 누군가 가져가겠지 뭐."

"난 한 아줌마가 혼자 있을 때를 틈타 50달러 줬어. 처음엔 물론 안 받으려고 하다가 잘 설득하니까 받던데. 그거 아줌마 혼자 있을 때 줘야 해. 둘이 있으면 절대로 안 받아."

"난 먹을 것 남은 것도 가져가라고 그냥 줬어. 집에 가서 애들이나 먹이라고 과자 봉지를 주었지."

"일반 주민들은 겁이 나서 그럴 거야. 좀 높은 사람들은 비교적 부담 없이 받나봐."

북한 사람에게 돈 얼마를 또는 물건을 어떻게 주었다, 받았다 안 받았다 하는 무용담이 마전에서 마지막 화제가 되었다.

이곳 경수로 건설부지에서 북측과 빈번하게 문제가 된 것 중 하나가 북한 사람들에게 우리가 "무엇을 주었다"라는 다툼이었다. 우리는 초기부터 북한 사람들에게 무엇이든 주는 것은 자제하도록 지침을 정해놓고 있었다. 이 세상에 남에게 덕을 베풀고 아무런 대가도 바라지 않는 사람은 별로 많지 않다. 덕을 베푼 사람은 대개는 어떤 형태로든 그 대가를 기대하게 된다. 그 대가는 자기 스스로의 만족감이 될 수도 있고, 상대방이 고맙다고 머리 숙이는 것을 보고 기분이 좋아지는 것일 수도 있다.

처음에는 북한 사람들에게 뭐든지 주고 싶었다. 그러나 북한 사람들은 한사코 거절했다. 그냥 거절하는 것도 아니고, 정황을 보면 받고는 싶어 하는데 못 받는 것이었다. 그뿐 아니라 남한 사람이 뭔가를 주려고 했다는 사실을 자기네 감시담당 관계자에게 일러바쳤다. 신고를 받으면 북한 관계자들은 반드시 '물증'을 들고 우리를 찾아와서 항의했다. 일이 이렇게까지 발전하면 처음에 가졌던 애정은 증오로 변한다.

그러면 주겠다는 사람은 급기야는 "아직 배가 덜 고파서 그런다"느니, "굶어죽게 되면 아마 자기 입으로 달라고 말하겠지", "아예 비 한 방울 내리지 말아서 좀 더 크게 혼나봐야 돼"라고 빈정거리게 된다. 그러니 차라리 베풀지 않았을 때만도 못한 상황이 된다. 덕을 베풀고 나서 욕하는 것보다는 덕을 베풀지 않고 욕을 하지 않는 것이 훨씬 낫다.

북측은 공식적으로는 남북 간의 접촉을 극구 회피한다. 그럼에도 초기께는 우리 근로자들과 북한 안내원들이 자연스럽게 어울릴 수 있었다. 우리 근로자들이 매일 저녁 안내원들에게 맥주를 사주곤 했다. 처음에는 열심히 어울리고 마셔댔다. 서로가 얼마나 궁금한 게 많았겠는가? 그러나 그러한 열기는 얼마 가지 않아서 금방 식어버리고 말았다. 북한에서는 참 이상하게도 사람이든 음식이든 방송이든 자연경관이든, 무엇이든지 한 번 보거나 경험하고 나면 그만 열기가 식어버린다. 남북 민초들 간의 접촉에서도 이러한 현상은 예외 없이 나타났다. 그 이유는 몇 가지가 있다.

첫째는 안내원들과 막상 이야기를 해보니 화제도 제한되어 있고 금방 식상해지는 것이다. 그만큼 북한 사람들은 그들의 체제적 한계로부터 자유로울 수 없었다.

둘째는 일방적으로 사주거나 얻어먹는 관계는 오래 지속되기가 어렵다. 그것도 한두 번이지, 매번 내가 낸다는 것은 아무래도 기분 좋은 일이 아니다. 그렇다고 북한 사람들이 자기네 주머니 사정을 솔직하게 얘기하고 미안해하거나, 아니면 고맙다고 기본적인 예의를 표시하지도 않는다. 그저 마시고는 그냥 헤어지면 그뿐이다. 그런 일이 두세 번 되풀이되면 그 친구를 다시 보아도 어울리고 싶은 생각이 없어진다.

셋째는 고맙다는 말을 하기는커녕 잘 얻어먹다가도 서로 말이 좀 이상하게 흘러가면 반드시 공격적인 태도로 돌변하여 싸움이 일어나곤 한다. 가장 흔했던 것은 반말 시비였다. 북한 사람들의 말씨, 특히 함경도 사투리는 존댓말과 반말의 구분이 명확하지가 않다. 아무튼 북한 근로자들은 일상적인 말투로 말하는데 남한 근로자는 저놈이 괘씸하게 반말한다고 생각하게 된다. 한두 번 참다가도 어떤 불편한 계기가 생기면 "왜 반말이야?" 하는 전형적인 한국적 싸움이 되어버린다.

그리고 경제적인 격차는 누가 보아도 느낄 수 있는 것이다. 깡마르고, 기운도 딸리고, 나이보다 더 들어 보이는 시커먼 얼굴…. 불쌍하게 생각해서 뭘 주려고 해도 안 받는다. 아니 받고 싶어도 받지 못한다. 어떤 자들은 은밀하게 주기를 원한다. 그래서 여기저기 안 보이는 데다 갖다 놓으면 슬며시 가져가곤 한다.

여기까지는 우리 근로자들이 북한 근로자들에게 순수한 동포애를 발휘하는 것이다. 그런데 얼마 안 있어 그런 일들이 북측 내부에 들통나서 북한 근로자 몇 사람이 처벌을 받았는지 더 이상 보이지 않게 된다. 그러면 우리 근로자들도 그들에게 무언가를 주는 것이 그들을 위하는 것이 아니라 오히려 위험하게 만든다는 사실을 확실하게 알게 된다. 그럴수록 북한 근로자와 가깝게 지낼 수도 없게 된다. 그래서 이래저래 남쪽 근로자와 북한 근로자의 관계는 겉돌 수밖에 없다.

이 조그만 사회에서 벌어지는 주고 싶은 자들과 받고 싶으나 받을 수 없는 자들이 벌이는 숨바꼭질 같은 갈등은 어쩌면 남북관계 전체를 대변하는 만화경일지도 모른다. 좋을 때 너무 기뻐 날뛰지 말고, 오히려 안 좋아질 가능성에도 대비해야 할 필요가 있다. 나쁠 때는 너무 실망하거나 상대방을 증오하지 말고 '그들에게 어떤 사정이 있겠지', '사람 탓이 아니라 체제 탓이겠지'라고 한 박자를 쉬는 여유도 필요하다.

1998년 연말의 일이었다. 이번에도 또 뭔가 주려다가 사건이 되었다. 사건의 명칭은 '산타할머니 사건'. 우리 부지에는 간호사 자격을 가진 천주교 수녀님 두 분이 부지 내에 있는 병원에서 간호사로 봉사하고 있었다. 이번에는 그 두 분이 활약했다. 그분들의 사명은 물론 봉사하는 것이다. 북한 주민들의 가난한 생활을 눈으로 직접 보는데 그런 순수한 마음이 발동하지 않을 리가 없었다.

궁리 끝에 서울에서 가져온 헌 옷가지들을 길가 소나무 숲속에 몇 보따리 몰래 놓아두었다. 발견하는 사람이 가져가라는 하느님의 경품이었다. 그런데 여기가 어디인가? 사방팔방 어느 한곳에는 반드시 누군가가 보고 있지 않은가.

이번에도 역시 북측 관계자가 옷 보따리를 들고 와서 항의했다. 수녀님들의 연말 봉사활동은 그렇게 허무하게 끝났다. 북한은 하느님이든 부처님이든 알라신이든, 신의 축복이 필요 없는(?) 나라라는 것을 새삼스럽게 확인할 수 있었던 해프닝이었다. 왜? 북한에서는 신이 따로 있으니까.

"우리는 장군님이 뭐든지 다 주시고 해주시니까요. 헌옷이 웬말입네까? 우리 장군님은 언제나 새 옷을 주십네다."

그 일을 겪으면서 "산타할머니는 오셨는데, 왜 산타할아버지는 북한에 안 오시는 거지?" 하는 농담이 유행하게 되었다. 알고 보니 산타할아버지가 북한에 못 오시는 이유가 꽤 여러 가지 있었다.

산타할아버지의 썰매는 1인승이라서 북한 안내원이 탈 자리가 없기 때문에, 연기 나는 굴뚝이 하나도 없어서 굴뚝을 찾기 어렵기 때문에, 등불 하나 없는 북한의 캄캄한 밤에는 루돌프 사슴의 빛나는 코만 가지고는 너무 어두워서 길을 찾을 수 없기 때문에, 북한이 '천국'이라고 너무 선전을 해놔서 산타할아버지가 갈 필요가 없는 곳이라고 방문지 리스트에서 지워버렸기 때문에….

왜 식량이 부족한가

향산은 우리가 잘 알고 있는 묘향산 지역의 지명이다. 묘향산은 평양에서 약 200킬로미터 북쪽의 청천강 상류지역에 있다. 묘향산은 우리가 너무도 잘 알고 있는 바와 같이 임진왜란 때 서산대사가 최초로 승병을 일으켰던 곳으로, 우리나라 5대 명산 중 하나로 꼽히는 산이다.

북한에서도 백두산, 금강산, 칠보산과 함께 아끼는 명승지며, 김일성의 여름별장이 있는 곳으로도 유명하다. 이곳에 국제친선전람관이라는 건물이 있는데 외국 정부수반이나 외교사절, 또는 민간단체들이 김일성에게 선물로 보낸 물건들을 전시해놓았다. 묘향산의 사찰로는 보현사가 유명하다.

묘향산으로 들어가는 길 초입에는 이 지역의 유일한 관광시설인 향산호텔이 있다. 커다란 이등변삼각형 모양의 15층짜리 건물로 그 일대에서는 유일하게 큰 건물이어서 멀리서 보면 뒤에 있는 산을 배경으로 웅장해 보인다. 그러나 가까이 가서 보면 거친 시멘트 구조물에 지나지 않는 멋대가리 없는 건물이다. 호텔 건물 옆에는 국제회의장이라고 하는 별도의 부속건물이 있으나 최근에는 한 번도 사용되지 않은 듯 인적이 없고 죽어 있는 시설처럼 보였다.

북한은 KEDO와의 주요 회의를 북한에서 개최할 경우 이 향산호텔을 회의시설로 이용했다. 향산은 평양의 국제공항인 순안비행장으로부터 약 150킬로미터 정도 거리에 있으며, 평양~향산 간에 4차선 고속도로로 연결되어 있어 북측 목적에는 다방면으로 부합되는 요긴한 장소다.

평양과 향산을 잇는 4차선 고속도로는 도로상태가 제법 좋았다. 우리가 탄 버스도 시속 100킬로미터 이상으로 달리는 것 같았다. 그런데 도로를 달리는 자동차는 우리 일행이 탄 승용차 두 대와 버스뿐이었다. 우리는 온 고속도로를 전세 낸 양 시원스럽게 달렸다.

때는 6월 초순이어서 장마철이 시작되었을 리는 없는데 바로 전날까지만 해도 장마 같은 비가 내렸다고 한다. 북한에서는 이맘때쯤 오는 큰 비를 '보리장마'라고 부른다. 모내기철이 시작되어 고속도로변에 펼쳐져 있는 논에서는 모내기가 한창이었다. 곳곳에 붉은 깃발을 꽂아놓고 사람들이 모여 모를 심고 있었다. 간간이 덩치 큰 뜨락또르(트랙터의 러시아식 발음)가 한두 대 보였지만 농사일 대부분은 사람 손에 의지하고 있었다.

나를 놀라게 한 것은 북한의 벌거벗은 산이었다. 평양에서 청천강 지역까지는 높은 산이 없고 평야와 낮은 산과 구릉으로 이어지는 비교적 평탄한 지형이다. 낮은 산들은 모두 산꼭대기까지 이른바 '다락밭(층층이 일군 밭)'으로 개간되어 있어 나무 한 그루 찾아볼 수 없었다. 수해의 피해가 컸다는 이유를 한눈에 이해할 수 있었다.

낮은 산허리를 둘러서 밭고랑을 파놓았는데, 바로 얼마 전에 큰비가 온 듯 밭고랑의 허리가 산에서 흘러내리는 물줄기로 도처에 잘려나가 있었다. 그냥 눈으로 보기에도 웬만한 비라도 내리면 산허리에 있는 다락밭은 밀려 내려가는 물과 토사로 덮여버릴 것이 뻔했다.

북한은 모자라는 농토를 확보하기 위해 사람이 겨우겨우 일할 수 있는 한계 경사면보다 더 가파른 경사면까지 모두 나무를 잘라내고 밭으로 개간했다. 그로 인한 부작용은 생각하지 않고 무조건 경작지만 넓히려는 단순한 욕심이 오늘날의 만성적인 재앙을 불러온 것이다.

그래서 북한의 수해나 가뭄으로 인한 재해는 자연재해가 아니라 인재라고들 하는 것이다. 특히 이런 지역에서는 자연재해가 곧바로 기근으로 이어지는 원인을 쉽게 유추할 수 있다. 홍수가 나서 농사를 망쳤을 경우에는 이런 벌거벗은 구릉지대에서는 캐먹을 풀뿌리조차 없으니 외부에서 별도의 식량유입이 없는 한 그냥 앉아서 굶는 수밖에 없을 것이다.

그런데 식량이 어디에서 유입되겠는가, 이곳이 바로 그나마 평야지대고 식량 공급지인데. 이런 식량 생산지역이 대규모 피해를 입으면 다른 지역에서 도움을 줄 길이 없다. 오히려 북한의 경직된 분배 시스템에 의해 홍수로부터 그나마 건져낸 곡물을 평소에 하던 식대로 식량이 필요한 도시지역으로 계속 빼내갈 것이다. 차창 밖으로 스쳐가는 이 지역의 농촌 풍경이 북한의 기근 원인을 간단하게 정리해주었다.

버스로 한 시간 정도 달리자 눈앞에 높은 산들이 서서히 봉우리를 드러내 보이기 시작했다. 말로만 듣고 지도에서나 보던 청천강 물줄기가 시원스럽게 흘러내리고 있다. 평양 쪽에서 향산 고속도로를 타고 한 시간 정도 북쪽으로 달리면 평성, 숙천, 순천 지역을 지나 안주 근방에서 도로는 청천강 줄기를 따라 동북쪽으로 방향을 틀어 내륙 산악지대로 들어선다. 여기서 청천강 줄기를 따라 다시 한 시간 정도 더 달리면 향산에 도착한다.

청천강 물줄기는 산악지역에서 쏟아져 내리기 때문인지 흐름이 무척 빨라 보였다. 군데군데 드러난 하상에는 전해의 수해 때 밀려 내려온 것들인지 깨진 철 구조물이나 부서진 가구 같은 나뭇조각, 그리고 확인이 안 되는 파편들 여러 종류가 여기저기 널려 있었다. 북한 사람들은 식량부족 사태에 관해 물어보면 녹음기를 틀어놓은 것처럼 수해 탓만 얘기한다. 그저 하늘 탓으로만 돌리는데, 나무 없는 산이라든가, 가파른 산허리의 다락밭이라든가, 옥수수 일변도의 작물 등 구조적인 문제에 관해 물어보면 말꼬리를 흐려버렸다.

평양에서 판문점 가는 길

1997년 10월이었다. 심장마비로 갑자기 사망한 근로자 시신을 운구하기 위해 부지에서 함흥으로, 함흥에서 전세 비행기로 평양으로 날아와서 터덜거리는 앰뷸런스로 판문점을 향해 가는 길이었다. 개성으로 가는 고속도로와 연결되는 평양 남쪽 간선도로에는 길 양옆을 따라 남루한 옷차림에 울퉁불퉁한 배낭을 멘 사람들이 끝없이 걷고 있었다. 시내를 벗어나서 약 5~6킬로미터 정도 나가서야 인파 행렬이 좀 뜸해지기 시작했다.

대동강을 건너 남쪽으로 차선표시가 없는 4차선 도로를 약 15킬로미터 정도 달리면 개성과 원산 길이 갈라지는 간단한 입체 교차로가 나온다. 평양-개성 간 고속도로는 아스팔트 포장으로 오랫동안 제대로 보수를 못 한 듯 움푹움푹 패인 곳이 많아 위험한 도로였다. 운전사가 패인 곳을 피해가려고 노력은 했으나, 어쩌다 패인 곳으로 지나가면 차가 부서지는 듯한 충격을 받곤 했다. 특히 교량과 연결되는 부분은 높낮이 낙차가 커서 이를 통과할 때도 역시 차량이 벽에 부딪치는 듯한 큰 충격을 받곤 했다.

사리원을 조금 지난 곳으로 기억되는데 비상시 활주로용인 듯 중앙분리대가 없는 직선 도로가 수 킬로미터나 계속되었다. 나쁜 도로사정에도 자동차들은 시속 100킬로미터 이상의 속도로 달리고 있었다. 통행 차량도 많지 않아 개성까지 가는 세 시간여 동안 반대방향에서 오는 차량은 약 40대 정도에 불과했고, 그나마 3분의 1정도는 고장이 나서 길 한가운데 서 있었다. 이는 그동안의 여행 중 목격한 경험으로 볼 때 평균적인 고장차 비율이라고 할 수 있다.

남쪽으로 송림, 사리원, 평산, 금천, 박연을 지나오는 길은 대체로 구릉지대며 터널과 교량이 유난히 많았다. 중간에는 산지의 밭이 많고 평양과 개성 부근에는 논이 많았다. 추수가 끝난 논에서는 할머니들이 벼이삭을 줍는 듯 논바닥을 뒤지고 있었다. 산에는 다른 곳과 마찬가지로 나무가 거의 없고 돌과 흙이 그대로 노출되어 있어서 기계충(두부백선)에 걸려 머리털이 다 빠진 어린애 머리처럼 희끗희끗하게 보였다.

고속도로는 개성의 서쪽 끝을 지나면서 판문점과 연결된다. 개성은 멀리 보이는 송악산과 헐벗고 낮은 산으로 둘러싸여 있는데, 비교적 큰 도시라서 그런지 6~7층짜리 시멘트 건물도 보였으나 투박하고 낡아서 하얗다기보다는 회색빛의 어두운 색깔이었다.

판문점으로 가는 길목이나 근처의 경비상태는 예상보다 덜 삼엄했다. 군대나 장비의 이동 같은 움직임도 전혀 보이지 않았다. 다른 지역에서와 마찬가지로 삼삼오오 떼 지어 몰려다니는 군인 무리가 자주 보였다는 점 외에는 이곳이 전방지역이라는 것을 전혀 느낄 수 없을 정도였다. 눈에 보이는 분위기만으로는 남쪽에서 통일로나 자유로를 거쳐서 판문점에 갈 때 경험하는 약간은 살벌한 분위기와는 전혀 딴판이었다.

평양-개성 간 고속도로에서 개성으로 나가는 출구에서 판문점까지는 8킬로미터라고 표시되어 있었다. 그곳에서 약 2킬로미터 정도 달리면 판문점 길목의 검문소가 나온다. 그 검문소에서 다시 약 5킬로미터 정도 가면 드디어 판문점 입구에 도착한다.

판문점 입구는 휴전선을 따라 쌓아올린 긴 성벽이 동서 방향으로 세워져 통행을 막고 있었다. 그 성벽 한가운데로 성문처럼 출입구가 만들어져 있고, 그 입구를 통과하면 판문점을 관리하는 외곽 검문소와 관리실이 나온다. 그곳에서 외교부 미국 담당 과장과 대상사업국 관계자, 그리고 판문점 책임군관이라는 유아무개 상좌가 우리 일행을 맞이했다.

유 상좌는 그리 크지 않은 키에 약간 뚱뚱한 체격으로 얼굴도 통통하여 모택동과 닮았다. 그의 안내로 철조망 문을 통과하여 판문점 공동경비구역으로 들어섰다. 입구를 지나자마자 "군사분계선 북한계선"이라는 표지판이 서 있다. 왼쪽 언덕 위로는 북한군 초소가 보였다. 양쪽으로 미루나무들이 빽빽이 늘어선 좁은 아스팔트길을 따라 잠시 달리자 판문각 앞 광장에 도착했다.

우리는 북한군 100여 명이 득실거리는 한가운데 차에서 내렸다. 눈에 익은 오리걸음으로 행진하는 북한 경비병이 20여 명씩 줄을 지어 오가고 있었다. 도끼만행사건을 비롯해서 갖가지 휴전협정 위반 사건이 있을 때마다 텔레비전에서 보아왔던 그 살벌하고 무표정한 얼굴의 북한 경비병들 한가운데 내가 서 있는 것은 정말 묘한 분위기였다.

유 상좌는 "미군 측의 강력한 요청에 의해 시신 인도시 KEDO 직원 한 명(미국인을 의미)만 분계선상까지 접근할 수 있고, 다른 한 명은 뒤에 서 있어야 한다"고 절차를 설명했다. 그것은 분명히 한국 대표를 공식석상에서 배제시키려는 의도였다. 그리고 나를 안내할 곽 중좌라는 사람을 소개했다.

나는 일단 한국 대표를 공식석상에서 배제하려는 북측의 처사에 항의했다. "내가 대표고 내 나라 사람의 시신이니 내가 직접 인도해야겠다"고 주장했다. 그러자 유 상좌는 이상하다는 표정으로 북한 외무성에서 나온 과장에게 "정말 저 남조선 사람이 KEDO 대표냐?"고 물었다. 그리고 둘 사이에 한참 이야기가 오갔다. 이 일이 있고 난 후 한동안 부지에서는 북측이 남한 대표는 KEDO 직함을 쓸 수 없다고 떼를쓰는 일이 있었다.

그러고 나서 그는 내가 제기한 문제에 대해서는 짐짓 언급을 피하면서 "5미터 뒤면 아주 가까운 거리나 좀 더 가까이 갈 수 있도록 배려할 테니까 염려하지 말라"고 친절하게 응대해주었다. 그러나 실제 시신을 인도할 때는 분계선 근처로 접근하는 것을 통제했다. 나는 판문점 회담장 건물의 양쪽 벽을 따라 두 줄로 늘어서 있는 북한군 경비병 뒤에 서 있어야 했다.

시신 인도를 마친 후 유 상좌는 "먼 길 갈 텐데 차나 한잔 하고 가라"면서 우리 일행을 2층 귀빈실로 안내했다. 하루 종일 굶어서 밥이나 좀 주지 않나 기대했는데, 역시 북한에서 밥을 기대하는 것은 사치였다. 유 상좌는 귀빈실에서 우리를 상대로 정치선전을 늘어놓았다.

"군사정전위가 지난 3년 동안 열리지 못하고 있다. 우리가 계속해서 회의 개최를 제의하고 있는데, 미군 측은 3년 동안 검토 중이라는 대답만 하고 있다. 휴전선에서 여러 가지 사고도 많은데 이렇게 대화통로를 막고 있다가 아예 쳐들어오겠다는 의도인지…."

북한 군인의 말 속에서 한국군은 존재도 없었다.

2장
'고난의 행군' 시절의 북한 사람들

사회주의 천국이 아니라 남자들의 천국

우리는 흔히 '남남북녀'라는 말을 들어 북한여자들은 미인일 거라고 생각한다. 그래서 그런지 나의 북한생활 경험에 관해 물어보는 남쪽 사람들은 반드시 "북한 여자와 연애해 보았느냐?"는 물음부터 시작하곤 했다. 그러나 오늘날의 북한 여성들은 우리가 흔히 생각해왔던 것만큼 그리 매력적이지는 않다. 영양상태 때문이겠지만 키도 작고 몸매도 빈약하고, 화장품 질이나 패션 감각과는 거리가 먼 옷 때문에 그런지 어떤 여자가 미인이라고 느껴진 적은 거의 없었다.

그래서 '남남북녀'는 여자의 미를 가리키는 말이라기보다는 북쪽 여자들의 억척같이 강인한 생활력을 의미하는 것이 아닌가 싶다. 사실 북한은 여자들 노동력으로 지탱하고 있다고 해도 과언이 아닐 정도로 여자들의 경제 기여도가 높다. 가정에서도 전통적인 남존여비 사상이 그대로 남아 있어 모든 가사는 여자들 몫이다. 북한은 여자의 노동력을 짜내면서도 전통적인 남성 권위는 유지하고 있는 철저한 남성 우위 사회다. 여자들 스스로도 이러한 여자의 지위를 별 불만 없이 전통 미덕으로 받아들인다.

언젠가 평양에 머무르는 동안 평양 시내 외곽의 한 공터에서 북한 여성동맹원들의 궐기대회 모습을 본 적이 있다. 한복으로 차려입은 여자들이 수천 명 모여 있었다. 그날 저녁 평양TV에 그 궐기대회가 방영되었다. 여맹위원장을 비롯한 거의 모든 연설자들의 연설은 "나라의 쌀독을 책임지는 우리 여맹원들은"이라는 말로 시작되었다. 여기서 "쌀독을 책임진다"는 말은 밥 짓는 일과 같은 집안의 식량이나 식생활을 책임진다는 의미일까, 아니면 여자들이 직접 쌀을 생산한다는 자부심의 표현일까? 나는 후자라고 생각한다.

함흥과 원산-개성-판문점을 잇는 축과 평양-향산 축 등 북한 내부를 육로로 여행하면서 보이는 들녘 모습이나 부지안의 들에서 볼 때 농사일을 하는 사람의 90퍼센트 이상은 여자들이었다. 그나마 논밭에서 일하는 남자들은 대부분 군인들로 보였다. 남자들은 쪼그리고 앉아서 '담뱃질'이나 하고 있거나, 수첩을 들고 돌아다니고 있었다. 하긴 북한의 경공업 노동자의 80퍼센트가 여성이라는 공식 통계도 있다.

그래서 그런지 텔레비전에 나오는 공장에는 여성 노동자들이 많이 보인다. 이발사도 100퍼센트가 여자다. 남쪽에서는 이발사가 남자라는 얘기를 해주자 북한의 여자 이발사는 망측하다는 표정을 지으면서 '힘센 남자가 어케 할 일이 없어 녀자들이나 하는 리발 일을 합네까?'

라고 대꾸했다. 식당에서 일하는 '접대원'이나 '의례원', 상점 '봉사원', 사무실 사무원이라고 해서 농사일에서 해방되지는 않는다. '자력갱생'의 원칙에 따라 자신이 소속된 기관 주변의 공터에 밭을 일구고 틈나는 대로 밭일을 해야 한다. 여자들은 이렇게 노동에 시달리면서도 집안일에 관해 남자들 도움을 거의 받지 못하는 것으로 보였다. 길을 걸어가는 부부를 보더라도, 여자는 봇짐을 머리에 이고 어린아이를 등에 업고 걷는 아이의 손을 잡고 걸어도, 남편인 듯한 남자는 아무렇지도 않은 듯 앞장서서 빈손인 채로 그냥 걸어간다. 부인이 한두 걸음 뒤에서 남편을 따라가는 것도 옛날 우리 어머니들의 모습과 다르지 않다.

묘향산 지역인 향산호텔에서의 일이다. 우리 일행은 호텔 식당에서 묘향산에서 난다는 돌버섯무침 요리를 맛있게 먹었다. 북측에서 외화벌이의 기회라고 생각했는지 마른 돌버섯을 가져와 향산 특산물이라고 팔았다. 그리고 간단하게 가공하고 요리하는 방법도 설명해주었다. 돌버섯은 가공하는 과정이 무척 복잡했다. 90도 정도 되는 뜨거운 물에 몇 시간 푹 담가서 불리면 검은 물이 우러나오는데, 그 검은 물이 나오지 않을 때까지 돌버섯을 물에 빤 다음 버섯에 붙어 있는 조그만 돌멩이 같은 것을 일일이 떼어내야 한다는 것이다.

그 설명을 들으면서 내가 "이거 사 가봐야 결국 내가 할 일만 생기는 것이군. 우리 마누라는 아마 즉각 냉장고에 넣고 내가 씻어줄 때만 기다릴 거야"라고 농담조로 말했더니, 그 호텔의 과장이라는 중년 여자는 "아니 조선의 남자가 어케 여자들이나 하는 부엌일을 합네까? 남조선 남자들은 거저 거 뭐이야 그 물건을 다 떼어버려야 되갔구만요"라며 깔깔거리며 웃었다. 그러고는 '조선 남자의 길'에 관해서 장황하게 설교를 했다.

그녀는 일종의 '조선 여자의 길'에 대한 신념에 가득 차 있었다. 그녀는 돌버섯을 포장해주면서 못내 안심되지 않는 듯 내게 몇 번이나 다짐했다.

"거저 조선의 여자는 남편이 하기 나름입네다. 거저 씻는 방법이나 설명해주고 '네가 하라우' 하고 모르는 척 내버려두시라요. 남자가 부인에게 너무 잘 해주려고 하는 것도 병이야요."

그런 귀한 가르침에도 그 후 나는 아내가 그 돌버섯을 씻는 것을 보지 못했다. 물론 집에서 돌버섯무침을 먹어보지도 못했지만….

아무튼 북한 사회는 철저한 남성 우위의 가부장적인 사회다. 남쪽에서 세대주라는 말은 주민등록용으로만 쓰이는 특수용어가 되었지만, 북한에서는 남에게 남편을 지칭하는 흔한 일상용어로 쓰인다. 글자 그대로 가정의 주인이라는 뜻이다. 북한의 선전매체는 북한을 사회주의 천국이라고 선전하는데, 다른 것은 몰라도 북한이 남자의 천국인 것만은 틀림없는 것 같다.

웬만하면 걷는다

북한 사람들은 걷는 것 하나만은 세계 제일이다. 어디를 가든 걸어가야 한다. 기차 이외에는 대중교통 수단이 없기 때문이다. 평양 정도에는 물론 전차나 궤도버스, 지하철 같은 대중교통수단이 운행되고 있지만, 아침저녁으로 출퇴근하는 사람들을 모두 수용할 능력은 없는 것 같다.

모든 차량은 사람들로 통조림이 되어 있고, 정거장에는 기다리는 사람들이 새카맣게 몰려 있다가 그나마 탈 자리도 없는 전차나 버스가 오면 벌떼가 벌집에 매달리는 것처럼 매달린다. 그래서 사람들은 차 타는 것을 포기하고 걷는다. 특히 시 외곽으로 빠져나가는 도로변에는 항상 조용한 물줄기가 흘러가듯이 사람들이 줄을 이어 걸어간다.

제2의 도시라는 함흥만 해도 대중교통 수단이 거의 운행되지 않았다. 궤도버스를 위한 전깃줄은 있는데 정작 다 떨어진 고철 덩어리 같은 버스들은 종점의 주차장에서 임종을 앞두고 누워 있었다. 그러니 지방 중소도시나 시골지역에 대중교통수단이 있을 리가 만무했다. 그래서 식량배낭을 멘 사람들은 밤이나 낮이나 길을 따라 걸어간다. 기차를 타면 되지 않겠느냐고 생각하겠지만, 기차도 항상 만원이다. 더 이상 사람이 붙어 있을 공간이 없다.

배낭을 멘 채로 걸을 수 있는 사람들은 그래도 다행이다. 재수가 좋아서 식량자루 서너 개를 옮겨야 하는 사람들은 다른 대책이 없다. 길가에 식량자루를 쌓아놓고 지나가는 자동차가 서줄 때까지 지키고 앉아서 기다려야 한다. 밤에는 모닥불을 펴고 쪼그리고 앉아 추위를 피한다. 길을 가면서 차를 얻어 타는 일종의 히치하이킹이 북한에서는 가장 보편적인 교통수단이다.

길가에서 양담배 한 갑, 옥수수 두세 개 등 물건을 손에 들고 흔들어 대며 차를 세우는 사람들이 많다. 차를 태워주면 그것을 주겠다는 신호인데, 일종의 요금인 셈이다. 여자 군인들은 좀 더 애틋한 애교를 부리기도 한다. 두 여자 군인이 길가에서 차가 오는 방향으로 정렬하여 서서는 운전사에게 아주 절도 있는 경례를 한다. 남자 군인들은 좀 우악스럽다. 어떤 녀석들은 트럭을 세워놓고 서로 먼저 타겠다고 패거리들끼리 격렬한 싸움을 하기도 하고, 어떤 녀석들은 길 한가운데를 가로질러 큰 돌들을 일자로 쌓아서 바리케이드를 만들어 지나가는 차를 강제로 세우기도 한다.

이런저런 방법으로 재수 좋은 사람들은 차를 얻어 탄다. 그래서 트럭은 사람들을 새카맣게 태우고 다닌다. 그 트럭 운전사로서는 상당한 벌이가 될 것이다. 북한에서도 트럭 화물칸에 사람을 태우면 교통법규 위반이다. 그러나 '교통단속원(교통경찰)'은 그냥 그렇게 눈감아준다.

상황이 이러하니 승용차든 지프차든 차를 타고 다니는 사람은 일단 특권계급이다. 운전사마저 걸어 다니는 사람들을 깔본다. 비가 와서 진창이 된 길을 쌩쌩 달리며 행인들에게 흙탕물을 덮어씌우기 일쑤고, 사람만 앞에 보이면 무조건 '나팔을 친다(경적을 울린다)'. 나는 달리니까 빨리 비키라는 것이다.

이에 관한 웃지 못 할 이야기도 있다. 자전거 타고 가던 사람이 차에 받혀 넘어졌는데 운전사가 뛰어내리더니 오히려 "너 때문에 차가 찌그러졌다"고 넘어진 사람에게 막 욕을 하더라는 것이다. 그랬더니 넘어졌던 사람이 미안하다고 하고는 얼른 도망가더란다.

북측 안내원과 차를 타고 가다가, 어린애 손을 잡고 터벅터벅 걸어가는 아주머니를 보고 "차 좀 태워주면 좋을 텐데"라고 말했더니, 그 북한 사람은 "신경 쓰지 말라우. 태워주기 시작하면 버릇되어서 안 돼"라고 하는 것이다. 어디론가 한없이 걸어가는 '군상'을 보면 과연 북한식 사회주의의 '평등'이란 무엇인지 생각하게 된다. 무엇을 위해 사람들은 '사회주의 지키세'라는 노래를 불러야 할까?

석양이 붉게 물들던 어느 여름의 늦은 저녁 무렵, 애 하나를 업고 또 걷는 아이 손을 잡고 황량한 먼지가 이는 황톳길을 무표정하게 걸어가는 여인네의 뒷모습을 보면서, 문득 서울의 아내와 아이들을 생각했다.

상처 입은 소나무들

한때 국제 언론에 북한의 기아실태가 크게 보도되면서 종종 나무껍질을 벗겨 먹는다는 이야기나 사진이 실렸다. 들에서 풀뿌리를 캐먹는 이야기도 나왔다. 나무껍질을 벗겨 먹고 땅바닥을 헤집어 풀을 캐는 것은 서양 사람들 눈에는 상상하기 어려운 처절한 광경이었을지도 모른다. 그런데 그들이 어떻게 알랴? 다른 식량이 전혀 없어서 소나무 껍질만 먹는 것은 아니라는 것을.

소나무 껍질은 복잡한 가공과정을 거쳐 밀가루나 옥수수가루 같은 데 섞어서 먹는 것으로, 양을 늘리는 역할을 한다고 한다. 따라서 그냥 소나무 껍질을 씹는다고 상상하면 아주 처절해 보이지만, 이를 다른 식량에 섞어서 먹는 것이라고 생각하면 그래도 좀 나아 보이는 그림이 된다.

풀뿌리도 마찬가지다. 우리나라 사람들은 나물을 많이 캔다. 봄이면 아낙네들이 몰려나와 냉이, 쑥 등 먹을 수 있는 '풀'은 다 캔다. 물론 옛날 우리나라 사람들이 보릿고개라는 기근에 허덕일 때 봄나물로 배를 채우느라 그랬다는 이야기도 있지만, 어쨌든 지금에 와서는 봄나물이 어느 정도 기호식품이 되었다. 북한 주민들이 그저 기호식품으로 먹기 위해 풀뿌리를 캐고 있다는 말은 아니다. 다만 굶어죽기 직전에만 봄나물(서양 사람들 눈으로는 '풀')을 캐는 것만은 아니라는 것이다.

그런데 그 소나무 껍질을 벗긴 자국을 직접 보면 기분이 어떨까? 역시 말로만 듣고 생각했던 것보다는 더 비참한 느낌을 준다. 소나무들이 안고 있는 커다란 상처를 보면, 마치 그 소나무들마저 보는 사람에게 배고픔을 하소연하는 것 같은 느낌이 든다. 경수로 건설부지 근처에 있는 숲은 거의 100% 소나무 숲이었다. 바닷가 쪽으로는 인공으로 조성했다고 하는 제법 울창한 소나무 숲이 아직 명맥을 유지하고 있었고, 산에 그나마 남아 있는 나무도 모두 소나무였다. 소나무 숲속에 들어가 보면 두 가지 상흔과 마주친다.

하나는 땅 위의 상흔인데, 무슨 빗 같은 것으로 긁은 듯한 할퀸 자국이 온 땅바닥에 남아 있다. 무엇일까? 처음 며칠간은 참 궁금했다. 나중에 알고 보니 떨어진 솔잎을 땔감용으로 긁어간 자국이었다. 아주 박박 긁어갔다. 그러니 숲속에도 표토가 형성될 틈이 없다. 항상 모래나 마른 흙이 노출되어 있으니 바람이 불기만 하면 그나마 날아가버린다. 남한에서도 1950년대에는 그랬다고 한다. 아침 일찍 운동 삼아 산책하다 보면 여기저기서 쇠스랑 소리가 난다. 사르랑사르랑, 사각사각. 그러고는 아낙네들이 솔잎 한 보따리를 머리에 이고 숲속에서 나온다.

두 번째 상흔이 바로 껍질 벗겨낸 자국이다. 몇 나무 걸러서 건강해 보이는 나무들은 모두 성한 게 없다. 어린아이 키만 한 높이로 줄기에 커다란 문패 같은 흉터를 안고 있다. 모두 직사각형의 네모반듯한 모양인 데 일정한 규격(?)에 맞추어 떼어갔다. 껍질 벗기는 데도 무슨 표준이나 규격이 있나 보다. 그런 모습을 보면 왠지 흉흉한 분위기가 감돈다. 소나무들이 옛날이야기에 나오는 귀신나무처럼 "내 살 내놔라, 내 살 내놔라" 하면서 달려들 것 같다. 그래서 저녁에 땅거미가 깔리기 시작할 때는 숲 전체가 더욱더 음산해진다.

초기에 생활부지 지역 숙소건설을 위해서 소나무들을 베어낸 것 때문에 북측 관리와 대판 싸운 적이 있다. 그러고 나서 얼마 후 같이 근무 하던 외국인 동료가 "북측 관계자와 소나무를 베어낸 것 때문에 싸웠다. 북한 사람들은 우리가 소나무를 베어버리면 자신들이 먹을 껍질을 벗길 수 없기 때문인 것 같다"고 적어놓은 것을 보았다. 외국인의 눈에는 소나무 껍질이 북한 주민들의 주식으로 보였던 모양이다.

키 큰 옥수수와 키 작은 옥수수

북한 농촌이나 소도시 민가는 2~3층짜리 연립주택과 단층 일자형 단독주택이 주종을 이룬다. 집마다 어떤 형태로든 울타리가 있고, 울타리 안의 것은 '자기 것'이다. 단독주택들은 멀리서 보면 마치 숲속에 묻혀 있는 집 같다.

30~40평 남짓 되어 보이는 작은 마당에는 옥수수가 발 디딜 틈도 없이 빽빽하게 심어져 있고, 울타리에는 긴 막대기들을 수직으로 촘촘히 매 놓고는 강낭콩 덩굴을 올리고 있다. 서 있기조차 힘들어 쓰러져 가는 듯한 느낌을 주는 집 지붕은 호박잎으로 뒤덮여 있다. 자, 이만 하면 숲속 전원주택 아닌가? 사실은 각자의 식량을 조금이라도 더 확보하기 위한 처절한 투쟁 현장이다.

그런데 눈에 띄는 또 다른 상반된 대비가 있다. 뜨거운 태양 아래서 옥수수는 타오르는 갈증을 못 견디겠다는 듯 가녀린 잎을 축 늘어뜨리고 하염없이 하늘만 바라보고 있다. 북한 어린이나 젊은이들이 거의 모두 키가 작듯이 주변 옥수수들 역시 거의 모두 키가 작다. 이제 막 싹이 나온 것 같이 자라지 못한 옥수수들이다. 하지만 각자의 집 안뜰이나 집 밖 텃밭에 심은 옥수수는 사람 키만큼이나 자라 있다. 어떤 것은 이미 옥수수 열매가 달려 있는 것도 있다.

이런 식의 상반된 대비는 북한 땅 어디를 가도 똑같이 볼 수 있다.

키 차이를 발견하는 것이 어렵지 않았던 것처럼 그 이유도 쉽게 추측할 수 있다. 울타리 안의 것은 '내 것'이고, 울타리 밖의 것은 '내 것이 아니니까'. 사회주의 사회에도 내 것 네 것이 있냐고 물을 수 있겠지만, 내 것에 대한 애착은 동서고금을 막론하고 어떤 체제든 어떤 사회든 인간 사회의 유일한 공통점인 것 같다.

울타리 바깥의 밭이나 논은 협동농장 소유 공동경작지다. 이곳은 농장 지도원이 짜놓은 계획과 일과표에 따라서 일을 한다. 그래서 울타리 바깥의 일에는 출퇴근시간이 있다. 그리고 공동경작지를 가꾸는 데는 에너지를 소비할 필요가 없다. 내 것도 아닌데, 뭐. 비가 안 와서 말라가도 시키지 않으면 물도 안 준다. 비가 안 오는 것은 하늘 탓이지 내 탓이 아니다.

하지만 울타리 안의 텃밭은 24시간 관리체제다. 집에 누군가 남아 있으면 텃밭에 물은 줄 수 있다. 낮에 시간이 없으면 해 떨어진 밤에도 가꾼다. 비가 안 오면 어디서든 길어와 물을 준다. 거름도 제일 좋은 것은 우선 내 텃밭에 뿌린다. 철 따라 풀베기 전투를 해서 공동으로 사용할 퇴비를 만들지만, 그건 시키는 대로 참가만 하면 되고 흙을 많이 섞어 양만 많이 늘리면 된다. 그러나 내 텃밭에 뿌릴 퇴비는 그야말로 알짜 퇴비를 만들어야 한다.

울타리 밖 공동경작지의 옥수수에도 고랑에 따라 키 차이가 크다. 용수로가 지나가는 물가의 옥수수만 키가 크게 잘 자란다. 열 명쯤 되는 여자들이 용수로 도랑에서 물을 퍼서 옥수수밭에 붓는다. 그러나 이들은 옥수수밭 안쪽까지는 물을 들고 가서 주지 않는다. 그저 도랑에서 물을 퍼서 손이 닿는 범위 내에만 물을 부어준다. 그래서 물가 쪽 옥수수의 키가 더 크다.

북한식 사회주의국가에서는 옥수수도 줄을 잘 서야 잘 자란다. 키 큰 옥수수와 키 작은 옥수수는 사회주의체제 내에서도 개인의 생존이나 재산에 대해 보통 사람들이 얼마나 애착을 가지고 있는지를 희화적으로 보여준다.

"1학년이야요"

향산호텔 앞으로는 가끔 북한 주민들이 큰길을 따라 지나다녔다. 점심을 먹고 나서 바람을 쐬러 호텔 밖으로 나와 거닐다 보면 학교수업을 끝내고 돌아가는 아이들을 자주 만난다. 아이들은 모두 감색 교복에 붉은 머플러를 목에 둘렀고, 빨간색 비닐가방을 들고 다닌다. 아이들은 어른보다는 겁이 없어서 그런지, "잘 있었니? 학교 끝나서 집에 가니?"라고 말을 건네면 곧잘 대답을 했다.

"너 지금 몇 학년이니?"

"1학년이야요."

나는 당연히 인민학교 1학년으로 생각했는데 그 녀석 덩치가 좀 큰 것 같았다.

"응? 1학년? 인민학교 1학년?"

그러자 그 녀석은 기분 나쁘다는 듯이 내 얼굴을 쳐다보며 말했다.

"아니야요, 고등중학교 1학년이야요."

고등중학교 1학년은 우리 학제로는 초등학교 5학년이다.

북한에 가서 그동안 말로만 듣던 것을 처음으로 확인한 것이 있다. 바로 사람들 키가 무척 작아 보인다는 것이다. 군인들 키가 당시 초등학교 3학년이던 내 아들놈 키만 해 보였다. 아주 앳된 조그만 애들이 군복을 걸치고 있는 것을 보면 이제까지 생각해오던 '군인 아저씨'의 개념에 혼란이 온다. 물론 내가 나이를 더 먹어서 군인들이 어려 보이겠지만, 160센티미터도 안 되어 보이는 군인들을 보면 한숨이 절로 나온다. 이들은 17~18살에 군대를 간다고 하는데, 그렇다 해도 우리 애들보다는 어림잡아 10센티미터 이상은 작아 보였다.

논밭에서 일하는 사람들 사정도 마찬가지다. 이전에 소련에서 유학 중에 귀순한 북한 학생들로부터 들은 이야기가 있다. 자신들이 소련에서 유학하고 있을 때, 2년마다 여름방학에는 반드시 평양으로 돌아가서 정치학습을 하곤 했다고 한다. 그런데 올 때마다 느끼는 것이 자신들보다 몇 년 아래인 애들 키가 자신들 키보다 훨씬 작아져 있다는 것이다. 또한 일반적으로 나이 많은 사람들보다 젊은 사람들 키가 작다는 것이다. 자신들이 평양에서 인민학교를 다닐 때, 처음에는 분명히 학교에서 빵과 우유를 줘서 먹었는데 자기가 졸업할 때쯤 되어서는 빵은 없어지고 우유는 두유로 바뀌었다고 한다. 그러더니 그 아래 동생들은 그나마 두유도 못 먹었다는 것이다.

한 세대의 평균 신장이나 체격이 변하는 데는 생각보다 시간이 그리 오래 걸리지 않는다. 우리가 학교 다닐 때만 해도 신장 평균치는 일본 학생들보다 작았던 것으로 기억된다. 그러나 불과 20여 년 사이에 역전되어 지금은 한국 학생들 키가 더 커졌다고 한다.

미국에서 17~18세기 초의 경제활동 변화를 연구하려는데 제대로 남아 있는 자료가 없었다. 그래서 중요한 자료로 활용된 것이 당시 새로 충원되는 군대 신병들이 신체검사 때 측정한 키와 몸무게 변동에 관한 통계자료였다. 그 데이터만 가지고 당시 경기변동 상황을 추측해 낸 연구 결과가 있다.

이들 평균 키가 줄어든 해를 기준으로 그 몇 년 전에는 경제사정이 안 좋았다든가, 평균 키가 크면 반대로 경제사정이 좋았다든가 하는 사실을 추론해내는 것이다. 그래서 확인된 경기변동 사이클은 채 30년 이 안 되는 기간이었고, 그 기간 동안의 영양상태에 따라 젊은이들의 평균 신장이 변동했다는 것을 말해준다. 그러니 북한 사람들의 생태적 변화도 사회적 변화의 당연한 귀결이 아니겠는가? 한 세대도 지나지 않아 난쟁이들이 되어버렸다.

　밖에는 비가 억수로 오고 있다. 이것이 바로 '보리장마'인가 보다. 향산호텔 방에 달려 있는 발코니에서 내려다보니 어린아이들이 우산 도 없이 온 비를 다 맞아가며 종종걸음으로 빗속을 걸어가고 있다. 길 저편 끝에서부터 반대쪽 끝으로 사라질 때까지 한참 동안 아이들은 지 나가는 차를 세우려고 고사리 같은 손을 들곤 했다. 대여섯 대가 지나 갔는데도 아이들을 태워주는 차는 한 대도 없었다. 아이들도 포기했는 지 이제는 자동차가 와도 손을 흔들지 않고 빗속을 그냥 걸어갔다.

열 살은 늙어 보이는 북한 사람들

북한 사람들은 신체적으로 우리와 너무 달라져 있었다. 체력은 말할 것도 없고 겉모습마저 너무 차이가 나서 이제는 서로 섞여 있어도 누가 남쪽 사람이고 누가 북쪽 사람인지 금방 표시가 났다. 이곳에서 가장 흔히 겪는 일이 나이를 잘못 짚는 것이다. 그것은 우리나 북한 사람들이나 마찬가지였다.

북측과 회의가 있으면 공식 만찬을 하곤 하는데, 술잔이 두어 순배 돌아가면 북한 사람들도 '남조선은 상대 안 한다'는 강박관념이 풀어져서 옆자리에 앉은 남쪽 사람과 이 얘기 저 얘기하기 시작한다. 이야기할 화제라야 한정되어 있다. 날씨 이야기, 옛날 조상들의 전통과 풍습에 관한 것, 지방 특성, 그리고 조금 더 나가면 각자 사는 이야기(주로 남쪽 사람들이 자랑삼아 얘기한다), 건강 등이 주로 등장하는 화제다.

건강 이야기를 하면 자연히 나이에 관한 이야기가 나온다. 남쪽에서 부지로 출장 오는 사람들이 북한 사람들과 어쩌다 한잔 하고 거나해지면, 북한 사람이 상대방인 남한 사람 나이도 확인하지 않고 외모만 대충 보고 "거저 우리 형 동생 합세다" 하면서 먼저 형님을 자처하곤 한다. 그러면 남쪽 손님은 "아, 예, 그러지요" 하면서 맞장구를 쳐준다. 그러나 곧 서로의 나이를 확인해보면 오히려 남쪽에서 온 손님 나이가 북쪽 '형님'보다 적게는 서너 살, 많으면 일고여덟 살이나 많다. 그래서 동생으로 격하되는 형님이나 형님으로 올라서게 되는 동생이나 모두 난처한 입장이 된다. 그런 상황에서는 웃음이 나와도 억지로 참을 수밖에 없다. 깔깔거리고 웃는 사람은 그저 눈치 없고 예의 없는 인간이 된다. 나이 편차는 한 10년은 되는 것 같다. 우리 눈으로 보기에 60대 후반 할아버지다 싶으면 50대 후반 정도 나이다.

여자도 마찬가지다. 의료 서비스 분야 협상을 위해 한국전력 산하에 있는 한일병원 의료진이 우리 대표단 일원으로 참가했다. 그 가운데 30대 중반 여자 간호부장도 있었다. 그런데 이 간호부장이 기분이 좋을 일어났다. 젊은 북한 안내원들이 25살의 처녀라고 생각하고 연애하자고 장난을 건 것이다. 그때 우리는 웃지도 못하고 그냥 어이없어했다.

북한에서 근무를 마치고 서울로 귀임하기 직전에 아내와 애들이 부지를 방문한 적이 있다. 일종의 가족방문이었는데, KEDO와 북한 간의 의정서에는 가족들에 관한 규정도 있어서 가족과의 동거가 당연히 허용된다고 되어 있었다. 그러나 북측이 '동거'는 가능하지만 단기 '방문'은 허용할 수 없다고 하여 마지막 순간까지도 기싸움을 벌여야 했다. 아무튼 내 가족들이 와서 며칠간 부지 일대를 돌아다녔다. 같이 근무하던 미국인 대표는 내 가족의 북한 방문이 지난 50년간 남쪽에서 북한에 대해 행한 가장 강력한 프로파간다일 것이라고 의미를 부여하기도 했다. 왜냐하면 어른이나 아이들이나 북한 사람들에 비해서 잘 먹었으니 건강한 남쪽의 아녀자들을 보여주는 것 자체가 남쪽이 얼마나 잘살고 있는가를 보여주는 정치선전이 되는 셈이라는 것이다.

부지 인근에 있는 여관, 즉 우리가 게스트하우스라고 불렀던 그 건물 안에 북측이 차려놓은 이발소가 있었다. 평양 창광원 이발소에서

한 달씩 파견되는 이발사 아주머니 두 분이 있었는데, 내가 데리고 간 초등학교 5학년 아들애를 보고는 "곧 군대 갈 총각이구만"이라고 말했다. 북한의 17~18살 정도 군대 갈 나이의 큰 아이로 생각하는 것 같았다. 그런데 이 녀석이 엄마 치맛자락에 매달리며 "엄마, 나 배고파. 아빠, 집에 가서 라면 끓여줘" 하고 어리광 부리는 것을 보고는 뭔가 이상하다고 느낀 모양이다. 아내와 내 얼굴을 번갈아 쳐다보더니 "야가 야 엄맘네까?" 하고 묻는 것이었다. 아들놈을 큰 총각으로 생각한 것은 물론이고 아내마저 당연히 나의 두 딸 중 하나로 생각해서 무의식중에 '야'라고 지칭했던 것 같다.

그 게스트하우스에는 바에서 맥주를 파는 젊은 여자 봉사원이 있었다. 우리가 이름을 부를 정도로 서로 얼굴이 익은 사이였다. 어느 날 내가 한 여자에게 나이를 물었더니, "스무 살입네다"라고 대답했다.

"아니, 네가 스무 살이야?"

나는 그 여자를 20대 후반 정도로 생각하고 있었다. 그래서 내 말 속에는 '아니, 네가 고작 스무 살밖에 안 되었다는 거냐?'라는 뜻이 숨어 있었다.

그런데 이 여자는 좀 서운하다는 표정을 지으며, "아니, 와 그러십네까? 작년에 제가 열아홉이라고 말씀드리지 않았습네까? 그러니까 올해 (이래봬도) 스무 살이요"라고 정색을 하며 반박하는 것이다. 그 말 속에는 '왜 나를 어리게 보느냐? 올해는 스무 살로서 이미 성년이 된 사람이다. 나이를 먹을 만큼 먹었다'라는 정반대의 뜻이 담겨 있었다.

삽질 하나만은 세계 최고 수준

걷는 사람보다 그나마 좀 나은 사람들은 자전거를 타는 사람들이다. 금호지구에는 특별히 자전거를 많이 배급해주어서 그런지 자전거 타는 사람들이 비교적 많이 보였다. 자전거 외에 북한 주민들이 이용하는 대표적인 수송수단은 달구지고, 간혹 뜨락또르를 이용하기도 한다.

소달구지는 군부대도 이용할 만큼 폭넓게 사용된다. 처음에 북한에 온 사람들, 특히 시골에서 자란 사람들은 소달구지를 보면서 옛 추억을 되새기기도 했다. 낭만 어린 시골길을 한낮에 유유자적 몰고 가는 달구지, 동네 아저씨와 정이 흠뻑 배어 있는 그런 추억을 떠올릴 것이다. 시라도 한 편 나옴직한 풍경이다.

그러나 북한의 현실세계는 다르다. 먼지 속에 사라져가는 달구지는 굶주리고 어려웠던 과거 세계로 자꾸만 끌고 가는 쓰라린 기억일 뿐이다. 보는 이에게 아무런 감흥도 줄 수 없는 현실, 동정심과 측은지심을 자아내지만 이내 무관심해지는 그런 풍경이다. 한 올 솔잎이라도 남을세라 박박 긁어간 소나무 숲 표토를 파헤치며 불어 나오는 흙먼지 바람, 황토흙이 쏟아질 것처럼 가까스로 붙어 있는 벌거벗은 산, 그리고 누런 흙길 위를 몸무게보다 더 무거워 보이는 배낭을 메고 무표정한 얼굴로 터벅터벅 힘없이 걷는 인간 무리들, 그런 황량한 배경 속에 맥없이 굴러가는 달구지 모습에서는 낭만 어린 추억도 미래의 희망도 보이지 않는다.

어떤 때는 달구지가 환자를 수송하는 앰뷸런스가 되기도 하고, 시신을 싣고 가는 영구차가 되기도 한다. 그런데 그나마 소달구지도 엔진(?)에 문제가 있어 길바닥에 서 있는 것을 종종 본다. 소가 힘이 없어서 거품을 토하며 쓰러져서 헐떡거리고 있는 것이다. 특히 겨울철이나 봄철에 그랬다.

북한 소는 사람과 마찬가지로 못 먹어서 몸집도 작고 털이 까칠하고, 피부병에 걸린 것처럼 털이 군데군데 빠져버려 얼룩소처럼 보이는 놈도 있다. 여름철에는 풀이라도 나니까 무엇이든 먹긴 먹겠지만, 겨울철에는 먹을 것이 없다. 옛날에 우리네 시골에서는 소여물이라고 해서 볏짚단과 콩껍질, 쌀겨 같은 것들을 섞어 푹 끓여서 겨울 먹이로 주었다. 그런데 이곳에서는 여물을 끓일 땔감도 없다. 사람이 쓸 땔감도 없어서 솔잎마저 박박 긁어가는 판에 소여물을 끓여줄 땔감이 어디 있겠는가? 소는 그저 겨울 내내 말라빠진 짚이나 통나무같이 딱딱해진 옥수숫대나 속절없이 씹고 있다. 이런 형편이니 소도 영양실조에 걸릴 수밖에.

소달구지보다 형편이 좀 나아 보이는 게 뜨락또르다. 이것은 원래 논밭을 가는 기계인데 수송수단으로 많이 쓰인다. 덩치가 상당히 큰 것으로 보아 단위 경작지가 넓은 소련이나 동구 모델을 그대로 들여온 것 같다. 내가 근무했던 폴란드에서 보던 것과 모양이나 크기가 비슷했다. 그 덩치 큰 뜨락또르는 봄 한철 농사가 시작될 때 논이나 밭을 갈아엎고 모내기하는 데 사용된다. 그러나 실제 농사일은 거의 손으로 한다. 그것도 남자가 아니고 여자들 손으로.

뜨락또르는 커다란 뒷바퀴와 그 10분의 1도 안 되는 크기의 앞바퀴를 가진 본체에 짐차를 달아서 끌고 다닌다. 때로는 짐차에 사람을 가득 태우고 달리기도 한다. 길 상태라든가 모든 면에서 대단히 위험한 일이지만 그래도 아랑곳하지 않고 다닌다. 그보다 작은 뜨락또르가 있긴 한데 흔하지는 않다. 작은 것에는 메탄가스를 넣은 비닐 주머니를 매달아 연료로 사용한다. 가스로 부푼 하얀 비닐 주머니가 엔진 위에 둥둥 떠서 매달려 있는 것을 보면 '자력갱생'의 노력을 실감하게 된다. '자력갱생'으로 기계가 움직이긴 움직인다. 얼마나 갈지는 모르지만.

북한 주민들에게는 각자 집에서 보관하고 있는 공용장비가 세 가지 있다. 하나는 붉은 꽃술이고, 둘째는 모의 소총이며, 셋째는 삽이다. 붉은 꽃술은 행사가 있을 때마다 들고 나와 흔들어대는 것인데, 한 사람마다 한두 개씩은 있는 것 같다. 모의 소총은 노농적위대 훈련을 할 때 들고 나가는 것으로 보인다. 처음엔 북한에 사냥꾼이 왜 저렇게 많을까라고 생각했다.

한편 삽은 가장 빈번하게 동원되는 장비였다. '노력동원(북한에서 말하는 '노력'이란 努力이 아니라 勞力을 의미한다)' 때에는 반드시 하나씩 어깨에 메고 나간다. 늦가을에서 이른 봄까지 농한기에는 사람들이 도로 보수나 제방공사, 다리건설 같은 공공시설 보수작업에 동원된다. 도로 보수는 연중 각자가 책임자는 구간이 있다고 했다. 그런 동원이 있는 날이면 사람들이 새카맣게 달라붙어 삽질을 한다. 아녀자들은 집안에서 쓰는 플라스틱 바가지까지 들고 나와 흙을 퍼 나른다.

우리가 텔레비전의 북한 소식에서 보는 그런 모습이다. 다만 다른 점은 북한 텔레비전에 나오는 공사장에서는 사람들이 뛰어다니며 흙을 나르고 삽질도 무서운 속도로 해대지만, 실제로는 전혀 그렇지 않다는 것이다. 천 삽 뜨고 허리 펴기 운동은 구호일 뿐이고, 한 삽 뜨고 1분 쉰다는 것이 좀 더 사실에 가까운 말이다.

농사철이 되면 물론 삽이 농사짓는 데 가장 요긴하게 쓰이는 장비다. 삽과 기계장비의 위력의 차이는 말할 필요도 없는 것이지만, 북한 사람들이 도로 보수정비를 하는 것을 보면 정말 눈물겹다. 때로는 우리 차량들이 다니는 구간일 경우 우리 장비 한두 대를 동원하여 해주기도 한다. 트럭으로 몇 번 흙을 갖다 붓고, 불도저로 밀고, 롤러로 다지면 한두 시간 내에 100미터 정도는 깨끗해진다. 북한 사람들은 '삽 놓고' 멀거니 그 경이로운 작업광경을 쳐다보고 했다.

같이 근무하던 미국인 대표가 장난삼아 하던 말이 있다.

"북한에서는 삽이 모든 것을 해결해주는 최첨단 장비야. 북한 사람들은 삽질 하나만은 세계에서 타의 추종을 불허하는 최고의 기술수준이야."

다국적 중고자동차들

북한에서는 자동차가 지나가면 신기해할 정도로 자동차가 많지 않다. 특히 날렵하게 생긴 자동차라도 지나가면 이건 동네 구경거리가된다. 물론 평양 시민들이야 그래도 자동차에 대해선 지방 사람들보다는 친숙할 것이다. 그런데도 평양에서조차 거리 신호등이 작동하지 않고 여자 교통정리원 손끝 하나로 차가 움직이니, 자동차 교통량의 수준이 어떤지 짐작이 갈 것이다. 평양이 그런 정도이니 지방도시나 시골에서는 두말할 필요도 없다.

이곳 금호지구 인근 지역에도 처음에는 자동차라는 것이 보이지 않았다고 한다. 이전에 먼저 이 지역을 시찰했던 사람들에 따르면 자신들은 기차를 타고 왔는데 이곳에서 며칠 타고 다닐 차량은 모두 평양에서 끌고 온 것들이더라는 것이다. 그러나 당시에는 금호지구가 우리차량들 덕분에 단위당 자동차 밀도가 북한에서 가장 높은 지역이 되지않았을까 싶다.

북한 지역을 여행하다 보면 온갖 종류의 중고차들을 볼 수 있다. 어느 것이 이 나라의 주종 차량인지 분간하기가 어렵다. 표준화를 생명으로 하는 군용차량마저 종류가 각양각색이다. 우선 제대로 된 트럭을좀처럼 보기 힘들다. 트럭들은 거의 모두 국방색으로 군대에서 쓰던것을 불하받은 것으로 보인다. 그것도 2차 세계대전 때 쓰던 것 같은 소련제 트럭을 목탄연료로 개조한 목탄트럭이 대부분이다. 조수석 뒤편 화물칸에 커다란 난로를 부착해서 장작을 땐다. 이런 트럭이 지나가면 매캐한 장작 타는 연기가 나고, 중간중간에 장작을 때기 위해 서 있는 모습도 자주 본다.

서 있다는 말이 나와서 그런데, 보이는 차량의 3분의 1 정도는 항상 길에 서 있는 차량이다. 잠시 서 있는 것이 아니다. 그냥 그 자리에 며칠씩 퍼져서 앉아 있다. 그도 그럴 것이 현장에서 간단히 고치지 못할 정도로 고장이 났다면 이건 대책이 없는 것이다. 어디론가 끌고 가려고 해도 견인차가 있나, 그리고 가보면 뭐하겠는가? 부품도 없을 게 뻔한데. 그래서 운전사는 여름이든 겨울이든 길바닥에서 아예 자동차를 반쯤은 분해해놓고 앉아 있다. 그런 트럭 옆을 벤츠300, 450이 쌩쌩 지나간다. 군대 번호를 달았다. 평양에서 벤츠는 새것이 많이 보였다. 그러나 볼보나 다른 종류들은 20~30년은 되어 보이는 것들인데, 주행거리는 달나라에 갔다 돌아오는 정도는 된다. 30만 킬로미터 이상이다.

승용차든 지프차든 트럭이든 버스든 조그만 승합차든, 좀 깨끗해 보이는 차량은 거의 모두 일제다. 일본 국내에서 쓰던 중고차들을 들여왔기 때문에 핸들이 모두 오른쪽에 달려 있다. 이런 일제 자동차가 전체 차량의 90% 가까이 되는 것 같다. 우리가 전세 내서 타고 다니는 버스는 일본 어느 시골에서 쓰던 시내버스 같은데, "급정차 시에는 머리를 부딪히지 않도록 조심하시오", "애완동물은 데리고 타지 마시오"라는 일본어 안내문이 실내에 그대로 부착되어 있는 채로 끌고 다녔다. 핸들이 오른쪽에 붙어 있으니 우측통행식 도로차선과 맞을 리가 없다. 그러나 안전상 문제가 있든 없든 움직일 수 있을 때까지 그대로 끌고 다녔다. 부품을 구할 길이 없으므로 고장이라도 크게 나면 그대로 끝이다. 앞 유리창이 깨져도 어떻게든 이어 붙이거나, 유리창 없어 타고 다녔다. 북한 사람들은 일본을 그렇게 증오하면서도 일본 사람들이 쓰다 버린 중고 자동차는 사랑한다. 어떤 북한 사람 말처럼 사상과 경제는 별개인가? 그들의 혁명은 역시 실용적인가? 아무튼 북한 사람들이 사랑하는 일제 자동차는 나중에 북한도 남한처럼 일본의 좋은 시장이 될 거라는 점을 시사하는 것은 아닐까? 그런 점을 깨달아서일까? 북한은 2000년대에 들어와 남북합작으로 '평화자동차'를 설립해 자동차를 생산하고, 일제 대신 중국에서 자동차와 트럭을 수입하기 시작했다.

신포의 화타

화장실에 가면 북한 근로자와 나란히 서서 소변을 볼 때가 종종 있다. 그럴 때마다 곁눈질로 슬쩍 보면 거의 모두 그 물건이 아직 포경인 채로 있었다. 이 사람들은 의약품 부족으로 포경수술을 할 형편도 못 되었던 모양이다. 이러다가는 2차 세계대전 때 독일군이 유태인을 가려내는 방식으로 남북한 사람들을 구분하게 될지도 모르겠다. 유태인 남자들은 구약성경에 따라 반드시 할례를 했기 때문이라고 한다.

의료수준이나 의약품 부족 문제는 당시 북한 사람들에게는 새삼스럽게 큰 문제라고 생각되지도 않을 만큼 당연한 일이 된 것 같았다. 부지 근처 속후리에 가면 인민병원이라는 조그만 보건소 같은 곳이 있었다. 간판마저 없다면 도대체가 병원이라는 것을 알 길이 없을 정도였다. 오전 나절에 문 앞에 서너 사람이 쪼그리고 앉아 있는 모습만 보일 뿐 흰 가운을 입은 사람은 한 번도 보지 못했다. 텃밭 가꾸는 사람만 몇몇 보일 뿐이다. 함흥 가는 길에 홍원이라는 작은 도시가 있는데, 그곳 병원은 속후리 병원보다는 훨씬 큰 건물이었다. 그런데 그곳 분위기도 마찬가지였다. 주민들은 추운 겨울에도 환자를 그저 이불 하나로 둘둘 말아서 소달구지에 싣고 간다. 소달구지 앰뷸런스다.

처음 게스트하우스에 머물고 있을 때 상한 음식을 먹고 세균성 식중독으로 하룻밤 동안 죽을 정도로 고생한 적이 있다. 배가 아파 "데굴데

굴 구른다"는 말이 무엇을 표현하는 것인지 확실히 알게 되었다. 밤새 구토와 설사, 그리고 찢어지는 듯한 복통에 시달려 탈진상태가 되었는데, 그 다음날 그것도 아침 10시가 넘어서야 북한 의사와 간호사가 나타나서 내 배를 만져보고 눌러보더니 "위가 긴장되었구만"이라고 딱 한마디 하는 것이었다. 화가 나서 "위가 긴장되어 있는 것 정도는 나도 안다"라고 한마디 쏘아붙였다. 의사의 진료는 그것으로 끝이었다.

그런데 같이 온 여자 간호사가 가관이다. 그 간호사는 의사를 도울 생각도 않고 의사가 뭘 하고 있는지 신경도 쓰지 않은 채 내가 밤새 먹고 방바닥에 버린 이 약 저 약의 포장지와 처방전만 종이가 뚫어져라 읽고 앉았다가 그냥 가는 것이었다. 그런데 가만 보니까 이 여자 손톱과 발톱 언저리가 금방 갯벌에서 나온 사람처럼 새카만 때로 덮여 있었다. "간호사의 손과 발의 위생상태가 저 정도라면 치료는커녕 오히려 세균 감염이나 시키겠다"라는 것이 그날 '치료'를 받은 사람들의 공통된 촌평이었다.

몇 시간 뒤 약이라는 것이 우리 환자들에게 두 봉지씩 지급되었다. 그런데 그건 약이 아니라 포도당 가루였다. 물 1리터에 타서 먹으라는 것이다. 게다가 그것은 유니세프UNICEF(국제연합아동기금) 마크와 유엔 UN(국제연합) 공식언어인 몇 개국 말이 쓰여 있는 유엔 원조품이었다. 어쨌든 북한 어린이를 위한 원조품을 전용하는 데 우리도 공범자가 되었다.

북한의 의료시설이 그런 실정인데도 북한 근로자들은 일을 하다가 다쳐서 응급조치가 필요한 경우에도 우리 부지 내 병원으로 가는 것을 두려워했다. 병원으로 실려 와서도 어린아이처럼 "나 우리 병원으로

가가서"라며 막무가내로 우기며 주위를 살펴본다. 북측 관계자가 "괜찮아, 가만 이서" 하면 그때서야 언제 그랬냐는 듯이 양순하게 의사의 치료를 받았다. 북측 관리는 우리 측에게 "저 아새끼도 뻔히 사정 알면서 하는 정치행위니까 너무 신경 쓰지 말고 치료나 잘 해주라우요"라고 낮은 목소리로 부탁을 하곤 한다. 북쪽 병원사정이야 뻔하기 때문이다.

북한 근로자들은 가끔 우리 부지 내 병원에서 약을 얻어갔다. 물론 직접 와서 얻어가는 것은 아니고 같이 일하는 우리 근로자들에게 부탁해서 얻었다. 이들은 약을 복용한 적이 거의 없어서 그런지 약효가 아주 잘 듣는다.

한번은 북한 근로자가 가족이 아파서 죽을 것 같으니 약 좀 구해달라고 부탁을 해왔다. 우리 의사가 직접 진찰할 수도 없고 해서 증세를 들어보니 파라티푸스를 앓고 있는 것 같았다. 파라티푸스는 지구상에서 거의 절멸된 질병이어서 그에 대한 약도 요즘은 나오지 않는다고 한다. 하는 수 없이 의사가 항생제와 몇 가지 약품을 섞어 적절히 조제해주었는데, 며칠 뒤 깨끗하게 나았다고 우리 근로자에게 고맙다는 소리를 수십 번 하더라는 것이다. 북한 사람들은 항생제에 대한 내성이 강하지 않아서 아무 약이나 잘 듣는 것 같았다. 아무튼 우리 의사 선생님은 그 일로 '신포의 화타'라는 명의의 반열에 올랐다.

"일없습네다"

북한 말로 "일없습네다" 하는 것은 그리 퉁명스러운 말이 아니다. 우리말로는 "괜찮다", 영어로는 "no, thank you" 정도로 쓰이는 말이다. 하지만 이 말을 처음 듣는 사람에게는 그리 기분 좋게 들리지 않았다. 마치 "내 일에 상관하지 말라"든가, "너하고 상대하고 싶지 않아"라는 말투로 들리기 쉽다. 내 아버지도 "일없어"라는 말을 많이 쓰셨는데, 나도 그 말을 좀 기분 나빠서 하는 말 정도로만 이해하고 있었다.

그러나 북한에서는 그렇게 나쁘게 쓰이는 말투가 아니라고 한다. 남쪽 사람들이 북한 사람들에게 뭘 좀 주겠다든가 도와주겠다든가 제의를 하면 종종 "일없습네다"라는 대답을 듣곤 했다. 그러면 듣는 사람 기분은 상해버린다. 남북 간 언어상의 의미 차이에서 오는 갈등이다.

어느 날 우리 업체의 관리직 한 사람이 상당히 불쾌한 표정으로 내 사무실로 찾아와 기분 나쁜 경험을 털어놓았다. 건설부지 근처 야산에서 북한 사람들이 돌을 깨고 있었다. 위에서 긴 쇠막대기를 바위틈에 끼워 넣고 힘을 주어 바위를 쪼갠다. 해머로 두들겨 깨기도 한다. 다행히 단단한 경암이 아니어서 균열대로 잘라지기는 하지만 쇠막대기로 찍고 해머로 두들겨서 돌을 깨는 것은 쉬운 일이 아니다. 보는 사람으로 하여금 답답하게 만들고 또 불쌍하다는 동정심을 자아내는 광경이다. 커다란 돌은 하루 종일 두들겨도 깨지지 않는다. 그래도 쉬어가며 적당히 두들긴다. 깨지든 안 깨지든.

그렇게 깬 돌을 한 사람이 양손에 한 덩어리씩 들고 옮겨 트럭에 싣는다. 트럭 적재함에서 지면으로 널빤지를 걸쳐놓고 그 위를 한 사람씩 걸어 올라가 돌을 놓고 내려온다. 마치 짜장면 두 그릇을 양 손에 하나씩 들고 배달하는 식으로 나른다. 그러고 나서는 '담뱃질' 한 대. 그동안 트럭 운전사는 운전대 창문에 발을 걸쳐놓고 졸거나 '담뱃질'을 한다. 하루 종일 그렇게 일해봐야 한 트럭분도 못 채울 것 같다.

그런데 우연히 우리 측도 그 근처에서 굴삭기로 토사를 파내고 있었다. 그래서 그 관리자가 북한 인부들 중에 책임자인 듯한 사람에게 가서 우리 굴삭기로 돌 싣는 것을 도와주겠다고 제의했다. 그 북한 사람의 대답은 "일없습네다"였다. 그러면 돌 깨는 게 힘들 텐데 그걸 도와주겠다고 하자 역시 대답은 "일없습네다"였다. 그러면서 왜 와서 귀찮게 하느냐는 듯 짜증까지 내더라는 것이다. 우리 측 관리자는 화가 나서 그 이야기를 내게 해주면서 "치사한 자식들, 남의 호의를 그렇게 무시하다니. 솔직하지도 못한 놈들, 알량한 자존심만 앞세워 애꿎은 주민들만 괜히 고생시키고 있어. 배급도 제때 주지 못하면서"라고 욕을 해댔다. 생각해보면 화도 날 만한 일이다.

그러나 다시 한 번 차근차근 따져보면 북한 사람들 심정도 알 수 있을 법하다. 남쪽 사람들이 도와주겠다고 하는 것이 실은 자신들을 더 어렵고 힘들게 만드는 것이다. 그 돌을 깨서 트럭에 옮겨 실어 나르는 작업은 작업속도가 서로 밀접하게 연계되어 있다.

만약 우리 굴삭기가 돌 깨는 것을 도와주면, 돌을 손으로 날라서 트럭에 싣는 사람들은 갑자기 일이 많아진다. 또 돌을 트럭에 퍼주면 돌 깨는 사람들이 아무래도 속도를 올려야 하므로 이번에는 돌 깨는 사람들이 죽어난다. 그리고 운전사는 돌 깨는 일이든 싣는 일이든 속도가 빨라지면 한 번이라도 더 실어 날라야 하니 일거리만 귀찮게 늘어난다. 따라서 뭔가 도와주겠다는 것은 이들 모두를 오히려 더 힘들게 만드는 것이다.

일을 빨리 많이 한다고 배급을 더 많이 주는 것도 아닌데 괜히 용트림 쓰면서 일할 필요도 없는 것이다. 그러면 우리 장비로 아예 처음부터 끝까지 다 일해주면 될까? 그것도 "아니올시다"다. 그 일을 하던 사람들이 그렇다고 쉴 수 있는 것도 아니고, 어차피 무언가 다른 일을 하도록 재배치될 것이기 때문이다. 그리고 상부의 명확한 지시나 허가 없이 남한 사람들 도움을 받았다가는 또 어떤 정치적 비판에 휩싸일지도 모르는 일이다. 그래서 그 북한 사람은 "일없습네다" 해버리는 것이 가장 속 편한 것이다. 그렇게 하는 것이 남조선 사람과 뭔가를 공작했다는 내부의 정치적 비판에 처할 위험에서 피하는 길이기도 하다.

북측은 게스트하우스 옆에 이발소와 사우나를 위한 단층짜리 부속건물을 짓고 있었다. 그런데 지붕을 올린 지 며칠 되지 않아서 불이 났다. 우리는 이미 게스트하우스에서 철수해 생활부지 내에 마련된 컨테이너하우스에 입주해 있을 때였다. 게스트하우스에 불이 났다는 소리를 듣고는 그래도 우리가 살던 집이라고 모두들 걱정하고, 일부 사람들은 살수차와 소화기를 있는 대로 들고 가서 불 끄는 것을 도와주겠다고 했다.

그랬더니 웬걸, 여기서도 반응은 "일없습네다"다. 어서 그냥 돌아가라는 것이었다. 참 환장할 노릇이다. 집 전체가 다 타버리는데도 일없다니. 그러나 그건 우리 생각일 뿐이고…. 북한 사람들은 집이 한 채가 불타든, 두 채가 불타든 그것은 행정적 수준의 과실로 책망받으면 그뿐이다.

그런데 남쪽 사람들 도움을 받아 불을 껐다 해도, 이미 불은 난 것이기 때문에 칭찬받을 리는 없다. 오히려 '남조선 것들'과 협조했다는, 그래서 주체사상과 자력갱생의 위대한 원칙을 위배했다는 정치적 비판을 받을 위험성이 더 큰 것이다. 정치적·사상적 문제에 휘말리는 것은 행정적 과실로 비판받는 것과는 차원이 다른 문제다.

"불이 나서 다 타든, 산이 무너지든, 내가 알게 뭐이가? 그것보다는 정치적 비판이 더 무서운걸."

도둑질하는 자유는 있다

경수로 건설공사를 시작하면서 현지에서 일하는 우리 건설 관계자들은 북한에서는 도둑 걱정은 안 해도 될 것으로 생각했다. 그토록 겹겹이 그물망처럼 깔려 있는 감시와 통제망, 그리고 처벌에 대한 공포는 아무리 배짱 좋은 인간이라 해도 양순하게 만들었을 것으로 믿었다. 모두가 로봇 같은 사람들이 되어 있을 것으로 짐작했다. 그래서 장비나 자재가 도난당할 걱정은 아예 처음부터 없었다. 하지만 얼마 안 있어 그러한 예상은 멋들어지게 빗나가기 시작했다.

첫해 10월에 〈노동신문〉 사건(1부 3장 '겁나면 더 강경해진다' 참조)이 일어났을 때, 북측은 우리 근로자들의 통행을 금지시켰다. 사실상 숙소에 연금시킨 것이다. 그래서 어떤 운전사는 양화항에서 하역하여 끌고 오던 굴삭기를 중간에 세워둔 채 급히 숙소로 돌아와야 했다. 그런데 그 굴삭기의 안전을 걱정했던 쪽은 우리가 아니라 북측이었다. 우리를 숙소에서 한 발짝도 못 나가게 하는 그 살벌한 분위기 속에서도, 굴삭기를 끌고 와야 한다고 우리를 재촉했다. 특별히 그 경우는 예외로 통행을 허가하기로 했다는 것이다. 그 이유는 굴삭기를 그대로 방치해두면 누가 무슨 짓을 할지 모른다는 것이었다.

우리 측에서 "아니, 이 북한 땅에서 부품을 뜯어가는 도둑이라도 있겠냐?"고 약간은 빈정거리는 투로 되물었더니, 북측 관계자는 "그러면 그 신품 굴삭기를 그대로 놔두어 봐라. 어떻게 되나. 그렇다고 우리에게 책임은 묻지 말라"고 했다. 그는 부품 도난 가능성을 염려하고 있었다. 그날 우리는 운전사와 안내원을 보내서 굴삭기를 숙소 앞 공터의 야적장으로 끌고 왔다.

굴삭기 문제가 우리 장비나 자재의 도난 발생 가능성에 대해서 처음으로 생각하게 한 계기가 되었다. 우리는 건설부지나 생활부지 시설이 정비될 때까지 모든 장비를 숙소인 게스트하우스 앞에 집결시켜놓고 있었다. 그러고 보니까 북측이 야간에는 경비병을 배치해서 그 장비들을 지켜주고 있었다.

도난 발생 가능성에 대해 좀 더 구체적으로 인식하게 되자 전에는 주의 깊게 보지 않았던 것들이 눈에 들어왔다. 예를 들면 가을에 들어서면서 옥수수밭마다 가마니와 옥수숫대로 얼기설기 만든 조그만 움막들이 하나씩 설치되기 시작했다. 주로 높은 곳에서 내려다볼 수 있도록 세워졌는데, 누군가는 그곳에서 밤을 새는 것 같았다. 옥수수 도둑의 침입을 감시하는 일종의 망루였다. 그런 움막은 북한 농촌의 풍속도처럼 여기저기 가는 곳마다 볼 수 있고, 추수가 완전히 끝날 때까지 사람이 지키고 있다.

그러니까 북한에도 도둑이 분명히 있다는 것이다. 어쩌면 도둑질은 북한 사람들이 즐길 수 있는 유일한 개인적인 자유인지도 모르겠다. 도둑질은 어떠한 행위보다도 은밀하게 이루어지고, 또 대부분 혼자서 하는 경우가 많기 때문이다. 그리고 도둑질은 남이 보는 곳에서 하는 것이 아니다. 자신의 행위가 잘 안 보이는 상황이 가장 좋은 환경이다. 그래서 주로 밤에 이루어진다. 그런 면에서 북한은 분명히 도둑의 천국일 것이다. 밤만 되면 제대로 된 가로등 하나 없는 그야말로 암흑의 세상이 되어 버리기 때문이다. 어두워지기만 하면 지금이 저녁 8시인지 한밤중 12시인지 분간이 되지 않는다.

얼마 안 있어 우리도 결국은 야밤에 도둑을 맞는 재미(?)를 경험하게 되었다. 야간에 건설부지 내에 주차해놓은 굴삭기와 덤프트럭에서 카세트 라디오가 없어지기 시작한 것이다. 야간에도 부지 정문의 경비실에서 우리 경비 두 사람이 경비를 서고 있지만 200만 평이나 되는 넓은 지역을 두 사람이 제대로 지킬 수는 없는 노릇이다.

다행인 것은 북한의 도선생들께서는 카세트 라디오 이외의 중요한 부품에는 아직 손을 대지 않았다는 것이다. 만약 없어지면 부품가격은 문제가 되지 않는다. 더 큰 문제는 부품을 떼어가면 장비를 움직일 수 없고, 그러면 공사가 지연된다는 것이다.

그런데 도선생들의 기호품에 대해서는 모두들 의아하게 생각했다. 북한에서는 북한 방송 이외에 다른 외국의 방송, 특히 남한 방송을 들었다 가는 그야말로 정치범으로 몰리는 세상 아닌가? 그래서 라디오는 주파수가 고정되어 있는 '스피커'라고 하지 않는가? 그런데 그 카세트 라디오는 가져가서 뭘 하려는 걸까? 가지고 있다가 걸리기라도 하면 큰일 날 텐데. 그리고 그것은 스피커가 따로 없으면 들을 수도 없는 것이다. 우리 추측은 혹시 중국으로 흘러 들어가는 것 아닐까 하는 정도였다.

어쨌든 1998년 한 해 동안 우리는 건설부지 내에서 10여 차례 도난사고를 겪었다. 도난물품이라야 카세트 라디오 외에 손전등, 피우다 남긴 담뱃갑, 면장갑 같은 소박한 물건들이었다. 부지에서 도난사건이 발생할 때마다 우리는 농담조로 "아예 도둑맞을 물건을 수백 개씩 준비해 여기저기 그냥 흘리거나 놔두는 게 좋겠다"라고 여유를 부렸다. 물론 북측에 이 문제에 대해 수차례 통보했지만 그들도 뾰족한 수는 없었다. 기껏해야 부지의 외곽 경비를 강화한다고 경비병을 증원 배치하는 것일 텐데, 그건 또 우리가 알레르기 반응을 보일 것이 틀림없다.

도난당한 물건이 그렇게 소박한 수준이니, 우리는 북한 주민들이 건설부지 안에까지 들어와서 무언가를 가져갈 수 있다는 사실에 오히려 더 흥미를 느꼈다. 우리는 북한 땅에서 그 밤일을 하는 '자유의 진가(?)'를 아는 사람들이 좀 더 많이 나오기를 바라고 있었는지도 모른다.

계급차별과 불평등을 싣고 달리는 북한 기차

북한 기차를 보면 북한 사회와 경제실상을 한눈에 알 수 있다. 말로만 듣던 북한의 일반 여객열차를 처음으로 구경한 것은 금호지구에 도착한 바로 다음날 오후였다. 부지지역을 둘러보러 나갔다가 그 흉물스런 모습을 보았다.

북한의 기차사정에 대해서 들은 것은 KEDO 직원인 미국인들에게서였다. 북한 기차는 유리창이 제대로 달려 있는 것이 없고 사람이 탈 수 있다고는 도저히 상상할 수 없을 정도로, 당시 북한의 비참한 상태를 그대로 보여주고 있다는 것이었다. 내가 실제로 본 것도 들은 내용과 거의 일치했다.

기차는 15량의 객차를 달았는데 일반 침대차량 2량은 그나마 유리창이 붙어 있었으나 내부는 어둠침침하여 인기척이 없었다. 나머지 일반 객차에는 성한 유리창이 하나도 없고, 사람들은 콩나물시루처럼 빽빽이 들어차 있었다. 출입구마다 열 명도 넘는 사람들이 매달려 있어서 마치 사람들이 열차 안으로부터 넘쳐 흘러나오고 있는 것 같았다. 그냥 보면 저런 곳에 어떻게 사람이 들어가 있을 수 있나 하는 생각이 들 정도였다. 기차 외부는 물론 검고 벌겋게 녹슨 고철 덩어리였다. 한마디로 표현한다면 가축을 실어 나르는 화물차라는 것이 가장 적절할지도 모르겠다.

그래도 열차에 타고 있는 사람들의 표정이 너무나도 밝았기 때문에 말로만 들었던 것보다는 나아 보였다. 보통 북한 사람들은 표정이 없다. 없다는 표현보다는 지치고 찌들었다는 표현이 더 어울릴지도 모르겠다. 그런데 열차에 타고 있는 사람들은 하나같이 웃는 얼굴이고 우리를 향해 열렬히 손을 흔들었다. 어딘가 먼 길을 간다는 것이 쉬운 일이 아닐 것이고 대중교통수단도 변변찮다는 점을 감안한다면, 이들에게 기차여행은 우리가 깨끗하고 안락한 기차의 특실을 타고 여행하는 것보다 오히려 몇 배나 더 큰 즐거움을 주는 일이 아닐까? 우리도 불과 20~30년 전만 해도 지금 북한 열차보다는 훨씬 나은 상태였지만 3등 완행열차를 타고 여행 기분에 들떠 즐거워하지 않았는가?

미국인들은 기차의 혹독한 상태에만 눈이 가고 그곳에 탄 사람들 표정은 못 읽은 것 같았다. 그런 너절한 기차에 탄 사람들이 아무런 불만도 없을 수 있는 사회가 있다. 너절한 기차의 모습만 보고서 북한 내부 모습을 유추하는 것은 참으로 어려운 일이다. 그것을 보고 이제 우리가 다 이겼다, 북한이 이제 올 때까지 왔다든가 하는 단적인 판단은 참으로 경솔한 것이다. 이러한 단순한 시각이 북한을 이해하는 데 오히려 더 큰 어려움을 줄 것이다. 똑같은 기차를 보는 두 사람의 관찰 정도의 차이가 북한을 바라보는 미국이나 제3자의 시각과 우리 시각이 결국은 다를 수밖에 없다는 사실을 단적으로 말해준다.

2년 동안 부지 앞을 지나는 기차를 거의 매일 볼 수 있었다. 여객열차는 어떤 정해진 시각 없이 운행 되는지, 지나가는 시간이 일정하지 않았다. 부지 정문의 경비원들을 시켜 지나가는 모든 기차 시간을 적어보았는데, 2년이 지난 후에도 일정한 규칙을 발견할 수 없었다. 기차는 시속 30~40킬로미터 속도로 아주 느릿느릿 달린다. 우선 전기사정에 문제가 있기 때문이라고 했다. 북한은 이미 1970년대에 대부분의 철도를 전철화했다. 따라서 하드웨어는 괜찮다고 생각할 수도 있다.

그러나 전기사정이 나쁘다는 원인 말고도, 철로 위를 걸어보면 기차가 느리게 달릴 수밖에 없는 이유를 또 한 가지 알게 된다. 침목이 제대로 된 것이 거의 없다. 상당 부분이 통나무를 대충 다듬어서 끼워 넣은 것이며, 나머지도 잘리고 패이고 정상적인 상태라고 볼 수 없다. 시멘트로 만든 것도 대부분 깨진 상태였다. 거기에다 레일과 침목을 연결하는 철제 못이 군데군데 없어져서 어떤 부분은 레일이 그냥 허공에 떠 있는 상태였다. 보수유지 작업은 하는 것 같은데 손으로만 작업한다. 장비나 부품이 없다. 그러니 빨리 달릴 수 없는 것이다.

북한 기차는 또 다른 종류의 아이러니를 싣고 달린다. 북한은 스스로가 사회주의국가라고 귀가 아프게 떠든다. 평등을 가장 우선시 한다. 그러나 북한 기차는 이 세상에서 있을 수 있는 가장 많은 종류의 계급과 그 불평등의 실태를 한 몸으로 보여준다. 북한 여객열차는 보통 12~15량 정도의 객차를 달고 다닌다. 자, 이제 살펴보자.

제일 고급 객차로, 침실에 사무실과 회의실까지 딸려 있는 독립된 객차가 있다. 이것은 어느 개인이나 그룹이 통째로 쓰는 것이다. 다음으로 상급 침대차가 한 량 달려 있다. 내가 타보았던 그 침대차가 아닌가 싶다. 이어서 일반 침대차가 한두 량. 상급 침대차보다 못할 것은 확실하다.

그 밑으로 그냥 상급차가 한두 량 있다. 이것은 우리가 마전과 강상리를 오갈 때 이용한 적이 있는데, 고정된 좌석에 인조 융단 커버가 씌워져 있다. 이 수준까지는 객차 창문이 제대로 달려 있다.

상급차보다 못한 것이 일반차다. 일반차에도 두 종류가 있다. 유리 창이 좀 깨지거나 빠지긴 했지만 그래도 80% 정도는 남아 있는 객차. 이런 것은 서너 량 정도 달려 있다. 나머지 5~7량은 일반차 중에서도 하급인데 아예 모든 창문틀 자체가 떨어져 나가서 커다란 구멍이 죽 뚫려 있다. 일반차는 예외 없이 콩나물시루같이 사람들이 빽빽하게 포개어져 있다. 다리를 창밖으로 내놓고 있어야 하는 사람들도 있다.

그러나 이게 다가 아니다. 객차 안에 탄 사람은 그나마 행복한 사람들이다. 북한 기차는 달릴 때 출입문을 모두 닫는다. 차 안은 사람들로 꽉 차 있다. 그러면 이제 더 이상 사람이 탈 공간은 없을까? 아니, 있다. 우선 지붕 위가 있다. 그리고 문 닫힌 출입문 바깥 발판에 웅크리고 있는 사람들이 있다. 그 좁은 공간에 세 사람씩이나 끼워 탈 수 있다. 그래도 이 사람들은 객차에 발은 붙이고 간다.

객차에 발조차 못 붙이고 가는 사람들이 또 있다. 객차 밑바닥과 바퀴 사이에 있는 길고 낮은 공간에 가까스로 누워서 가는 사람이 있다. 앞바퀴와 뒷바퀴 사이에 있는 네모진 공간에 두 사람은 충분히 들어갈 수 있다. 언젠가 한번 세어보았더니 차량 밑바닥과 바퀴 사이에만 7~8명이 끼어 있었다. 그것도 기차 양쪽이 아니고 한쪽 편만 세어본 것이다. 기차가 지나갈 때면 마치 악어 이빨 사이에 고기 찌꺼기가 끼어 있는 것처럼 기차 바퀴 사이로 사람의 모습이 희끗희끗 보인다.

자, 그러면 한 열차에 차별화된 계급이 몇 가지 있는가? 하나, 둘… 일곱? 여덟? 상상해보라. 영하 10도가 넘는 추운 겨울밤에 창문 없이 달리는 객차 안 모습을. 그리고 다른 칸에서는 똑같은 사회주의 혁명가 들이 따뜻하게 난방된 차 안에서 곤히 잠들어 있는 상황과의 대조를. 사회주의를 외치며 달리는 기차는 가장 전형적인 계급차별과 불평등을 싣고 달린다.

그러나 객차 등급이 어떻든 간에 유리창조차 달려 있지 않은 그 더럽고 추운 객차에 짐짝처럼 포개어져 있는 우리 순박한 동포들은 오랜만에 맛보는 여행의 즐거움과 구속에서의 해방감, 그리고 자유의 가치를 재발견하는 듯 환하게 웃으며 차창 밖을 향해 손을 흔들었다.

3장
지도자를 향한 '숭배'와 '공포'

'결사옹위'의 숨은 뜻

　북한을 여행하는 외국인들은 음식이나 시설이 불편한 것 외에 '사람'에 관한 일에는 별로 어려움이 없다. 어차피 말도 잘 안 통할 것이고, 북한 사람들도 우리와 그 점은 같아서 외국인은 우선 신기해하고 무조건 친절하려고 노력하기 때문이다. 그리고 북한 안내원이 본질적으로는 어떤 존재인지 크게 신경 쓸 필요도 없을 것이다. 단지 하나하나 모든 일을 챙겨주는 친절한 무료 관광안내원이라는 인식을 가지기 십상이다. 그러나 문제는 남한 사람들이다.

　북한 사람들의 동포에 대한 태도는 극에서 극을 달린다. 어떤 때는 부둥켜안고 이별의 눈물을 흘려야 하는 동포요 한겨레고, 어떤 경우에는 쳐 죽여야 할 철천지 '원쑤'가 된다. 그래서 북한에 처음 오는 사람들은 뜨거운 맛(?)을 보기 전까지는 자신을 대하는 북한 사람들이 어떤 사정을 안고 있고, 그 사정으로 인해 그 사람들의 겉과 속이 어떻게 다른지, 그리고 언제 태도가 표변할 것인지 전혀 알 수가 없다. 그냥 동포려니 하며 순박한 감상에 젖어 같이 술판을 벌이고 덕담을 한다. 그리고 다행히 아무 일 없이 잘 끝나면 집으로 돌아갈 때 '나도 통일에 기여했다'는 자부심을 느낄 수도 있을 것이다.

그런데 문제는 그러한 통일의 역군이나 투사정신을 좀 발휘하다가 사소한 일로 북한 사람과 '원쑤'가 되는 경우가 종종 있다. 그리고 남북 투사들이 대결하게 되면 도저히 말릴 수 없는 사태로까지 발전한다. 사생결단의 싸움이 되는 것이다. 대개는 북한 사람들이 먼저 말꼬리를 잡거나 트집을 잡아 도발하곤 하지만, 한편으로 그 원인은 남한 사람들이 제공하곤 한다. 북한을 방문하는 남한 사람들 중 상당수가 북한 사람들이 약점으로 생각하거나 아픈 곳을 장난삼아 건드려보려는 짓궂은 면이 있는 것이다.

물론 북한 사람들은 못산다는 자격지심이 있고 이겨야 한다는 승부욕이 너무 강하다. 아니, 강하다기보다는 그러한 심리적 압력을 너무 강하게 받고 있다. 그래서 그들이 유일하게 우월하다고 생각하는 사상, 주체, 4대를 이은 수령복, 이런 것들을 내세우다 보면 말썽이 생기는 것이다. 한쪽은 좋다고 자랑하는 것이 다른 쪽 눈에는 정말 우스꽝스런 광대놀음으로 비쳐진다면 그 대화는 보나 마나다.

특히 그들의 최고지도자 '김일성 수령'이나 '김정일 장군'에 관한 일로 문제가 발생할 경우에는 북한 사람들은 한마디로 '발작'을 한다. 그것은 물론 충성을 과시하기 위한 발작이다. 심지어는 '장군님'이 축지

법을 쓴다, 아니다, 사람이 어떻게 날아다니느냐 하는 논쟁도 정치적 마찰로 비화된다.

그들로서는 남쪽 사람들이 그런 화제를 들추어내는 것 자체가 싫다. 그래서 화가 난다. '어차피 자기도 믿고 싶지 않으면서, 뻔히 다 거짓말인 것을 알면서 왜 물어봐? 누구 사람 잡을 일 있어? 야, 거저 당신네들은 장난삼아 연못에 돌 던지듯이 내뱉는 말인지 모르겠지만, 연못에 사는 개구리들에게는 생사가 걸린 문제야, 야!' 하고 속으로도 화내고 있을지 모른다.

북한에서는 최고지도자에 대한 모독사건에 관한 한 초법적이고 비문명적인 보복이 쉽게 합리화되는 분위기다. "북한에서 사람을 죽여놓고도 '이놈이 우리 수령님을 모독해서 죽여버렸다'고 하면 무죄방면이 될까?" 하는 것이 이곳에서 일한 사람들이 가장 궁금해하는 것이다. 우리 근로자들에게 이런 유의 '정치적 마찰'을 일으키지 않도록 단단히 주의도 시켰지만, 그것은 '사전학습'으로는 완전하게 해결될 수 없는 일이었다.

실제로 어려운 현장실습(?)을 거쳐야 했다. 그래서 초기에는 이러한 사건이 잦았다. 그런 사건이 생길 때마다 북측은 당연히 KEDO 사무소에 회의를 요구했다. 우리는 다시 회의석상에서 귀가 닳도록 들어 지겨워진 재사를 다시 들어야 했다.

"우리 국민들은 집에 불이 나도 수령님과 장군님의 사진을 다른 어느 것보다도 먼저 꺼내 모셔와야 한다. 불길 속에서 타 죽는 한이 있더라도 뛰어 들어가야 한다. 배가 침몰하는 순간에도 수령님과 장군님의 사진을 구해야 하고 물에 빠져 죽더라도 그것을 품에 안고 물속으로 들어가야 한다."

이런 식의 외침이었다. 북한 사람들은 기록용으로 평양 쪽에다 대고 외치는 투의 발언을 하는 것이 현실적으로 유일한 해결방법이라는 것을 배우게 된다.

북한식 크리스마스?

1997년 4월 14일, 협상을 마치고 마전휴양소를 떠나서 밤 12시가 넘어 기차에서 내려 강상리역을 빠져나올 때의 일이다. 강상리역 바로 앞에 조그만 광장이 있고, 거기에는 김일성 얼굴이 크게 그려져 있는 10미터 정도 높이의 넓적하고 네모난 비석판이 서 있다. 나중에 안 일이지만, 북한에는 아무리 작은 마을이라도 이런 것들이 마을 입구나 한가운데 목이 좋은 곳에 서 있다.

그 비석 앞에서 일고여덟 살 정도 아이들 열두어 명이 선생님인 듯한 여자의 지도를 받으며 꽃을 바치는 연습을 하고 있었다. 그때는 한밤중이었다. 그 한밤중에 아이들마저도 정치행사에 동원된 것이다.

그 다음날, 아니 자정이 넘었으니까 바로 그날이 김일성의 생일이었다. 며칠 동안 마전휴양소에서도 봉사원들이 어디선가 꺾어온 들꽃을 한 움큼씩 들고 다녔다.

지금쯤이면 이불 속에서, 때로는 아직 엄마 품에서 곤히 잠자고 있어야 할 귀여운 아이들이 혹사당한다고 생각한 것은 나만이 아니었을 것이다. 모두들 버스 창문을 통해 입을 꽉 다문 채 이 이상한 광경을 지켜보았다. 암흑 속에서 눈에 보이는 것이라고는 그 광경이 유일했다. 도대체 이곳이 어떤 세상이길래 이토록 사람들이 무정해진 것일까? 아이들이 이 밤중에 엄마 품을 떠나 일종의 사역을 하고 있다니.

훗날 여러 번 보게 된 것이지만, 북한에서는 국제인권규약에 위배되는 어린이 노동이 상상 이상으로 심했다. 모두들 웅성웅성했지만 버스 안에 같이 타고 있는 북한 안내원을 의식하여 뭐라고 구체적인 비난은 하지 않았다. 그러나 그런 광경을 보아야 하는 심정은 모두 같았을 것이다.

늦은 시간에 잠이 들었던 탓인지 다음날 아침 깨어나 보니 날은 벌써 환히 밝아 있고, 선실 창밖으로 보이는 양화 부두는 사람들로 꽉 차 있었다. 한복 치마저고리를 입은 여자들 때문에 남자는 보이지 않고 온통 여자들만 나와 있는 것 같았다. 양화 부두에도 강상리역 앞에 있던 것보다 훨씬 큰 김일성 벽화 비석이 있다. 그곳이 이 일대의 '김일성 제사' 장소였다.

사람들은 정렬하여 서 있고, 각 그룹별로 차례대로 벽화 앞에 헌화를 했다. 몇몇 여성이 그들의 헌화 차례를 통제하고 있었고, 아이들도 물론 까맣게 몰려와 있었다.

'어젯밤 강상리역 앞에서 연습하던 애들도 지금 꽃을 바치고 있겠지?'

저 많은 사람들이 모두 어디에선가 걸어왔을 생각을 하니, 그 인력 낭비의 실상을 복잡한 경제통계 없이도 금방 알 수 있을 것 같았다.

그러나 더 궁금한 것은, 저렇게 죽은 자를 참배하면서 저 사람들은 머릿속으로 어떤 생각을 하고 있을까 하는 점이다. 모두 독실한 신자처럼 마음속과 겉으로의 행동이 일체화되어 있는 것일까? 식량이 없어 기아에 허덕이면서도 저렇게 감사하면서 지낼 수 있는 것일까? 저 사람들이 지금 저렇게 자발적이든 타의적이든 움직이고 있는 원동력은 무엇일까? 사람들 스스로가 그것에 대한 가치신념을 가지고 있기 때문일까? 감시와 처벌이 두려워서인가? 아니면 그저 일상생활의 한 부분으로서 맹목적으로 순응하는 것일까?

1970년대 유신시절에 국기 하강식이란 것이 있었다. 그때는 저녁 5시였나, 6시였나 애국가가 거리에 울려 퍼지면 지나가던 사람들이 모두 제자리에 서서 가까이 보이는 국기 쪽으로 돌아 경례를 해야 했다. 그런 행사는 분명히 개인숭배를 위한 의식과는 근본적으로 다른 것이다. 내 나라의 국기에 대해서 충성심을 표시하는 것은 현대 국가에서 당연한 일이며 어느 나라에서나 있을 수 있는 일이다.

그러나 그때 학생이었던 우리는 그 일상화된 행사의 진짜 의미가 무엇인지에 관해 의심을 했었다. 그런 행사가 혹시 전체주의적인 발상과 음모에서 비롯된 것은 아니냐는 비판도 있었다. 때로는 거리에서 그 행사를 거부하고 그대로 걸어갈 생각도 해보았지만 실행으로 옮길 용기는 없었다. 어디론가 잡혀갈 것 같았다. 그래서 겉으로는 빠짐없이 동참했다. 국기에 대한 의식마저도 우리는 그렇게 의구심을 가졌다. 하물며 어느 한 개인에 대한 숭배의식에 참가하는 사람들의 머릿속에는 무엇이 있을까?

우리 배가 출항 준비를 끝내고 통행검사소의 검열을 받을 때였다. 북한 관리들은 배의 선실을 샅샅이 살펴보았다. 그들 중에 한 사람은 사실은 검색 목적이 승객들을 대상으로 한 것이 아니라 남쪽으로 가려는 북한 사람이 혹시 숨어들어 있는지를 보려는 것이니 이해해달라고 하면서, 자기네들도 그렇게 검색했다는 시늉이라도 해야 상부에 잘 보고할 수 있다고 부탁조로 협조를 구했다. 자기네들이 입만 벌리면 천국이라고 하는 땅을 누가 탈출할 거라고 저렇게들 걱정을 할까? 저 거대한 제단에 꽃을 바치고 머리를 조아리는 그 많은 사람들도 북한 정권으로서는 안심하고 믿을 수는 없는 사람들이란 말인가? 오히려 내 머릿속이 혼란스러워졌다.

바로 그날, 즉 마전휴양소를 떠나던 날 저녁이었다. 나는 미국 대표로 참석한 미 국무부 직원과 같은 테이블에서 저녁식사를 했다. 그 친구는 나처럼 좀 뚱뚱한 데다 성격이 활달하고 유머가 있어서 마전에 체류하는 기간 동안 나와 가깝게 지냈다. 내가 뭘 한마디 해주면 이를 꼭 재미있게 받아넘기곤 했다. 네브래스카 주가 고향이라는 그는 북한의 산과 농토를 보면서 혀를 끌끌 차며 북한 농토의 실태에 동정 어린 눈길을 보내기도 했다.

저녁을 먹으면서 우리는 역시 장난기 어린 대화를 나누고 있었다. 내가 먼저 농담을 걸었다.

"예수님이 이곳에 오시면 깜짝 놀라실 거야. 마호메트나 석가모니 말고도 또 라이벌이 있다는 것을 알게 될 테니까. 오늘은 북한 사람들에게는 크리스마스 이브에 해당하는 날이지. 모두 내일의 특별예배를 준비하느라 바쁘잖아?"

그 친구는 늘 하던 대로 너털웃음을 웃더니 "오늘 눈이라도 오면 아주 멋있는 화이트 크리스마스가 되겠군"이라며 맞장구를 쳤다. 그리고는 특유의 센스로 순발력을 발휘하여 다음 말을 이었다.

"그렇지만 미스터 리, 너무 걱정 하지마. 북한 사람들에게 부활절은 없을 거야."

'수령님' 욕하면 발작증세

경수로 건설부지에 부임한 지 사흘째 되던 날인 1997년 7월 중순이었다. 그때까지는 남한 사람들과 북한 안내원들이 저녁에 술도 같이하고 잘 어울려서 평온하고 화기애애하게 지냈다. 그런데 사흘째 되던 날 드디어 일이 벌어졌다.

북한 안내원 중에 노아무개라는 젊은 녀석이 있었다. 군에서 제대한 후 김일성종합대학을 졸업했다는데, 항상 잠을 못 잔 부스스한 얼굴을 하고 다녔다. 그 녀석은 아무에게나 반말을 해대서 처음부터 내게 한 번 크게 혼이 나기도 했다. "당신네들 충효는 강조하면서 장유유서라는 말은 못 들어봤냐? 버르장머리 없이 몇째 형뻘 되는 사람들에게 반말을 하는 것은 어디서 배운 것이냐? 당신네 당에서 그렇게 가르쳤냐?"고 야단을 쳤더니, 그 다음부터는 깍듯하게 나를 형님이라고 불렀다. 본성은 순진해 보였다.

그는 잠을 자지 않고 로비 스탠드바에 앉아 있다가, 내가 새벽에 운동하러 나가면 여전히 게스트하우스 문 앞에 쪼그리고 앉아 있곤 했다. 왜 잠을 안 자고 그러고 있냐고 물어보았더니, 자기는 심장이 약해서 언제 심장이 멎을지 몰라 불안해서 잠을 잘 수가 없다고 한다. 그러면서 하는 말이 1994년 8월에 '수령님이 돌아가셨을 때' 쇼크를 받아서 심장마비를 일으켰는데, 그때부터 심장이 자꾸 멎는 것 같다는 것이다.

그때는 노동력 공급과 물자 공급에 관한 상업적 계약조건 교섭을 위해 한국전력 직원들이 와 있었다. 그런데 법률자문을 위해 같이 와 있던 젊은 변호사가 바로 그 친구에게 크게 당했다.

그날 저녁에도 술판이 벌어졌다. 근처 해변에서 잡은 조개로 얼큰한 조개탕을 끓여 게스트하우스 앞뜰에서 북한 안내원들과 소주 파티가 벌어졌다. 나도 근처에 있다가 바로 그 노아무개가 "형님 형님" 하며 한잔 하자고 불러서 같이 합류하게 되었다. 그런데 그 변호사와 노아무개가 그 전부터 무슨 이야기가 있었던 것 같았다. 둘은 서로 나이를 확인하고 어깨동무도 하고, 형님 동생 하며 죽이 잘 맞았다.

그런데 내가 잠깐 자리를 비운 사이에 상황이 돌변해버렸다. 2~3분 정도의 시간이었다. 내가 다시 돌아와 자리에 앉기도 전에 갑자기 그 녀석이 빈 소주병을 거꾸로 집어 들고 괴성을 지르며 그 변호사에게 달려들었다.

"우리 수령님을 욕하는 새끼는 내가 칵 찔러 죽이가서!"

옆에 있던 남한 사람들이 그 순간에 그 녀석을 잡고 말리지 않았으면 정말 무슨 큰일이 벌어졌을 것이다. 그런데 같이 있던 북한 안내원들은 아무도 말릴 생각을 안 하고 가만 보고 있는 것이었다. 나는 무슨 영문인지 몰랐지만 그를 큰 소리로 야단치고 그 자리에서 끌어내 와 현관 스탠드바로 데리고 가서 진정시켰다. 북한 안내원들은 그때서야 그 녀석을 끌고 방으로 데려가는 것이었다. 그리고 나서 무슨 영문인지 알아보았다.

뿌리는 그 전날 밤부터 시작되었다. 두 사람이 술을 마시다가 북한 뉴스에서 우리 대통령을 '김○○ 역도놈'이라고 욕하는 것이 화제가 되었다.

"어이, 아무리 그래도 그렇지. 우리나라 대통령을 역도놈이라고 부를 수 있는 거야? 좀 너무하지 않아?"

"역도놈이니까 역도놈이라고 부르는 거지."

"그러면 남쪽에서 당신네 수령을 김일성 역도놈이라고 부르면 기분 좋겠어?"

"뭐야? 이 새끼 어디서 우리 수령님을 욕하고 그래. 너 죽고 싶어?"

"아니, 그렇게 욕을 한 게 아니고. 예를 들어 그러면 기분이 좋겠냐는 가정을 한 거잖아!"

"이 개새끼, 예를 들건 나발이건 수령님 욕하는 놈은 다 죽이가서."

이렇게 그 전날 1라운드가 있었는데, 그때는 다행히 옆에서 말리고 해서 그 정도로 끝났다. 그리고 오늘은 둘이서 어제의 앙금을 푸는 자리였다. 둘은 서로 말조심하자고 하면서 마지막에는 형 동생 하는 사이로까지 좋게 발전한 것이다. 그런데 이번에는 노아무개가 어제 일을 끄집어냈다. 물론 문제를 제기하기 위한 것이라기보다는 북한 사람들의 생각을 이해시키자는 것이었다.

"우리는 수령님을 목숨을 버려가면서까지 보위한다구. 그런데 내 앞에서 수령님을 욕하는 소리를 하니 내가 그걸 듣고 오캐 참갔서?"

"아니, 내가 욕한 게 아니래도 그러네, 참. 만약 그렇게 부르면 기분 좋겠냐고 가정해서 말한 거지."

"아니야, 그건 아주 모욕적인 욕이어서. 그런 말 함부로 하면 조선 땅에서는 죽고 못 살아."

"아니, 내가 언제 욕했다는 거이? 내가 언제 역도놈이라고 불렀어?

'우리 대통령을 북쪽에서 역도놈이라고 하는데, 당신네 수령을 김일성 역도놈이라고 부르면 좋겠냐'고 예를 든 것이지. 국어도 못 배웠냐?"

그 젊은 변호사는 여기서 또 실수(?)를 한 것이다.

"아니? 뭐이이? 이 새끼가 또 수령님에게 역도놈이라는 말을 해? 너 아직 정신 못 차렸구나. 이 새끼 내래 칵 찔러 죽이가서."

이런 상황이 내가 본 부지에서의 첫 번째 충돌이다. 그러니까 북한 사람들은 예를 든 것이든 가정이든 뭐든 간에 그런 말만 들리면 입에 거품을 물고 발작을 한다. 그런 상황에서는 다른 북한 사람들도 동조하거나, 최소한 못 본 척한다. 그런 문제로 일어난 '투쟁'을 말렸다가는 말린 사람도 치명적인 정치적 비판이나 처벌에 직면하게 될지도 모르는 것이다. 그래서 옆에 있던 다른 안내원들이 그 녀석을 말리지 못하고 그냥 팔짱 끼고 보고만 있었던 것이다.

그는 얼마 안 있어 보이지 않게 되었다. 다른 안내원에게 물어보았더니 심장병을 치료하러 평양에 있는 병원에 입원했다고 알려주었다. 한참 뒤에 그 친구 요즘 좀 나아졌냐고 물었더니 어떤 안내원이 슬쩍 귀띔해주었다.

"괜찮아지긴 뭐가 괜찮아지갔시오? 그 녀석 사실은 정신병원 갔시오. 애가 원래 좀 이상하다 했더니 알고 보니 돌은 놈이야요."

겁나면 더 강경해진다

경수로 건설공사가 시작된 지 두 달 만에 걱정하던 사건이 터지고야 말았다. 그 원인이 너무나 우스꽝스러운 것이어서 처음에는 도대체 이 문제를 나 스스로 어느 정도까지 이해할 수 있을지 난감했다. 내가 그 정도였으니 미국인이나 일본인 대표는 말할 나위도 없었을 것이다. 그들은 그저 고개를 좌우로 흔들 뿐이었다.

이 사건은 한마디로 북한에서 '김정일 우상화' 작업이 어떤 식으로 진행 되고 어떤 지경까지 가고 있나 하는 사실을 적나라하게 보여주는 것이었다. 그리고 그 과정에서 북한 사람들이 심리적으로 얼마나 무서운 공포에 짓눌려 지내고 있는지를 스스로 폭로하는 것이었다. 결국 그것은 북한이라는 사회의 질병을 종합적으로 진단하는 데 활용할 수 있는 유용한 임상실험 자료를 남겼다.

1997년 10월 1일 수요일이었다. 사건의 경위는 이렇다. 그 전날 시공단이 생활부지 내에 새로 마련한 사무실로 이사한 후, 그동안 임차해서 쓰고 있던 게스트하우스 내 사무실에 쌓여 있던 쓰레기 더미 속에서 김정일 사진이 다수 게재된 〈노동신문〉이 잘게 찢어져 있는 것을 북측의 기념품 판매대 봉사원이 발견하여 신고했다는 것이다. 〈노동신문〉은 기념품 판매대에 놓여 있던 것으로 무료로 제공되고 있었다. 시공단 직원들이 이사하면서 다른 폐지들과 함께 신문을 파기했을 가능성은 있었다.

나는 그 이야기를 들으면서 직감적으로 이 문제가 간단히 끝날 사안이 아니라는 생각이 들었다. 이 사건을 처리하는 과정에서 더 생생하게 알 게 된 것이지만, 북한에서는 이른바 최고지도자에 대한 불경죄가 가장 무서운 정치범죄로 간주되고, 사소한 사안에 대해서도 그 죄의 개념이 아주 폭넓게 적용되고 있는 듯하다. 따라서 이 문제를 다루는 모든 관계자들도 지위 고하를 막론하고 일종의 공포심을 가지기 때문에 항상 가장 강경한 방법으로 대처하는 것이다.

이번 사건도 처음에 발견했다는 여자 종업원은 일단 이를 보고도 신고하지 않으면 나중에 어떤 처벌을 받을지 모른다는 공포심에서, 또한 신고함으로써 얻을 수 있는 이익도 고려하여 즉각 신고했을 것이다. 신고를 받은 북측 관계자들도 이러한 신고를 무시하거나 무마할 수 없는 사정일 것이다. 오히려 개개인이 자신에게 닥쳐올지도 모를 책임추궁을 피하기 위한 방패막이로 '장군님'에 대한 충성심을 경쟁적으로 과시하고, 이를 위해 남한 사람들에게 강경한 입장만 강조한다. 그 과정에서 이러한 문제가 비상식적인 상태로까지 격화된다는 것은 쉽게 상상할 수 있다.

이러한 내부사정 때문에 북측 관계자들은 우리와 회의할 때 모두 심각하고 근엄한 표정으로 위협적인 언동을 서슴지 않았으나, 사실은 그들 표정이나 행동에서 극단적인 공포심을 읽을 수 있었다. 따라서 이 문제의 본질은 표면적인 강경한 자세나 '발작'이라기보다는 그러한 태도를 보이는 북한 사람들의 내적인 공포심을 읽어내는 것이다.

아무튼 당시에는 회의에 앞서 대강의 상황설명을 들을 수 있어서,

초기 단계에 어떻게 대응해야 할지 짧은 시간에나마 정리할 수 있었다. 우선 북측 입장을 들은 후 구체적인 대응방안을 마련하되, 당장은 다음과 같은 원칙적인 입장을 견지하기로 했다.

첫째, 북측 입장이나 감정과 북측 관계자의 어려운 입장은 이해하고 있다. 그러나 이러한 문제를 정치적인 문제로 확대시키는 것은 현명한 대응이 아니다. 둘째, 문명사회의 상식으로는 신문을 찢는 것이 중대한 범죄라고 할 수 없다. 따라서 당사자를 색출할 이유도, 이를 북측에 통보할 법적 의무도 없다는 것이다.

그날 오후 2시에 개최된 첫 번째 회의에서 북측 대표들은 모두 굳은 표정이었다. 북측은 강한 어조로 "이 사건은 북한의 최고사령관을 모독하는 행위로서 경수로 사업의 계속 여부와는 비교가 되지 않는 심각한 사건이다. 따라서 신문을 훼손한 자를 오늘 저녁 6시까지 색출해내라. 찾아내지 못할 경우에는 내일부터 모든 것을 동결하겠다"고 북측의 입장을 최후통첩처럼 통보했다. 그러고는 저녁 6시에 다시 회의를 갖자고 했다.

나는 이러한 행위가 북한 법률을 위반하는 것이냐고 '조심스럽게' 물었다. 대답이 없었다. 다시 두세 차례 답변을 독촉하자 북측 관계자는 마지못해서 법률 위반은 아니라고 하면서, "그러나 이 문제는 법률 이상의 초법적인 것"이라는 아주 '멋들어진' 법논리를 급조해냈다. 그러니까 이런 유의 정치범죄는 구체적으로 법률에 명시된 것은 아니다. 그러니 북한 사람들에게는 더 무서운 것이다. 처벌에 아무런 근거나 한계가 없을 테니까.

첫 번째 회의를 마친 후 우리는 관련자를 찾아내야 할 이유가 없으므로 그냥 시간을 보내기로 했다. 이럴 때는 바빠도 안 바쁜 척해야 하고, 일부러라도 더 여유를 부리는 것이 좋다. 먼저 뗄 필요도 없다. 그냥 시간을 보내며 북측의 행태 변화만 주시하는 게 상책이었다. 다만 이 문제의 성격상 한전이나 시공단 책임자는 다음 회의부터는 참석시키지 않기로 했다.

그 이유는 그들이 동석하면 쉽게 북측 발작의 타깃이 될 우려가 있기 때문이다. 그러나 내게 보다 중요한 이유는 그들 존재 자체였다. 내 뒤에 관객이 앉아 있으면 회의 도중 상황을 컨트롤하기가 어려워질 것으로 생각했다. 관객들 앞에서는 나 자신이 강경 일변도로 흐를 수밖에 없을지도 모르기 때문이다. 이 사건의 핵심은 간단하다. 북측으로서는 우리 측 사과를 받아내는 것이고, 우리 측은 어떠한 형태의 사과도 할 수 없다는 것이다.

그날 저녁 6시에 개최된 2차 회의에서 북측은 우리가 관련자를 찾아내지 않은 것을 알고는, 그러면 더 이상 얘기할 것이 없다며 자리를 박차고 일어서려고 했다. 이때도 역시 서로 얼굴을 보며 동의 여부를 살폈다. 그러한 행동은 그들이 우리와 협상하는 것보다는 그들 내부에 대해 더 신경 쓰고 있다는 것을 말해주는 것이었다.

우리 측은 북한 사람들을 진정시키고, 미리 정리했던 우리 입장을 설 명해주었다. 그리고 "이런 일로 경수로 사업까지 중단해야 한다는 것이 북측의 공식 입장이라면, 그 문제는 이곳이 아니라 KEDO 본부와 집행이사국이라는 좀 더 높은 차원에서 다루어져야 할 사안이다. 그러나 우리는 극단적인 조치를 피하고 가급적 이 자리에서 문제가 해결되기를 희망한다. 이번 사건의 원인을 감안하여 앞으로 판매대에서 〈노동신문〉을 치우라"고 부연설명을 했다.

이러한 우리의 입장에 대해 북측 관계자들은 역시 평양을 겨냥한 절규를 했다.

"우리말을 명심해라. 우리는 우리의 지도자를 목숨으로 보위하는 병사들이다. 우리 지도부에 대한 어떠한 위해행위도 용납할 수 없다. 이 일을 저지른 자에 대해서는 '영사보호권'(의정서상의 신변의 안전보장과 관련된 특권, 면제의 권리를 의미)을 인정하지 않겠다."

우리 측은 "영사보호권, 불인정 운운하는 것이 북한 정부의 입장이냐"고 묻고, 만약 그렇다면 이는 중대한 문제라고 지적하자 마지못해 '정부의 입장'이라고 중얼거렸다. 옆에 앉아 있던 다른 관계자도 한마디 거들면서 강한 어조로 "오늘밤까지 이 문제를 해결하지 않으면 내일부터는 모든 것이 중지된다"고 말했다. 그리고 북측은 다음날 오전 10시까지 다시 시간을 줄 테니 관련자를 찾아낼 것을 재차 요구했다.

회의를 끝내면서 북측 관계자에게 공사를 중지하라는 것이 북측 공식 입장인지를 확인해달라고 하자, 그는 머뭇거리면서 일단 일은 계속하라고 조그만 소리로 말했다. 그리고 복도로 걸어 나오면서 "평소에 말이 없던 분까지 나서서 발언하는 것을 보니 그쪽도 상당히 어려운 입장인 모양이다. 그런데 말은 참 잘 하시더군. 내가 경청해드렸다"라고 말하자 그는 한쪽 눈을 찡긋하며 씩 웃어 보였다.

북측이 공사를 중단하라고 우리에게 요구하거나 명령할 권한은 없으므로 북측이 물리적으로 제지하기 전까지는 일단 작업은 계속하기로 했다. 북측이 우리의 통행이나 공사를 제지할 경우 이는 명백한 의정서 위반이 되므로 상황이 북측의 책임문제로 반전될 수도 있는 것이다. 그날 저녁도 우리는 평상시와 마찬가지로 일찍 잤다. '시간만 가라. 너희가 어떻게 나오나 보자'라는 식이었다.

다음날 오전 10시에 개최된 3차 회의에서 북측은 우리 측이 관련자 색출 조치를 하지 않았음을 확인하고, 우리의 통행을 금지시킨다고 다음과 같은 발언을 했다.

"이번 일이 우리 인민들에게 알려지면 이를 결코 용서하지 않을 것이다. 우리 인민들은 우리의 지도자와 사상을 목숨을 바쳐 사수할 것이다. 이번 일을 저지른 사람을 찾아내어 그 사람이 스스로 잘못된 행동을 인정하고, 우리 인민들에게 사과해야 한다. 그 후에 그 사람을 본국으로 송환시켜야 할 것이다. 그러한 조치가 이루어질 때까지 모든 KEDO 인원의 부지 밖으로의 이동은 통제된다. 왜냐하면 이러한 상황에서는 우리 주민들로부터 KEDO 인원의 안전을 보장해줄 수가 '없기' 때문이다."

회의를 마친 후 우리는 근로자들이 모두 한국인인 만큼 이들을 관리하는 공사 관계자들 의견을 존중하여 이러한 위험한 상황에서 근로자들에게 일을 계속할 것을 강요할 수 없다는 방향으로 결론을 내렸다. 그러나 북측의 최후통첩이 있었다 해도 우리 스스로 통행을 중단하는 것보다는 북측이 물리적으로 우리의 통행을 봉쇄해주는 것이 가장 바람직한 양상이다. 그런데 다행히도(?) 우리가 그런 결정을 실행하기도 전에 북측에서 이미 경비병을 배치하여 우리 근로자들의 통행을 통제하기 시작했다는 보고가 들어왔다. 그래서 북측 강제에 의해서 공사가 중단되는 모양새가 되었다.

우리는 그 이후 사실상 연금상태에 있게 되었다. 공사가 '강제적'으로 중단된 이후에도 우리는 안달하는 모습을 보일 필요가 없었다. 느긋하게 근로자들을 앞마당에 모아놓고 족구대회를 개최했다. 그렇게 하는 것이 우리 근로자들의 불안감도 해소할 수 있었다. 그리고 나는 뭔가 북측 반응이 있기를 기대하고 있었다. 솔직히 말하면 '예상'이 아니라 기대한 것이었다.

그날 저녁 북측 관계자가 은밀하게 비공식 면담을 요청해왔다. 이미 안면이 있는 터라 이야기는 자연스럽고 우호적인 분위기로 진행되었다. 나는 우선 이 정도까지 오면 우리 언론에 이 사건을 더 이상 감추기가 어렵다고 운을 뗐다. 나는 사실 우리 언론에서 이 사건에 관한 정보를 입수해서 빨리 좀 보도해주기를 바라고 있었다. 그것이 지금 우리가 가질 수 있는 가장 효율적인 지렛대가 될 것이기 때문이다.

북한 사람들은 우리 신문에 자기네들 기사, 특히 자기들에게 안 좋아 보이는 기사가 나는 것을 무척 신경 쓰고 부담을 느낀다. 아예 아무것도 나지 않는 것을 가장 속 편하게 생각한다. 이유는 간단하다. 지금 하고 있는 일에 관한 '문제점'이라도 보도되면 관계자 모두가 불편해지기 때문이다. 어쨌든 칭찬받을 가능성은 전혀 없다. 그래서 가끔은 우리 언론의 보도가 북측과 협상하는 데 좋은 무기가 되곤 한다.

북측 관계자들은 예상대로 '남조선 신문'에는 보도되지 않도록 신경 써달라고 했다. 그리고 이 문제를 한시라도 빨리 종결시키는 게 양측에 다 좋은 것 아니냐고 하면서, 다음날 아침 우리 측이 북측에게 회의를 요청하고, 그 회의에서 시공단 현장소장이 사건 당사자로서 개인 자격으로 사과하면 이 사건을 종결짓겠다는 북측 입장을 전달했다. 그리고 북측으로서는 "행위자를 꼭 밝힐 것을 요구하는 것은 아니다. 공사과정에서 무슨 일을 저질러도 참아줄 수는 있겠으나, 단 한 가지 우리 수령님과 지도자 동지에 관한 사안은 유의해주 바란다. 그 문제는 우리들 누구도 도와줄 길이 없다"고 털어놓았다.

그러나 우리로서는 일이 이렇게까지 번진 이상 어떠한 형태든 '사과' 요구에는 응할 수가 없었다. 그리고 공사는 이미 북측의 '강제'에 의해서 중단되었으므로 우리 쪽에서 서두를 이유가 하나도 없었다. 나는 그들에게 "북측 관계자들의 어려운 입장을 감안하여 가급적 협조하려 하고 있으나, 그렇다고 남을 도와주기 위해 내 집문서를 내줄 수는 없지 않습니까? '사과'라는 말을 쓰면 내 모가지가 날아가요. 나에게 당신네들이 무대에서 공연하는 연극을 그냥 봐달라고 하면 봐주기는 하겠지만, 나보고 무대 위에 올라와서 같이 공연하자는 얘기는 하지 마시오"라고 그들의 비공식 사과 제의를 거절했다.

그날 저녁의 비공식 접촉을 통하여 북측도 경수로 공사를 중지시킨 행위가 국제적 문제로 확대되는 것을 우려하여 가급적 이 문제를 모양새를 적당히 갖추어 조기에 수습하고자 하는 의도를 읽을 수 있었다.

그 와중에 북한 사람들에 관한 흥미 있는 경험을 했다. 북측 관계자는 초반에 "남쪽의 안기부에서는 북쪽으로 보내는 근로자들에 대해 교육도 시키지 않나? 우리가 아 거저 수령체제인 거 몰라? 우리가 수령님을 어떻게 모시고 있는지 좀 교육을 시켰어야 하는 거 아이야"라고 불만을 토로했다.

내가 듣기에도 좀 어이가 없어서 "아니 무슨 말을 하는 거야. 당신네들이 입만 떼면 안기부는 소위 빨갱이 잡는 기관이라고 하면서, 그런 기관이 빨갱이 수령을 존중하라고 가르칠 수 있겠어? 오히려 문제는 당신네한테 있는 거 아니요? 그것이 그렇게도 중요한 일이라면 처음부터 신문대 옆에 신문을 잘 보존하라든가 사진이 훼손되지 않도록 조심해서 보라든가 하는 안내문을 붙여놨어야지. 우리 다 옛날에는 신문지로 뒤를 닦기도 하고 그랬는데 신문을 그렇게까지 소중하게 다뤄야 하는 건지 처음 온 사람들이 어떻게 알겠어"라고 반박 겸 반문을 했다.

그러자 옆에 있던 다른 관계자가 손을 내저으며 "그 얘기는 여기서만 하고 더 이상 꺼내지 않는 거야, 알가서? 그 얘기 자꾸 하면 이 사람 다쳐"라고 매우 난처한 표정으로 말했다. 그 순간 '아, 바로 이런 거구나, 저들의 어려운 점이!'라는 느낌이 왔다. 그래서 "아, 그 사정이야 내가 잘 아니까 여기서나 얘기하는 거지 어디서 얘기하겠어"라고 안심시켰더니 고마웠는지 그 이후부터는 따지는 말투도 없어지고 태도도 부드러워지는 등 분위기가 반전되었다. 그만큼 그들은 책임문제에 관해서는 일종의 공포를 가지고 사는 것 같았다.

다음날인 10월 3일은 소강상태로 지나갔다. 10월 4일 토요일 아침 어느 조간신문에 우리가 '사실상 연금상태'에 있다는 사실이 1면 톱으로 보도되었다. 내가 기다리던 것이었다. 팩시밀리로 받은 그 기사 사본을 북측 관계자에게 전달해주었다. 그들은 예상대로 이 사건이 우리 언론에 보도된 것에 무척 신경을 썼다.

다음날인 10월 5일 오전 11시 40분, 북측 요청으로 개최된 회의에서 북측은 "우리 인민은 지도자에 대한 어떠한 도전도 용납하지 않을 것이다. 우리는 남에게 우리 사상이나 문화, 전통을 강요하는 것은 아니지만, 그러나 어느 누구도 우리 사상이나 문화와 전통을 무시하거나 도전하는 경우에는 이를 용서하지 않을 것이다"라는, 평양에서 전달된

듯한 문서를 낭독하고 통행금지 해제 사실을 우리 측에 통보했다.

이에 대해 우리는 이번 사건이 우리 측이 사과해야 할 성질의 것이 아니며, 오히려 북측의 통행금지 조치가 KEDO와 북한 정부 간에 체결된 각종 의정서에 대한 명백한 위반행위라는 기존의 입장을 다시 되풀이했다. 끝까지 양측은 동문서답이었다.

다음날 아침부터 작업이 재개되었다. 이 사건은 북측이 아예 초기 단계에서 자신들 '지도부'에 대한 남한 사람들의 모독 가능성을 강력하게 경고하기 위해, 막말로 하면 우리의 군기를 잡기 위해 극한 상황까지 몰고 간 측면도 있는 것이 사실이다. 그러나 나는 이 사건을 통해서 북한의 우상화 작업이 얼마나 엄청난 공포와 처벌을 수반하며 이루어지고 있는가를 생생하게 엿볼 수 있었다.

이 사건이 끝나고 얼마 안 있어 북측 관리에게 "만약 집에서 어린아이가 신문에 게재된 사진에 오줌을 싸서 뭉개기라도 하면 어떻게 되느냐?"고 슬쩍 물어보았더니 "그럴 때는 지체 없이 찢어진 그 사진을 잘 수습하여 안전부에 갖다 바치고 신고를 하면 어쩌면 용서받을지도 모른다"고 했다. 용서해준다가 아니라 '용서해줄지도 모른다'는 것이다.

이런 정도이니 이 문제를 다루는 데는 지위 고하의 구분이 없다. 아랫사람이 윗사람을 얼마든지 비판할 수도 있을 것이다. 높은 사람이라고 해서 쉽게 무마시킬 수가 없다. 그러니 이 문제가 대외적으로 관련될 때는 일종의 '성전聖戰'이 된다. 누구나 가장 강경하게 '투쟁'을 해야 한다. 그래서 겁난 고슴도치가 등의 가시를 더욱더 뻣뻣하게 세우듯이, 이들은 겁나는 일일수록 더 강경해진다.

'수령님'께 존칭 생략죄?

북한 사람들의 행태를 들여다볼 수 있었던 또 하나의 에피소드가 있다. 이번 등장인물은 북한 세관원들이다. 바지선으로 화물이 들어오면 일단 우리 부지로 그 화물을 옮겨다놓고 나서 북한 세관의 통관절차를 받게 된다.

북한의 세관원들은 아직 때가 묻지 않고 순박한 편이다. 일을 너무 열심히(?) 하려고 해서 가끔 우리 측 관계자들과 승강이를 벌이기도 한다. 이들은 모든 화물을 하나하나 다 뜯어서 확인한다. 심지어는 연필이나 볼펜까지도 다 만져봐야 한다. 하긴 이들에게는 들어오는 물건들 중에서 신기하지 않은 것은 하나도 없을 것이다. 따라서 반은 일삼아 반은 구경삼아 그렇게 샅샅이 뒤지는 것 같다. 북한 세관원들의 '횡포'라는 것은 사실 그 정도 수준밖에 안 되는 것이었다.

1998년 봄이었다. 그날도 새로 들어온 화물의 통관이 진행되고 있었다. 그런데 한국전력 직원이 내 사무실로 뛰어왔다. 문제가 생겼다는 것이다. 이번에는 '김일성'에 관한 문제라는 것이다. 나는 '이제까지 좀 뜸하다가 또 터졌구나' 생각하며, 앞으로 전개될 상황이 어떤 것일지 순간적으로 머릿속에 그림을 그려보았다. 하지만 자초지종을 듣고 보니 이건 아무것도 아닌 일이었다.

화물 중에 경수로 사업의 추진배경과 그동안 KEDO와 북한 간에 체결된 각종 의정서를 수록한 업무 참고 자료집 열 몇 권이 있었다. 우리 경수로 기획단에서 만든 것인데 우리가 북측과 일을 하는 데 요긴하게 참고가 될 책자였다. 초기에는 북측도 몇 권 얻어갔다. 그런데 북한 세관원이 이 책을 한번 뒤적여본 모양이다. 그러다가 그만 김일성의 이름을 발견했다. 북한 핵문제로부터 이어지는 사건 연표에 "1994년 7월 김일성 사망"이라고 쓰여 있었던 것이다.

그 순간 이 세관원의 얼굴이 굳어지고 손이 떨렸다.

'아니 수령님의 이름 앞에 아무런 존칭도 붙이지 않아서!'

그래서 그는 처음에는 그 책자들을 압수하겠다고 했다. 그러나 북한 세관은 우리로부터 아무것도 압수할 수 없도록 되어 있다. 한전 직원이 이를 설명하자 이번에는 압수는 하지 않을 테니 그 '존칭문제'가 해결되기 전까지는 일단 세관에서 '봉인'을 해두겠다고 했다.

자초지종을 들어보면 문제의 핵심은 간단하다. 첫째, 그 세관원은 스스로 보지 말았어야 할 것을 보았다. 보고 나서 그냥 지나치기에는 너무 겁이 났다. 그에게는 그 책자가 한국 정부에서 만들었든 미국에서 만들었든 상관없는 것이다.

두 번째는 그 뜨거운 감자를 혼자서만 들고 있는 것은 '민한(미련한)' 짓이다. 그래서 주변 동료들에게 즉각 이 사실을 공개해서 문제를 제기했다. 그러면 일단 자기 할 일은 다 한 것이 되고, 책임을 분담하게 된다. 만약 내부에서 더 큰 문제가 되더라도 거기에 대비하는 보험을 들어놓은 셈이 된다.

세 번째는 이 이야기를 들은 다른 세관원들은 애꿎게 뒤집어쓴 꼴이 된 것이다. 일단 그런 문제가 제기되면 그것을 접수한 사람들은 이를 그냥 무마시킬 수 없는 공포의 과정이 다시 가동된다. 속으로는 '짜식, 혼자서 보았으면 모른 척하고 있디, 뭐 그런 걸 다 제기하고 그래'라는 불편한 마음을 가지고 있다 하더라도, 이를 밖으로 표현하면 큰일 난다. 그러니 눈에 띄게 나설 필요가 없다. 그저 대세에 동조하면 되는 것이다.

이렇게 그 '공포의 과정'에 묶여버리면 누군가가 밖에서 풀어주기 전에는 스스로 그 그물에서 헤어 나오지 못한다. 이럴 때는 외부에서 강한 충격을 주는 것이 그들에게도 좋은 일이다. 논리적으로 차근차근하게 풀어가려고 하면 쓸데없이 바보 같은 논쟁만 끝없이 계속된다.

알고 보니 그 문제를 제기한 사람은 세관원 중에서도 가장 말단이고 젊은 신참이었다. 그런데도 상관들은 아무 말도 못 하고 있었다. 예상했던 대로다. 나는 통관장소에 가자마자 소리를 질러댔다.

"아니 그런 말 같지도 않은 소리를 하는 사람이 누구냐? 엄마 젖이 나 떨어진 애냐? 대한민국 정부에서 만든 책인 것 몰라? 남의 나라 대통령에게는 역도놈 운운하면서 뭐가 어째?"

대강 이런 식으로 나는 오랜만에 다시 한 번 '당나구 뒷발통(북한 사람들이 초기에 붙여준 별명인데, 북한말로 잘못 건드리면 사나워진다는 뜻)' 노릇을 해야 했다.

시간이 지나면서 목청을 점점 더 높였다. 그제야 그 젊은 친구가 "선생, 좀 조용히 얘기하자우요"라며 누그러지기 시작했다. 그때를 놓치지 않고 "당신은 지금 나하고 얘기를 할 게 아니라, 당신네들끼리 얘기해봐야 하는 것 아니야"라고 주위에 있던 다른 세관원들을 둘러보며 말해주었다. 그리고 "당신네들의 사정은 내가 잘 알고 있으니 이렇게 하자. 그 책들은 내가 KEDO 사무실에 보관해둘 테니 봉인은 하지 마라. 대신 이 문제를 대상사업국에 신고해서 이것이 정말로 문제가 되는 것이라면 우리에게 제기하도록 해라. 그러면 당신네들은 부담도 없고 책임을 지지 않게 되는 것 아니냐?"고 해결방안을 제시해주었다. 그랬더니 그제야 세관 책임자가 "거 한번 토론을 해보디" 하며 세관원들을 불러 모았다. 자기네들끼리 몇 마디 오가더니 문제를 제기했던 그 젊은 사람이 "그럼 그렇게 하자우요"라고 물러서는 것이었다.

이렇게 해서 그 바보 같은 일은 끝났다. 그들은 아주 중요한 일을 해결했다는 안도감에 한숨을 쉬며 담배를 하나씩 꺼내 물었다. 그러면서 그 젊은 사람이 "뭐 그렇게 소리를 지르고 그러십네까?"라고 서운한 표정으로 항의조의 말을 건넸다. 나는 씩 웃으면서 세관원들 모두 들으라고 약간 큰 소리로 대답해주었다.

"그거 다 당신 위해서 그런 거야. 내가 그렇게 하지 않았다면 당신이 일에서 헤어 나올 수 있었을 것 같아? 안 그래? 당신들이 토론이나할 수 있었겠어? 저 사람들이 당신을 도와줬을 것 같아? 당신 혼자서다 뒤집어써야 했을 거야. 그러니 내게 감사하게 생각하라구. 내가 화를 낸 것은 본심이 아니니까 잊어버리고. 어때, 내가 당신네 내부사정을 너무 잘 알지?"

그들은 몇 마디 중얼거리는 것 외에는 더 이상 아무 말도 하지 않고 서로 머쓱하게 미소만 지어 보였다. 그 자리를 떠나면서 세관원들과 우리 측 사람들을 돌아보며 내가 마지막으로 한마디 던졌다.

"이건 세관 선생들의 횡포는 분명히 아니요. 세관 선생들의 공포지."

그 후 북측에서는 이 문제에 대해서 아무런 연락도 없었다.

신이 되고 싶은 사람들

베이징에서 평양행 고려항공 비행기를 탈 때 보면 귀국하는 북한 사람들이 잘 포장된 화환을 들고 있는 것을 흔히 볼 수 있다. 북한에서는 외국 여행에서 돌아오는 사람들은 누구나 평양에 도착하자마자 의무적으로 김일성 동상에 화환을 바치고 참배해야 하기 때문이다. 외국에 갔다 오는 사람들만 하는 것은 아니다. 모든 사람들이 특별한 기념일이나 개인적인 축일에는 각 마을에 있는 김일성 동상이나 초상화가 그려져 있는 기념비 앞에서 단체로 또는 개별적으로 머리를 조아리며 참배한다.

"위대한 수령 김일성 동지는 영원히 우리와 함께 계신다"라는 글이 붉은 색깔로 세로로 새겨진 높다란 탑(영생탑)은 웬만한 마을마다 다 있다. 게다가 새로운 기념비가 계속해서 세워졌고, 사람들은 매일 새벽 몇 킬로미터씩 걸어와서 그러한 기념물과 그 주변을 청소한다. 죽은 김일성을 숭배하는 기념물은 돌덩어리거나 시멘트, 벽보, 또는 동상이라는, 눈에 보이는 형상으로 정적靜的인 형태다.

반면에 그 아들인 살아 있는 김정일에 대한숭배는 동적動的이다. 당시에는 동상은 등장하지 않았지만 '장군님'에 대한 숭배는 신문과 방송, 그리고 노래와 영화 속에서 더욱더 생동감 있게 연출되고 있었다. 그에 대한 숭배는 24시간 북한 주민들의 생활 속에 파고들어 '소리'로 생생하게 살아 움직이고 있었다. 사람들은 그 소리의 노예가 된다. 이러한 변태적인 움직임은 단순한 지도자 우상화 단계를 넘어서 신격화 방향으로 나아갔다. 그 신격화는 독특한 동양적 신비주의, 유교적 형식주의, 불교적 윤회사상, 미신적 요소 등 감성적이고도 감각적인 숭배 형태를 띠고 있다.

역사적으로 세속권력과 종교의 관계는 각 시대와 각 사회의 특성을 형성하며 변해왔다. 원시사회에서는 자연신에게 제사 지내는 지위에 있는 자가 세속권력도 함께 장악했다. 자연현상에 대한 숭배와 우연한 숙명이 사회법칙 그 자체였다. 인간의 문명이 진보함에 따라 세속의 권력과 신권은 분리되었어도 양자는 여전히 일정한 연계관계를 유지했다.

중세 봉건시대에는 신의 섭리를 내세운 교회가 세속권력과 결탁하여 지배이데올로기를 제공했다. 그런가 하면 근세에 중앙집권화가 진전되면서 등장한 왕권신수설은 왕의 절대권력을 신성의 힘을 빌려 합리화시켰다. 중국 천자도 하늘의 뜻으로 권력을 합리화했다. 우리나라 고대 건국설화도 모두 하늘과 관련된 신성의 뒷받침을 받고 있다. 세속의 권력자는 자신 스스로가 아니라 신의 이름과 권능을 빌려 권력을 행사했고, 기껏해야 신의 대변자 역할을 했다.

그러나 이제 원시사회도 고대사회도 아닌 21세기에 북한에서는 신의 존재를 부정하다 못해 신을 조롱하고 경멸하고 있다. 예수나 마호메트나 석가모니나 모두 이름도 잘 모를 먼 외국 사람인데, 주체의 나라에서 그런 '사람'들을 믿어야 할 이유가 어디 있느냐는 것이다. 이렇게 종교를 조롱하는 것이 텔레비전 코미디 주제 중 하나다. 신이 존재하지 않은 가운데서 절대적이고 전지전능한 지도자는 신과 동일한 존재가 되어간다. 신격화는 권력자나 지배계층이 의도적으로 진행시키기도 하고, 관료주의적 관성력에 의해서 가속화되고, 또한 피지배계층의 무기력감으로 증폭되는 상승작용을 일으킨다.

권력자나 지배계층은 자신들의 권력을 더욱 안전하고 강하게 만들고 유지하기 위한 방편으로 권력자의 신격화를 의도적으로 추진한다. 권력이란 한번 장악했다고 해서 영원히 안전하게 유지할 수 있는 것이 아니다. 권력집단 외부는 물론이고 내부에서도 언제나 도전세력이 존재한다. 그래서 권력을 유지하는 일은 끊임없는 권력의 재창출 과정이다. 독재체제의 권력 재창출은 도전자나 반대자, 의심스러운 자들을 권력 내부에서 제거해나가는 과정이다. 따라서 이미 권력을 잡고 있는 자도 항상 좀 더 강한 권력을 필요로 하게 된다.

신격화는 독재체제 내에서 독재권력에 대한 견제장치가 완전히 소멸되었을 때 앞으로 나아갈 수 있는 유일한 길이다. 어떤 권력자가 신성의 경지에 도달하면 법적인 책임으로부터 해방되고 법을 초월할 수 있다. 법치주의는 존재하지 않게 된다. 또한 신격화는 권력자나 지배계층에 유리한 현 체제의 현상유지를 위한 것이다.

신성화된 권력자는 세습의 당위성을 합리화할 수 있고, 이에 따라 지배계층의 세습도 가능해진다. 그래서 계급은 세습되는 신분으로 고정된다. 이렇게 해서 인간이 평등하지 않다는 천 년 전의 중세 봉건적 도그마가 자연스럽게 환생한다. 권력자 신격화는 인간 욕망을 억제하는 도구로 사용되어, 신의 경지에까지 도달한 지도자나 관리자가 사회적 분배의 정의를 이끌 수밖에 없다는 논거로 둔갑한다.

두 번째로, 신격화는 독재체제의 관성력에 의해서 이루어진다. 권력의 핵심이나 그 주변에 있는 자들에게는 충성의 과시가 생존의 안전을 위한 유용한 수단이 된다. 어떤 사람이 권력자 이름 앞에 그 권력자를 미화하는 말 한 마디를 붙이면 옆 사람은 한술 더 떠서 두 마디 미사여구를 덧붙인다. 어떤 마을에서 권력자를 숭배하는 표어를 내걸거나 기념물을 세우면, 그 옆 마을에서도 뭔가를 만들어 세워야 안심이 된다. 학술논문이나 총화시간에 발표하는 생활반성에도 첫머리에는 반드시 수령님이나 장군님의 교시를 성경구절처럼 인용해야 한다.

이렇게 해서 숭배물은 독버섯처럼 번져나간다. 뭔지 모르는 가운데 현 체제에 대한 충성의 경쟁이 가속화되고, 사람들은 누구나 그 체제의 노예가 된다. 그러는 사이에 권력자는 신의 지위에 더 가까이 다가가 있음을 발견하게 된다. 그러곤 다시 더 약효가 센 충성의 경쟁을 벌인다. 그러한 과정이 계속 확대재생산되는 것이다.

세 번째로, 이미 무기력해진 피지배계층의 멍청함이 신격화를 위한 권력자나 지배계층의 의도적인 조작행위를 수월하게 만든다. 에리히 프롬Erich Fromm의 저서 《자유로부터의 도피Escape from Freedom》에 따르면, 신격화가 진행될수록 사회 내 약한 자에 대한 증오적 요소가 싹트고 권위에 대한 비이성적인 과대평가나 칭찬을 하는 경향이 커진다고 한다. 그리고 나를 지배하는 사람이 완벽하고 힘이 있을 경우, 내가 그에게 복종하는 것을 부끄러워할 필요가 없는 것이다.[1]

그리고 지배의 대상이 약하면 약할수록 지배자는 더욱더 권위적이 된다. 신격화가 한층 더 진행되면서, 이에 반하는 어떤 가치나 신념이 공존할 수 있는 공간은 사회 내부에서 사라져버린다. 끊임없이 어떤 물리적인 억압이나 처벌의 공포에 직면해 있다는 것을 항상 느끼게 될 때, 그리고 한편으로는 계속해서 지배계급이 강요하는 가치를 들어야 만 할 때, 그 반대되는 가치나 신념을 자신 내부에 감추고 있던 사람들 마저 이를 포기하고 무기력해진다. 그래서 신격화된 지도자나 체제에 반하는 어떤 '진실'도 존재하지 않게 된다. 그야말로 하나의 사상으로 '일색화'되고 '사상대국'이 될 수 있는 것이다.

권력자가 신의 경지에 도달하고 하나의 사상으로 '일색화'된 사회에 서는 보수주의가 가장 안전한 것이 된다. 새로운 생각이나 새로운 제 도는 위험하다. 신격화는 보수주의의 최고 정점이다. 그리고 과거를 숭 배하는 전설지향적 반동주의가 판을 치게 된다.

프롬은 같은 책에서 "권위주의적 성격은 과거를 숭배한다. 옛날에 있었던 것은 영원히 존재할 것이다. 아직 없었던 일, 일어나지 않은 일 을 하는 것은 범죄행위거나 미친 짓이다. 창조의 기적은 없는 것이다"[2] 라고 말한다.

그래서 "모르는 게 힘"이고 "안 하는 게 약"이다. 결국 사회는 발전 과 진보의 역동력을 상실하고 정체 상태에 빠진다.

또한 신격화는 운명론이나 도덕률을 통하여 피지배계급의 불평불만 을 완화시킬 수 있다. 운명은 철학적으로 '자연의 법칙', '인간의 운명', '신의 뜻', '의무' 등으로 합리화된다. 식량부족과 기아사태도 자연적 재해 때문이라는 선전이 아무 거부감 없이 받아들여진다. 그리고 사람 들은 시키는 일만 하는 수동적인 인간형으로 변질된다. '장군님은 명 사수 우리는 명중탄'이라는 노래를 외며, 그저 쏘면 날아가는 총탄이 되고 총 폭탄이 되어 지배자를 위해 생명마저 폭파하도록 요구된다.

인간으로서의 존엄이란 개념은 존재하지 않게 된다.

이렇게 해서 신격화되는 권위주의는 최고의 독재적 전체주의를 이룩한다. 프롬은 같은 책에서 "수백 만의 사람들에게는 히틀러 정부가 곧 독일과 일치하는 것으로 생각되었고, 따라서 나치당에 반대하는 것은 곧 독일에 반대하는 것으로 간주되었다"[3]고 했다.

또한 마루야마 마사오丸山眞男의 저서 《현대정치의 사상과 행동現代政治の思想と行動》에 따르면, 자신의 이익을 천황의 이익과 동일시하고 자신에 대한 반대자를 곧바로 천황에 대한 침해자로 간주하는 과거 일본 군부의 심리도 이러한 전체주의 범주에 속했다.[4]

북한에서도 결국 '지도자'는 북한 그 자체가 되고, 지배계급의 이익은 지도자의 이익과 일치하는 것이 된다. 그래서 '지도자'에 반대하는 것은 곧 나라에 반대하는 것이므로 자연스럽게 반역자가 된다.

마지막으로 의미심장하게 생각해보아야 할 것은 권력자가 신격화될수록 그는 실제 결정과정에서 성스럽게 소외되어갈 수도 있다는 것이다. 신은 언제나 전지전능하고 하는 일에 실수가 없어야 한다. 따라서 아무런 책임도 없다. 실수를 하지 않기 위해서는 자질구레한 일상에 개입해서는 안 된다. 문제점을 해결하기보다는 좋은 일에만 관여하면 된다.

일본 군국주의 시대에 육군 사단장은 천황이 임명했다. 그래서 전투에서 패하거나 다른 잘못을 저질러도 사단장에게는 아무런 책임을 묻지 않았다. 사단장이 잘못을 했다는 것은 임명권자인 천황이 사람을 잘못 임명한 것이 되므로 있을 수 없는 일이기 때문이다. 말도 많이 할 필요가 없다. 김정일도 마찬가지다. 북한 주민들은 그가 연설하는 것을 보거나 들은 적이 없다. 언젠가 북한군 창건일 기념식장에서 "조선 인민군에게 영광 있으라"라는 짧은 구호 한마디만 했을 뿐이다.

그러는 동안에 권력은 권위로 변질된다. 권력이 권위로 변질되면서 절대권력자의 실제 권력은 사실상 그 추종자들과 나누어 가지는 상호 의존적인 것이 될 수밖에 없다. 그러면 겉으로 보이는 일인독재체제는 내부적으로는 사실상 소수의 핵심 권력계층이 실질적인 권력을 나누어 행사하는 과두독재로 변질된다. 조선 시대 말 세도정치가 그랬다. 좀 더 비슷한 것으로는 군국주의 일본의 천황을 정점으로 하는 집단체제가 그랬다. 이런 체제는 외부로부터 큰 충격이 없는 한 스스로 개혁이나 진보를 할 수 있는 능력이 없다.

'공포'와 함께 살기

북한 사회에서 태어나 평생을 그 사회에서 살아온 사람보다는 외부에서 그 사회에 이방인으로서 들어가 살고 있는 사람들 눈에 그 사회의 특색이나 문제점이 더 뚜렷이, 더 심각하게 드러난다.

그러나 그 사회에서 평생을 살아온 사람은 그 사회가 아무리 무질서하고 혼란스럽다 하더라도, 그 사회에서 살아가는 법을 알기 때문에 자신이 살고 있는 사회의 특색이나 문제점이 피부로 잘 느껴지지 않고 오히려 거기에 잘 적응하여 살아간다. 그래서 이방인이 보기에는 금방 망해버릴 것 같은 사회도 제대로 돌아가고 유지되는 것이다.

이방인이 북한 사회를 바라보는 눈도 마찬가지일 것이다. 북한 사회가 우리가 생각하기에는 금방 망할 것 같이 무질서해 보이고, 그 속에서 사람들이 도대체 어떻게 살 수 있을까 의아스럽겠지만, 그곳에서 평생을 살아온 북한 사람들은 그런 문제들을 스스로 극복하고 적응해가며 살아가는 지혜를 이미 터득하고 있다. 그래서 북한 사회가 아직은 망하지도 않고 붕괴되지도 않는 것이다.

이방인의 눈에는 식량자루를 멘 군상들 모습이 기아사태를 연상시키지만, 북한 사람들 입장에서는 그것은 어딘가에 식량이 있다는 것을 말해주는 것이다. 옛날 소련에서 심각한 식량부족 사태가 일어나 그해 겨울을 넘기기가 어려울 것이라고 전 세계가 걱정했던 적이 있었다.

빵 가게 앞에는 몇 십 미터나 줄이 늘어서 있었다. 그런데 사람들 집에 가 보면 냉장고에는 물론이고, 아파트 베란다에까지 온갖 식량과 생활용품이 비축되어 있었다. 정작 그들은 오늘 먹을 빵을 사려고 기다리는 것이 아니라 비축용 식량을 구입해두려는 것이었다.

모두가 주어진 여건 속에서 키워온 삶의 지혜가 있다. 북한 사람들도 이러한 지혜가 전혀 없는 미련한 사람들이 아니다. 그들도 일 년 내내 뭔가 먹을 것을 모아들인다. 언제나 식량이 모자란다는 것은 태어나면서부터 겪었던 일이기 때문이다.

북한 사람들은 공포와 더불어 살 줄도 알고, 그 공포로부터 어떻게 도피해야 할지에 대해서도 지혜롭게 적응해나간다. 우리가 생각하기에는 숨 한 번 제대로 못 쉴 것 같은 체제 속에서도 우리와 똑같이 인간의 희로애락을 겪으며 살아간다. 가족 간의 사랑도 두텁고, 죽음의 두려움도 있다. 가족과 친족 간의 사랑이라는 심리적 공간이 외부세계의 공포를 막아주는 최후 방어벽 역할을 해주는 한, 공포의 세상에서도 그런 대로 살아갈 수 있는 것이다.

공포를 극복하는 것이 그리 어려운 일은 아니다. 무슨 일이든 재빠르게 신고하고, 적극적인 충성을 과시하고, 명절(?)에는 숭배물에 경건하게 참배하고, 집단행사에 빠짐없이 참여해야 한다는 것은 일단 기본적인 사항이다. 특별하고 독특해 보이는 튀는 행동을 하거나 쓸데없이 말이 많은 것도 '민한 짓'이다. 질문을 많이 하거나 의견을 내는 것도 위험한 일이다. 묻는 말에 '예'나 '아니오'라고만 대답하면 된다. 남쪽에서는 말 많으면 공산당이지만 북쪽에서는 "질문이 많으면 반동이고 호기심이 많으면 간첩"이다. 그래서 북한에서는 "아는 것이 힘"이라는 말은 진리가 아니다. "모르는 것이 힘"이라는 말이 진리다. 능동적으로 일을 벌이는 것도 위험한 짓이다. 잘 해봐야 본전인 것을 뭐 하러 사서 고생하겠는가? 그러니 뭐든지 "안 하는 게 약"이다. "모르는 것이 힘, 안 하는 게 약"은 북한 사람들이 언제 어디서든 항상 기억해야 할 중요한 사항이다.

위에서 무엇을 시킨다고 무작정 하지 말고, 확인하고 확인해서 가장 필요한 최소한만 하는 것이 가장 안전한 길이다. 내 마음대로 뭔가 했다가는 그 책임이 몽땅 내게로 쏟아질 우려가 있다. 괜히 앞서 나가서 욕먹고 의심받는 것보다는 안 했다고 핀잔받는 것이 훨씬 낫다. 일이야 시키면 그때 또 하면 된다. 내 재량권은 언제나 없다고 생각해야 한다. 상부 지시도 최소한으로 좁혀서 이해해야 한다. 잘 모르는 것을 된다고 할 필요도 없다. 모르면 무조건 안 된다고 하는 것이 상책이다.

우리가 북측이 지어놓은 게스트하우스에서 생활할 때 일이다. 아주머니 두 명이 매일 각 방을 청소해주었다. 홀아비 생활을 하는 곳이니 방이 깨끗할 리가 없다. 마시고 버린 물병이나 휴지조각, 먹다 버린 과자 봉지 같은 것들이 방바닥에 그대로 널려 있는 것이 보통이었다. 그런데 그 아주머니들이 매일 방청소를 하는 흔적은 있는데 그렇게 방바닥에 널린 '쓰레기'들은 하나도 치우지 않는 것이었다. 나중에 알고 보니 "방 안에 있는 물건들은 절대로 손대지 말라"고 지시를 받았던 것이다. 괜히 자기들 마음대로 치웠다가 뭐가 없어졌다 하면 골치 아픈 일이다. 그래서 로봇처럼 입력된 대로만 움직이는 것이, 아니 입력된 범위보다 축소해서 움직이는 것이 가장 안전한 길이다. 그 이후 나는 버릴 것은 반드시 휴지통에 넣는 아주 좋은 습관을 기를 수 있었다.

북한 사람들이 공포와 더불어 살아가는 또 하나의 방법은 이중적 생활에 대단한 순발력을 발휘하는 것이다. 공적이고 공개적인 상황과 사적이고 비공개적인 상황을 철저하게 구분하면서도 겉으로는 양쪽을 교묘하게 잘 일치시키고 있다. 그들은 모두 연극배우가 되었다. 어렸을 때 "울다가 웃으면 똥구멍에 털 난대"라고 친구들을 놀려주던 우스갯말이 있었다. 그런데 북한 사람들은 대부분 울다가 갑자기 웃거나, 거짓말을 해놓고 눈 하나 깜짝하지 않고 금방 다른 거짓말로 그것을 번복하거나, 친절하다가 갑자기 화를 벌컥 낸다거나, 또 그렇게 화내다가도 금방 안면을 바꿔 부드럽게 웃는 등 극단적인 연기의 명수들이다.

북한 사람들과 협상하다 보면 처음에는 북측이 공식석상에서 거침없이 내뱉는 저질스러울 정도로 공격적이고도 전투적인 말투에 놀라게 된다. 그러나 공식적인 자리가 끝나고 사적으로 대화할 때는 그들의 말투나 태도가 어느새 부드럽게 변해 있는 것을 보고 다시 한 번 놀라게 된다. 사실은 나도 좀 배워서 써먹어보기도 했다. 그랬더니 그런 연기가 북한 사람들에게 꽤 잘 통했다.

소련식 사이비 사회주의 독재는 인간의식 개조로부터 출발했다. 인간개조 결과는 모든 주민들을 어떠한 작은 공포의 가능성에도 귀를 종긋 세우고 경계심을 늦추지 않는 순한 토끼로 만들고, 아울러 지배자가 주는 자극에 적어도 공적인 일에서는 똑같은 방향으로 반응하는 단세포동물들을 만들어냈다. 그러나 한 뼘밖에 안 되는 조그만 사적인 공간에서는 인간 모습을 지켜나가고 있다. 인간으로서의 의식이 은밀하게 내면 공간으로 숨어드는 것이다.

그들 모두가 서로 그런 사정을 잘 알고 있다. 그래서 이중성이 자연스럽게 사회문화로 자리 잡고 있는 것이다. 지배이데올로기를 지지하는 것처럼 시늉만 하면 체제에 순응하는 것으로 인정받을 수 있다. 이러한 양상은 북한에서 아주 적나라하게 나타난다. 누구나 '수령님'이나 '장군님'에 대한 존경심과 충성심만 보여주면 만사형통이다. 따라서 '수령님'이나 '장군님'을 모독하는 행위에 대해서는 극한적인 증오심과 불 속에라도 뛰어드는 공격성을 보여야 하는 것이다. 2003년 대구 하계유니버시아드 대회에 북한선수단을 응원하기 위해 왔던 "북한미녀 응원단"이 비에 젖는 김정일 사진 현수막(김대중 대통령과의 6·15 공동선언 사진)을 보고 울면서 "어떻게 장군님을 이렇게 비 맞힐 수 있냐?"고 하며 앞 다퉈 달려가 정중히 수거하던 행동은 이러한 '지혜'를 적나라하게 보여주었다.

모두가 겉과 속이 다른 것을 잘 알고 있다. 그래서 거짓말이나 변명을 해도 그리 창피한 일이 아니다. 북한에서 거짓말은 이미 거짓이 아니다. 거짓말하는 것이 죄가 아니며 수치심을 느낄 필요도 없는 풍조가 만연해 있다. 약속을 할 때는 진심이었으나, 체제 내부적으로 내가 힘이 없어서 그 약속을 못 지키게 되더라도 그것은 하나도 부끄러울 것이 없다. 내 책임이 아니다. 북한에서 거짓말은 그저 흔히 있는 생활의 유용한 수단이다. 우선 거짓과 진실의 구분이 안 되고, 거짓말이라는 것을 알게 되더라도 그것이 진실이라고 믿거나 주장해야 한다. 내가 만났던 북한 사람들은 다 그런 심리 속에서 말하고 행동했다.

북한 사람들의 이러한 이중적인 성격은 경제영역에서도 여지없이 드러난다. 지배이데올로기로부터의 물질적 보상이 줄어들거나 단절될수록 텃밭에 대한 애정은 점점 더 커져간다. 그리고 텃밭만 가지고는 '내가 먹을 것'에 대한 욕망을 충족시키기에 너무 모자란다는 생각도 하게 된다. 사회가 이러한 사적인 욕망을 더 이상 허용하지 않을 때 개인적인 욕망을 충족시키는 길은 더 많은 공적인 권한을 갖는 지위로 올라가는 방법밖에 없다. 북한과 같은 체제에서 정부의 고위 관료가 되는 것은 '내 것'을 소유할 수 있는 특권이 그만큼 더 확대된다는 것을 의미하기 때문이다. 부와 명예를 얻기 위해서는 정부를 통하는 길 외에는 없다. 마치 고려나 조선 시대같이 과거를 통해서 관료가 되어야 먹고살 수 있는, 권력기관에 참여해야 부를 확보할 수 있는 전근대적인 사회가 다시 등장하는 것이다.

따라서 출세에 대한 욕망을 불태우는 사람들이 눈에 띈다. 이들이 주로 열성적인 '초당분자' 무리를 형성할 것이다. 북한식 철저한 독재체제에서는 성격이 강하고 급하며 체제에 불만을 가진 자들은 일찌감치 감시체계의 눈에 띄어 그 사회에서 살아남을 가능성이 희박하다. 따라서 그런 자들은 우리 눈앞에 나타날 리가 없다. 그러나 성격이 급하고 강하면서도 이와는 반대로 체제에 무조건 충성을 바치는 자들은 그 체제에서 살아남아 출세할 가능성이 가장 클 것이다. 우리 앞에 나타나는 북한 사람들이 대체로 성격이 강하고 북한 지배이데올로기에 투철하며, 따라서 언제나 강경한 태도를 보이는 이유도 바로 이런 것이다.

한편 성격이 유순하고 우유부단한 자들은 그저 그렇게 큰 욕심내지 않으면서 살아갈 것이다. 체제에 불만이 있더라도 그러한 감정을 적극적으로 드러내지 않기 때문에, 성격이 강하면서 불만이 있는 자보다는 그 체제에서 살아남을 가능성이 상대적으로 높다. 그러나 반면에 적극적으로 출세할 가능성은 낮을 것이다. 이러한 경향은 비단 북한에서 뿐 아니라 우리 사회에서도 그렇고, 세계 어디서에나 마찬가지 사회현상이다.

북한 사람들이 살아가는 이러한 여러 가지 삶의 지혜들이 섞여서 우리를 답답하게 만드는 행태로 나타난다. 수동성, 무책임성, 변덕성, 불예측성, 어린애 같은 단순성, 소극성, 신중성, 두려움, 부정주의, 극단주의, 공격성과 적개심 등 자학적·가학적 성격이 망라된 것들이다. 그리고 이러한 성향이 북한 특유의 벼랑끝 전술과도 관련이 있다.

이러한 성향은 또한 한 사회가 왜 사악한 세력에 의해 나쁜 방향으로 지지그룹이 조직되기 쉬운지, 집단주의체제에서는 왜 사악한 인간들만이 출세하고 권력을 잡기 쉬운지, 왜 '권력이 부패하기 쉽고 절대 권력은 절대로 부패'하게 되는지를 설명할 수 있는 단초를 제공한다.

프리드리히 하이에크Friedrich Hayek는 저서 《노예의 길The Road to Serf-dom》에서 "사악한 권력을 집행하는 자리에 그 권력을 집행하는 것을 싫어하는 사람이 앉아 있을 가능성이 낮은 것은, 마치 마음 약한 사람이 노예농장에서 채찍 휘두르는 일을 맡을 확률이 낮은 것과 마찬가지 이치"[5]라고 말했다. 그는 또한 "사악한 세력에 의해 지지그룹이 조직되기 쉬운 이유는 높은 교육을 받은 계층이 어떤 가치체계에 쉽게 동의하지 않는 경향이 있기 때문이다. 반면에 교육수준이 높지 않고 지적수준이 낮은 계층은 부화뇌동하기 쉽고 강한 신념도 없으므로 반복되는 선전·선동으로 이미 만들어진 가치를 수용하도록 내몰기에 용이하다. 그리고 부정적인 방향으로 동의하도록 하는 데 편리하다. 적이나 희생양을 만들어 '우리'와 '그들'을 구별하여 '적에 대한 공동 투쟁'을

함으로써 응집력을 강화할 수 있기 때문"[6]이라고 했다.

그래서 '혁명'의 첫 번째 과제는 지식인들을 말살시키는 것이다. 북한 사람들은 지난 수십 년간 그 체제에서 살아오며 터득한 삶의 지혜를 통해 현재 체제에서 자신의 사회적 신분이나 지위가 어디에 속하는지, 그 신분에서 자신이 할 수 있는 일은 무엇인지, 누구에게 복종해야 하고, 누구에게 지시할 수 있는지, 자신이 어디에서 살아가야 하는지, 자신이 어느 정도 먹을 수 있는지, 그리고 자신의 자식들은 어떻게 될지를 스스로 알고 안분지족할 수 있게 된다.

그러나 아무리 외면하려 해도 분명히 눈에 보이는 것이 있다. 치열한 혁명적 계급투쟁의 결과로 오히려 더 크고 깊은 신분과 계급 격차가 생겼고, 이에 따라 '낙원에서 살아야 할 사람'과 '지옥에서 살아야 할 사람'이 태어나면서부터 뚜렷이 구분되게 되었다는 것이다. 그래서 '평등'을 외치는 사회는 '평등하지 않다'는 것을 스스로 드러낸다. 그러나 사람들은 그 두 가지 평등이 왜 다른 것인지 묻지도 않는다. 이미 잘 알고 있으니까. 묻지 않는 것, 그것이 그 사람들이 오랜 역경 속에서 터득한 삶의 지혜다.

오늘도 사회주의적 평등이라는 기적을 울리며 북한 기차는 서로 다른 다양한 계급의 객차들을 끌고 느릿느릿 달린다. 북한 사람들은 서로 다른 등급의 객차 중에서 자신이 타야 하는 객차를 이미 배정된 기차표를 보고 잘 찾아갈 수 있다. 그들은 목적지에 도착할 때까지 아무리 추운 겨울이라도 자신이 타고 가는 유리창 한 장 남아 있지 않은 얼어붙은 객차를 떠날 수가 없다. 어떤 사람들은 최후 종착역까지 그렇게 떨면서 간다.

혁명의 나날들

북한에서는 자질구레한 일상사가 다 혁명이다. 사람들은 사는 것도 물론 혁명적으로 살아야 하고, 공부하는 것, 일하는 것, 문화예술 활동도 혁명적이어야 한다. 그래서 아무 말에나 기계적으로 '혁명적'이라는 단어를 앞에 붙이면 만사 오케이다. 전투도 일상용어가 되었다. 도로보수 전투, 모내기 전투, 김매기 전투, 풀베기 전투, 벼베기 전투, 고철수집 전투, 그리고 작업장은 전투장이 되었다. 이제 '전투'라는 말은 그저 사람들의 입에 무의식적으로 오르내리는 접미사와 같은 역할을 할 뿐이다.

사회주의 혁명은 언제 시작되어 언제 끝날지 아무도 모른다. 혁명은 사회주의적인 유토피아를 건설하기 위한 수단인데 그것이 이제는 목표와 동일시되었다. 혁명적으로 사는 것만이 삶의 유일한 목표가 되었다. 그 길고도 끝없는 혁명의 실체는 무엇인가? 전투는 누가 누구를 상대로 하는 것일까?

혁명은 극단적인 사회적 불안정 상태에서 발생한다. 군중심리도 작용하여 혁명의 지지자들은 최대한 큰소리를 내어 떠들 수 있고, 반대자나 방관자는 거대한 파도와 같은 혁명의 힘 앞에서 침묵하게 된다. 독재체제는 혁명의 와중에서 더 싹이 잘 트고 또 안전하게 유지될 수 있다. 그래서 독재체제는 끊임없이 혁명상황을 연출하여 국민을 불안하게 만듦으로써 국민의 복종을 자연스럽게 강제할 수 있다.

한편 전투는 파괴성을 상징한다. 반대자는 무자비하게 파멸될 수 있다는 메시지를 전하는 아주 유용한 언어다. 북한에서 혁명이라는 구호가 70년간이나 되풀이되고 있는 첫 번째 이유는 일종의 위장 목적이다. 실제로는 혁명은 없었고 권력 교체만 있었기 때문이다. 혁명이 아니라, 지도자의 지위는 일본 천황에서 김일성으로 바뀌었을 뿐이다. 지배계급은 일제강점기 식민 세력에서 소수의 사회주의자, 특히 김일성 주변 소수 그룹으로 이전된 것뿐이다. 일제강점기 시대의 억압적인 통치수단도 고스란히 계승했고, 이를 더욱 억압적인 권력으로 발전시켰다.

혁명을 계속해야 하는 두 번째 이유는 민중의 불만을 무마하고 독재체제를 합리화하기 위한 희생양이 필요하기 때문이다. 내부 사상을 모두 '일색화'시키고 나면, 이제 적은 밖에 있다. 우선 일본은 여전히 '철천지 원쑤'다. '항일투쟁의 역사'는 마치 중세 유럽 사람들에게 있어서의 '원죄의식'처럼 북한 주민들의 삶과 정신세계를 얽어매고 있다. 그들은 영원한 항일투쟁 속에 살도록 강요된다. 그것은 또한 창작과도 같은 역사의 조작에 의해서 더욱 강조된다.

일본을 증오해야 하는 또 다른 이유는 북한체제가 과거 일본의 군국주의 시절 천황체제와 너무나 비슷해져가고 있기 때문이기도 하다. 군국주의체제를 닮은 현재 체제를 위장하기 위해서는 과거 일본의 군국주의체제를 오늘에 되살려 철저하게 증오하도록 해야 하는 것이다.

비슷한 것은 양립하기가 어렵다. 서로 비교되지 않도록 어느 한쪽은 죽어야 하는 것이다. 그러한 항일투쟁은 곧이어 미 제국주의와의 투쟁으로 이어진다. 그리고 미제로부터 남조선을 해방시키는 것이 혁명의 궁극적인 목표가 된다. 그래서 남조선 해방의 길이 멀어지면 멀어질수록 혁명 구호는 더욱더 크게 끊임없이 되풀이된다.

셋째, 혁명의 열기는 일반 피지배계층 간에 동지적인 결속감과 지배계층과의 심리적인 일체감을 느끼게 하여 피지배계급의 박탈감을 무마시킨다. '동지의 맹세'라는 러시아 민요풍의 애절한 곡조를 들으며 서로 눈물을 흘릴 때, 누구나 혁명가가 될 수 있는 것이다. 누구나 혁명가라는 추상적인 지위와 영예를 부여받을 수 있으므로 현실의 계급체제에 대한 불만을 심리적으로 보상할 수 있다.

마지막으로, 계속해서 혁명상황을 연출하면 현 체제의 문제점과 정권의 정책 실패를 감출 수 있다. 혁명의 적들 때문에 사람들은 정치적·사회적으로 통제받아야 하고, 경제적으로도 궁핍할 수밖에 없는 것이다. 혁명의 적은 적대적인 계급도 될 수 있고, 적대적인 나라도 될 수 있다. 심지어는 천재지변도 적이 된다. 식량이 모자라는 것은 홍수와 가뭄 때문이지 정책은 아무런 잘못이 없다. 내부에서 잘못되는 것은 모두 외부 적의 농간 때문이다. 그래서 혁명이 필요한 것이다.

가야 할 길은 언제나 멀다. 그러나 조금만 더 참으면 저기 저 먼 곳에 '구원의 길'이 보일 것이다. 마치 종교적 내세론처럼, 혁명은 구원을 위한 고행과도 같다. 이 어려움을 겪는 혁명 지도자도 슬픈 고행 길이다. 그러나 그 지도자의 신과 같은 전지전능한 능력은 그들을 궁극적으로는 천국으로 이끌 것이다. 그들은 미륵불을 기다리듯 기다리면 된다. 그래서 현재의 어려움은 고행으로 합리화된다.

정권 스스로가 경제적으로 어렵다는 사실을 부담 없이 공개할 수 있고, 주민들에게도 "가는 길 험난해도 웃으며 가자"고 태연하게 외칠 수 있다.

"혁명을 보위하기 위해서 독재체제를 구축하는 것이 아니라, 독재체제를 세우기 위해서 혁명을 만들어내는 것이다."

이래저래 혁명은 참으로 편리한 말이다. 그래서 오늘도 내일도, 이일에서나 저 일에서나, 혁명은 또 되풀이된다.

칼 폴라니Karl Polanyi의 저서 《거대한 전환The Great Transformation》에 따르면, 사회 현실에서 계급혁명은 사회적인 계급이 고정되어 있을 때 발생한다. 만약 사회 스스로가 변화할 수 있는 능력이 있다면, 계급혁명 이론은 무용해진다. 무용해진 계급은 스스로 해체되고, 저절로 새로운 계급으로 대체될 것이기 때문이다. 즉 혁명도 무용해진다. 그러나 만약 사회 구조가 절대적으로 정체되어 있다면, 계급이론은 유용해진다. 즉 혁명이 필요하게 된다.[7]

또한 마이클 도일Michael Doyle의 저서《웨이즈 오브 워 앤드 피스Ways of War and Peace : Realism, Liberalism, and Socialism》에 따르면, 마르크스가 예견했던 공산주의 혁명의 조건이 바로 그 공산주의 독재를 통해서야 이루어지는 역사적인 현실의 아이러니를 1980년대의 동구권 국가들에서 볼 수 있었다. 공산주의 독재의 결과는 바로 마르크스가 자본주의의 위기이자 공산주의 혁명의 조건으로 지적했던 생산수단의 극단적인 중앙독점화, 공장 노동자의 집단화, 경제적 정체, 그리고 국민들의 빈민화였다.[8]

결국 북한의 지배계급이 혁명을 외치는 것은, 어쩌면 자기 내부의 기존 질서를 뒤엎는 진짜 혁명이 필요하다는 사실을 고백하는 것일지도 모른다.

기쁜 뉴스와 거짓말 중독증

경수로 건설부지의 주거지역에서는 인근 북한 마을에서 틀어놓은 확성기 방송 소리가 하루에 20시간 가까이 들려왔다. 거리가 1킬로미터 이상 떨어져 있는데도 어떤 때는 소리가 너무 크게 들려서 귀가 멍멍해지기도 했다. 내용은 온통 좋은 뉴스뿐이다.

북한의 텔레비전 방송이나 신문 뉴스에서는 사회의 부정적인 모습을 전혀 찾아볼 수 없다. 지도자는 위대하고, 인민들은 대를 이은 수령 복이 넘쳐서 언제나 충성집회나 지지대회를 열고, 군인은 애국심에 불타서 나라를 지키며 인민들 생활을 돕고, 인민들은 군인을 위한 위문품을 전달하고, 노동자는 열심히 자력갱생 정신으로 공장을 돌리고, 농부는 기쁜 얼굴로 땀을 흘리며 농사를 짓거나 가축을 키워 풍작을 일구어내고, 어부는 황포 돛을 만들어서라도 배를 띄운다. 드라마나 영화는 '항일투쟁'과 '조국해방전쟁' 영웅들의 무용담과 동지애 이야기, 수령님과 지도자를 흠모하는 두 연인의 애국적 사랑 등 온 세상이 선과 미덕으로 가득 차 있다. 텔레비전이나 신문만 보면 북한은 완전무결한 지상낙원이요, 도덕적 천국이다. 반면 소위 '적들'에 관해서는 적개심을 고취시키고 가장 비도덕적이고 저질스러운 용어를 사용한다.

그런데 북한의 실제 사회를 잘 들여다보면, 뉴스는 오히려 그것이 의도하는 바와는 정반대되는 메시지를 전달한다. 황포 돛을 단 배의 이야기는 어선에 연료가 없다는 것을 뜻하고, 건설 공사장에서 노동자들이 열심히 일하는 모습은 실제로는 노동자들 대부분이 게으름을 피워서 경고하는 것이다. 석탄생산을 열심히 '다그치고 있다(노력하다)'라는 뉴스는 석탄의 공급이 '긴장되고 있다(부족하다)'는 것을 내비친다.

북한의 선전·선동의 두 번째 특징은 뉴스의 '언제'라는 시점이 불분명 하다는 점이다. 어떤 행사가 언제 열렸는지 특별한 경우가 아니면 구체적으로 밝히는 경우가 드물다. 월드컵 경기를 방영해도 그것이 생중계인지 녹화방송인지 말이 없다. 그래서 북한 사람들은 그것이 생중계려니 하고 본다. 북한은 1998년 프랑스 월드컵의 주요 경기도 녹화중계했다. 이러니 과거와 현재, 그리고 미래의 구분이 불분명해질 수밖에 없다. 물론 과거 지향적인 내용이 많다.

셋째, 알려진 사실과 다른 내용으로 각색된 것이 대부분이다. 어떤 사실을 왜곡해서 보도하는 수준을 훨씬 넘어서 아예 창작하기도 한다. 특히 남한에 관한 것은 대부분 창작품이다. 이렇듯 보도나 방송 내용은 넓은 의미에서 여러 유형의 거짓말이 대부분이다.

넷째, 동일한 내용이 무한정 되풀이된다. 매일 똑같은 유형의 소식이나 주장이 반복된다. 그 자체의 재미나 흥미는 없다. 그래서 듣는 사람이 듣든지 말든지 하는 공급자의 배짱이 엿보인다.

다섯째, 서로 극단적으로 상충되는 내용도 아무런 문제가 없는지 앞서거니 뒤서거니 보도된다. 아침에는 분명히 가뭄이 들어 전국 농사가 피해를 입는다고 했는데, 저녁에는 '수령님'이 가르쳐준 주체농법과 '장군님'의 현지교시로 농작물 수확이 배로 증가했다고 보도한다.

선전·선동은 20세기에 효율적인 권력수단의 하나로 등장했다. 존케네스 갤브레이스John Kenneth Galbraith에 따르면, 가장 원초적인 권력의 원천은 폭력이었다. 그러나 점차 경제적인 인센티브, 이데올로기 같은 설득수단이 권력의 기반이 되었다. 프로파간다, 즉 선전·선동은 바로 그 두 번째 '설득수단'으로 폭력보다는 발전된 형태의 권력수단이다.

하이에크는 "프로파간다는 자발적인 복종을 확보하기 위해 유효한 수단이다. 오랫동안 다른 종류의 정보원천으로부터 격리되어 있다면 아무리 높은 수준의 지식인이나 독립심이 강한 사람이라도 그러한 프로파간다의 영향권으로부터 벗어날 수 없게 된다"[9]고 했다.

한편 원시 부족사회나 고대사회에서는 공동체의 제사나 축제를 통해 지도자 권위를 과시하고, 구성원의 불만을 억제하고, 결속을 다질 수 있었다. 엄격하고 신성하면서도 눈에 띄게 아름다운 형식과 절차는 축제나 제사의 선동효과를 극대화한다. 이러한 형식은 점차 장엄한 의식으로 발전한다. 특히 대중집회는 다수라고 생각되는 그룹의 의지를 과시하고, 군중심리에 의해 인간을 감정적 단순화와 순응 과정으로 이끈다. 또한 개인의 존재감을 말살시켜 '다수'에 복종하도록 만든다. 나아가 대규모 야간집회나 횃불행진은 더욱 효과 있는 선동수단이다.

프롬은 "사람들은 아침이나 낮 시간대에는 다른 사람이 의지나 의견을 강요하는 것에 저항할 수 있는 높은 에너지를 유지할 수 있으나, 저녁이나 밤에는 더 강한 다른 사람의 의지력에 굴복할 가능성이 더 커지기 때문"[10]이라고 했다.

우상은 역시 인류의 가장 오래된 상징조작의 선전수단이다. 우상이 정교할수록 사람들의 영혼을 빨아들이는 힘이 더 커진다. 깃발이나 문장, 슬로건 등의 상징물도 사회의 통합과 순종을 위해 결속을 촉구하는 선전수단이었다. 20세기에 들어와 영화와 텔레비전이라는 영상매체의 등장으로 수많은 군중을 동시간대에 직접 대상으로 하는 상징조작은 예술적 수준으로까지 발전했다. 21세기에는 인터넷이 중요한 선전·선동의 수단으로 등장하게 될지도 모른다.

특별한 재능이 있는 예술가들은 예나 지금이나 곧잘 대중에 대한 선전·선동에 동원된다. 1936년 나치스의 뉘른베르크 군중집회 광경을 담은 기록영화는 예술성 그 자체만 놓고 본다면 당대의 영화사에 신기원을 긋는 대걸작으로 평가되었지만, 그 영화를 촬영했던 레니 리펜슈탈Leni Riefenstahl이라는 감독은 전범으로 낙인찍혔다. 그러나 그녀는 "예술가는 예술에 몰입하면 할수록 어떤 정치에도 민감하지 않고 무관심해질 수밖에 없다"고 항변한다. 이렇듯 예술가의 예술적 완성에 대한 열망과 자신의 의지를 전달하고자 하는 독재자의 욕망이 결합될 때, 상징조작은 극치의 수준으로까지 발전하게 된다.

과거 역사를 미화하거나 조작하여 권력의 정당성을 합리화하는 것도 고전적인 선전·선동 수단이다. 이 역시 축제나 상징조작 등 다른 수단과 결합되고, 현대적인 대중매체를 활용할 때 엄청난 세뇌효과를 가져온다. 오직 권력이 있는가 없는가 하는 것이 역사의 진실 여부를 결정한다.

언어 조작은 심리학 발달과 대중매체 등장으로 실용화된 비교적 새로운 수단이다. 같은 말도 특별한 상황이나 문장 속에서 새로운 또는 이중적인 의미로 활용된다. '자유'라는 말은 독재체제에서 단체를 위한 집단으로서의 '자유'를 의미하는 말로 전용되어 사용된다. 마찬가지로 '정의', '법', '평등', '권리'와 같은 말들이 본래 의미가 파괴되고 새로운 개념으로 각색되어 쓰인다. 우리가 사용하는 언어를 지배하는 자가 우리를 철저하게 지배하게 된다.

한편 권력자나 지배계급의 강력한 힘을 과시하는 것은 피지배자인 대중의 순종을 이끌어내는 데 유효한 심리적인 압박수단이다. 공개처형과 같은 처벌의 공포, 물샐 틈 없는 감시망 등이 대표적이다. 군사 퍼레이드와 같은 장엄한 의식도 일종의 권력자가 힘을 과시하는 것이며, 대중의 저항의지를 꺾고 순종하게 만드는 수단이다. 새벽부터 한밤중까지 확성기를 귀가 찢어질 듯 크게 틀어놓는 것도 역시 권력 과시의 한 방법이다.

프롬은 "확성기 소리를 크게 함으로써 우월한 힘을 과시하고, 이를 통해 청중들의 의지를 파멸시킨다. 또한 청중들의 육체적인 피로는 이를 위한 가장 좋은 조건"[11]이라고 했다.

공산주의국가에서 당대회나 특별한 행사 때 지도자 연설이 몇 시간씩 계속되는 것도 청중들에게 어떤 의미의 '포기'를 강요하는 심리적 압박수단이다. 선거일 투표장에서 나치당원 완장을 찬 극렬분자들이 눈에 띄게 어슬렁거리거나 경찰이 깔려 있는 것은 심리적으로 같은 효과를 준다. 그렇게 과시되는 힘 앞에서 저항이나 반대의지는 꺾이고 만다.

선전·선동의 최종적인 목적은 외부로부터 들어오는 정보를 철저히 통제함으로써 완성된다. 듣기에 좋은 정보는 들려주고 반대되는 정보는 철저히 차단함으로써 비교 기준을 없애버린다. 그리고 이 모든 것들이 권력자와 지배계급의 뜻대로 움직일 때 정교하게 조작된 허구나 의지를 대중에게 일방적으로 주입하고 되풀이하여 대중의 심리적 반응·체계를 장악한다.

북한에서 선전·선동은 아무런 저항이나 견제 없이 독재자나 지배계급이 하고 싶은 대로 이루어진다. 듣는 사람이 믿거나 말거나 상관할 필요가 없다. 그들은 그것을 믿어야 할 '의무'가 있으므로. 이렇게 해서 독재자나 지배계급이 완벽하게 독점적인 선전·선동의 수단을 장악하면 진실은 존재하거나 발견되는 것이 아니라, 어떤 목적을 위해서 만들어내는 것이 바로 '진실'이 된다. '지록위마指鹿爲馬'의 고사와 같이 거짓말을 그대로 믿을 수밖에 없다. 대중은 옳고 그름의 판단기준이나 판단능력, 심지어는 그러한 의문을 가질 능력조차 없는 사람이 되고 만다.

정보의 완벽한 통제는 밖에서 보고 듣는 북한 내부에 관한 정보나 대외정책에 관한 정보의 진위를 혼란스럽게 만든다. 신기할 정도로 서로 대립되는 모순이 같은 곳에서 나오는 정보에 병존하는 것은 이상한 일이다. 그러나 북한에서는 대외적으로 발표하는 뉴스와 국내용 뉴스의 내용이 전혀 다르고 상반된다 하더라도 상관없다. 한쪽에서는 굶어서 뼈만 남은 아이들의 사진을 찍게 해서 국제사회에 그 모습을 적나라하게 드러내면서도, 다른 쪽에서는 북한이 지상낙원이라고 떼서도 하나도 모순된 것이 없다. 독재자나 지배계급은 상황을 자유자재로 통제할 수 있으므로 영화감독처럼 천국을 연출할 수도 있고, 지옥을 그려낼 수도 있다.

이렇게 창작되고 조작된 역사와 잘 꾸며진 세상의 모습이 전파되고, 심지어는 새로운 신화와 우연한 기적 같은 미신적 소문도 아울러 전파된다. 음악과 영화 등 모든 예술활동은 유효한 선전·선동 도구로 지도

자에 대한 숭배와 혁명을 외치고 있다. 학교는 가장 순종적인 인간을 만드는 공장이 된다.

거짓말이 어떤 형태로든 진실처럼 보이고 그렇게 생각하는 것은 우선 사람들이 아는 것이 너무 없기 때문이다. 어렸을 때 나를 다리 밑에서 주워왔다는 말을 곧이곧대로 믿고 불안해하며 잠을 못 자던 기억이나, 내가 엄마 배꼽으로부터 나왔다는 얘기를 그대로 믿었던 것과 같은 수준의 이야기다. 정보 통제는 거짓과 진실을 구분할 수 있는 기준을 없애고, 더 나아가 사람들의 일반적인 또는 전문적인 지식이나 상식 수준을 떨어뜨린다. 북한 사람들과 얘기해본 사람들이 공통적으로 느끼는 것은 그들의 지식수준이 너무 낮다는 것이다. 그래서 그들과 '진실'을 논하는 것 자체가 짜증날 정도로 힘든 일일지도 모른다.

한편 거짓말을 하는 사람 자신이 그것이 거짓말이라는 것을 모르거나 진실이라고 확신할 때, 그것은 진실로 믿게 된다. 거짓이 오랫동안 쌓여왔을 경우에는, 그것이 거짓이라 해도 알 길이 없다. 그래서 그것은 간단히 진실이 된다. 즉 '거짓말을 모르고 그냥 전달하는 것' 그 자체는 진실이 되는 것이다. '거짓에 바탕을 둔 진실'이 판치게 된다. 이것을 '중층적인 거짓말 중독증'이라고 하자. 이런 경우에는 수십 겹이 되는 그 거짓말의 내피를 하나하나 벗기고 또 벗겨서 그 거짓말의 근원을 찾아내지 못하는 한, 거짓과 진실의 구분은 불가능해진다.

또한 경직된 독재적 지배체제의 특성상 상층부, 즉 윗사람 속셈을 모를 때, 아랫사람들은 이미 효력을 상실한 오래된 거짓말을 그대로 답습할 수밖에 없다. 상층부의 생각이 바뀌어 정책이 변경되더라도 그것이 확실하게 전달될 때까지는, 하부조직이나 아랫사람들은 기존 거짓말을 그대로 외쳐댄다. 그리고 설사 그 변화가 전달되더라도 아랫사람들은 안심할 수가 없다. 어느 것이 윗사람의 진심인지 아직 모르면서 무턱대고 새로운 지시를 따르다가 무슨 변을 당할지 모르기 때문이다. 옛날 조선 시대에 임금이 세자에게 양위하겠다고 할 때 "그렇게 하시옵소서"했다가 나중에 3족이 멸하는 역적의 화를 입는 예를 생각해보면 그 상황이 머릿속에 그려질 것이다. 그래서 북한과 같은 체제에서 아랫사람들은 확인에 확인을 거쳐 안전하다고 판명되기 전까지는 이제까지의 거짓을 되풀이하는 '복지부동'이 가장 안전한 생존의 길이 된다.

1980년대 말 소련의 개방화시기에 이런 농담이 있었다. 정보 개방정책(글라스노스치)에 따라 새로 설립된 민영 텔레비전 방송 기자가 소련에서는 최초로 사전 각본 없이 거리 행인과 인터뷰했다.

"지금 소련에서 운행되는 자동차 중에서 어느 차가 가장 성능이 좋다고 생각하십니까?"

"볼가(소련제 리무진 승용차)."

"아니? 그것 말고 또 없어요?"

"라다(소련제 중형승용차)."

"그런 것뿐이라는 것입니까? 정말 다른 건 몰라요?"

"모스코비치(우리나라 1970년대 포니 같은 소련제 소형 승용차)."

드디어 기자가 화가 났다.

"아니, 지금 당신은 시청자를 우롱하는 겁니까? 당신은 저기 지나가는 벤츠나 BMW, 볼보, 캐딜락 같은 차를 본 적도 없어요?"

"모르긴 내가 왜 모르겠어요. 그런 유명한 차야 다 알지. 그런데 문제는 지금 그런 걸 물어보는 당신이 누구인지 난 아직 모르겠다는 거요."

한편 어떤 사실이라고 주장되는 것에 대한 반대 증거가 제시될 수 없을 때 거짓말은 진실로 돌변한다. 반증은 질문이나 의문으로 시작된다. 그러나 북한에서는 질문하거나 의문을 갖는 것은 위험한 일이다. '당과 장군님' 지시에 무조건 따르는 '무조건성'이 중요한 사회덕목이다. 이런 사회에서는 토론이 의견교환의 의미가 아니라, 개인 책임을 피하기 위한 책임의 집단화 수단이든가, 상부 지시를 전폭적으로 무조건 지지한다는 충성 과시용 수단에 불과하다. 모두가 모든 면에서 같은 수준으로 '일색화'되어야 하는 것이다. 그래서 한번 진실이라고 믿은 거짓말은 더욱더 그 정체를 밝힐 수 없게 된다.

마지막으로, 모든 것을 믿으라면 믿어야만 할 때 거짓은 존재하지 않게 된다. 안 믿는 자에 대한 감시와 처벌의 공포는 인간의 가장 원초적인 본능을 지배한다. 공포에 의해 만들어지는 조작된 '진실'은 앞에서 언급한 여러 종류의 순응유형에 다시 투영되면서 확대재생산 과정으로 들어간다.

그러나 실제로 북한 사람들의 신념체계가 우리가 흔히 생각하는 것만큼 강한 것은 아닌 것 같다. 1990년대 초 소련이나 동구권 국가에서 유학하다 귀순한 북한 학생들의 경우, 자신들이 태어나면서부터 들어온 말들이 몽땅 거짓이었다는 것을 알게 되는 데는 소련에 오고 나서 불과 2주일밖에 걸리지 않았다는 얘기를 직접 들은 적이 있다.

또 흔히 북한 사람들은 개인이나 가족보다 지도자와 국가, 그리고 당을 먼저 생각하는 사회적 가치를 가지고 있다고 생각하는 사람들도 많다. 하지만 북한 사람들도 분명히 자기를 먼저 생각하고 가족을 위한다. 오히려 우리보다 더하면 더했지 덜하지 않다. 그들도 소박하고 착한 사람들이다. 아무리 평생 동안 전체주의적 체제 속에서 살아왔다 해도 내 것과 남의 것을 동일시하지는 않는다. 그래서 울타리 안 옥수수가 밖의 것보다 두 배는 크고, 장마당에서도 사람들 간 싸움이 그치지 않는 것이다.

감시와 처벌

선전·선동이 그 대상인 주민들의 내면적 믿음과 순종을 이끌어내기 위한 것이라면, 폭력을 통해서 공포 분위기를 조장하는 것은 외연적으로 복종하도록 하기 위한 것이다. 획일적이고 폐쇄적이고 교조적인 사회체제를 유지하기 위해서는 가혹한 폭력이 필요하다는 것은 가까운 20세기의 파시즘이나 소련식 사회주의적 독재의 경험에서도 생생하게 볼 수 있다.

공포를 조장하여 사람들을 순종하게 만드는 방법으로 흔히 세 가지 수단을 든다. 첫째는 인간 삶의 모든 분야를 통제하는 '규율'이며, 둘째는 그렇게 정해진 규율의 준수 여부를 감시하는 '감시체계'고, 셋째는 그러한 감시체계에 걸려든 사람을 가혹하게 '처벌'하는 것이다. 이 세 가지 수단은 프랑스 사회학자이자 철학자인 미셸 푸코가 근대적인 정치권력의 새로운 권력수단으로 제시한 것이다. 국가나 지배자의 폭력은 곧 공권력이다. 그것이 민주주의적인 이념과 엄격한 법에 의거하여 행사될 때, 우리는 일상의 삶 속에서 공포를 느끼지는 않는다. 그래서 민주사회에서는 사람들 표정도 비교적 밝은 편이다.

그러나 독재적인 권력수단으로 사용되는 규율과 감시와 처벌은 매우 노골적이고 직접적이며 자의적이고, 공포 분위기 조성 그 자체가 목적이다. 그 공포는 일할 때나 쉴 때나 언제나 인간의 모든 생활과 심리 영역에 파고든다. 엄격하지만 때로는 모호한 규율, 그리고 언제 어디서나 감시와 고발의 눈에서 벗어날 수 없다는 사실과, 자의적이고 무자비한 처벌 가능성에 언제나 직면해 있다는 현실 앞에서 인간은 공포의 노예가 되어 순한 양이 될 수밖에 없다. 인간은 그리 강한 존재가 아니다. 그 생활화된 공포의 그림자가 얼굴표정에도 드리워진다.

푸코에 따르면 18세기 이후부터 규율은 국민들을 권력에 순종하도록 하기 위한 지배의 일반적인 양식이 되었다. 규율을 통해서 인간 신체를 통제하는 가장 대표적인 수단은 일과표다. 이는 중세 유럽 수도원의 엄격한 규율에서 발전한 것인데 인간의 행위를 시간 단위로 통제하는 고도의 권력수단이 된다. 사람들이 일과표에 따라 움직일 때 그 사람이 언제 어디에 있는가, 또는 무엇을 하고 있는가가 일목요연하게 드러난다.

한번 북한 농민들 일과표를 들여다보자. 집단농장은 회사와 같이 농민들의 출퇴근시간이 정해져 있다. 계절의 일조시간 변화에 따라 농민들 일과표도 달라진다. 잠에서 깨는 시간은 새벽 5시로 거의 불변이다. 5시만 되면 모든 마을에 설치되어 있는 대형 스피커들이 왕왕거리기 시작하므로 자려야 더 잘 수도 없다. 그리고 30분쯤 후에는 마을 종이 땡땡거리며 울려댄다. 동네별로 집합해서 마을일을 하는 시간이다. 해가 짧은 12월~2월에는 아침 8시에 출근하여 30분간 신문읽기 및 작업준비를 한 후 일을 시작한다. 퇴근은 오후 4시 30분. 봄부터 가을까지인 4월에서 10월까지는 오전 6시 30분에 일을 시작하여 저녁 7시에, 해가 긴 한여름에는 8시에 퇴근한다. 상당히 긴 시간이다.

그런데 퇴근 후에도 그냥 집에 갈 수가 없다. 주간 행사표에 따른 모임이나 학습에 참여해야 하기 때문이다. 월요일 저녁에는 이른바 '로작에 관한 덕성일기, 회상일기 발표' 모임이 있다. 이는 김일성, 김정일의 어록이나 현지교시를 각자 생활 속에서 어떻게 실천하고 있는가를 발표하는 것이다. 화요일에는 명언구호 해설 모임이 있다. 중요한 구호(슬로건)의 내용과 그 기본정신을 해설하는 학습시간이다. 북한은 구호의 나라다. 머리가 어지러울 정도로 구호가 다양하고, 가는 곳마다 붙어 있다. 수요일 저녁에는 주체농법 학습이 있다. 목요일 저녁에는 아무런 모임이 없어 일과 후에 바로 집에 갈 수 있다. 금요일에는 드디어 주생활총화시간이 있다. 잘못한 일이 없어도 무엇이든 만들어내어 자기비판을 하고 남의 잘못을 비판해야 하는 가장 괴로운 날이다. 토요일 저녁에는 학습강의가 있다. 일요일 저녁에는 노래보급 사업을 한다. 당시 나오는 새로운 노래는 거의 100퍼센트 김정일을 찬양하는 내용이 들어 있어 노래보급 자체가 중요한 정치사업이다.

또한 규율은 개인을 차등화·서열화하고, 이는 다시 양질의 사람들과 불량한 사람들을 분리한다. 북한 사회에서 규율은 개인 활동공간마저 미세하게 분할하여 규정한다. 나라 전체가 각 지방, 군 단위별로 폐쇄되어 있어 왕래의 자유가 없다. 개인은 출신성분과 계급, 직업에 따라 철저히 분리·구분된다.

중세 유럽 농노가 자기가 소속된 땅을 떠나서는 살 수 없었고, 수공업 기술자는 자신이 속한 길드를 떠나서 살 수 없었듯이, 북한 주민들도 자기에게 허용된 지역이나 조직을 떠나서는 정상적인 방법으로 살길이 없다. 또한 내국인과 외부인을 분리하고, 외부인 중에서도 적과 아군을 명확히 구분한다. 이러한 공간·신분·직업적 분할은 철저한 감시체계를 운영하는 가장 기본적인 전제가 된다.

일상생활에 대한 감시는 공포의 전주곡이다. 나 자신의 일거수일투족이 누군가에게 언제나 감시당하고 있다는 것을 느낄 때 그 자체가 두려운 것은 말할 나위도 없다. 역사적으로 사회적인 감시체계는 근대 절대왕권 국가가 출현하면서부터 급속도로 발달했다. 왕의 권력에 저항하는 일체의 금지된 행동을 적발하기 위한 그물망식 감시의 눈이 사회 구석구석에 깔리기 시작했다. 그것은 또한 부과된 규율에 일종의 강제성을 부여하는 것이었다.

북한 감시망은 과거 어느 독재체제 감시망보다 더 철저하고 비인간적이다. 우선 감시자가 많다. 북한에서는 "감시를 하는 사람이 감시를 당하는 사람들보다 더 많다"라고 말할 정도다. 경수로 건설현장에서 일하는 북한 근로자들 중에도 내부 감시원이 섞여 있다는 것은 공공연한 비밀이었다. 북한 근로자는 우리 근로자들과 잡담을 나누다가도 어떤 특정 인물이 나타나면 하던 이야기를 멈추고 딴청을 부리곤 했다. 감시원들의 임무 중 가장 중요한 것은 물론 사상적 동요 기미를 보이는 북한 근로자를 색출해내는 것이었다. 그래서 사람들은 위험반경을 넓게 잡고 조금이라도 의심받을 만한 언동이나 행동은 하지 않는다. '남조선' 근로자들과 같이 열심히 일하는 것도 의심받을 수 있는 일이다. '남조선' 근로자와 혼자서만 같이 있는 것은 더욱 의심받을 우려가 있는 일이 다. 그래서 항상 두 사람 이상 모여서 행동한다.

제복을 입은 감시자들보다 더 감시망의 핵을 이루는 것은 일반 주민들 눈이다. 북한 정권은 전체 주민들이 모두 감시원이 되도록 교묘하게 묶어놓았다. 경수로 건설부지 인근의 주민들은 '적'에 관계되는 모든 것을 일단 신고부터 하는 것이 신변 안전을 도모하는 가장 간편한 길이라는 것을 본능적으로 알고 있다. 특히 가장 중대한 정치범죄인 김일성, 김정일 모독에 관계되는 사건은 빨리 안전기관에 가서 털어놓는 것이 가장 현명한 일이다. 그러한 공포가 모든 주민들을 서로 감시하도록 만든다.

모든 주민들을 상호 간 감시자로 만드는 가장 효율적인 수단이 바로 '총화'다. 자기고백(자아비판)과 다른 사람을 고발하기 위한 회합을 정기적으로 개최하는 것이다. 북한 근로자는 일이 끝나는 저녁 6시 이후에도 곧바로 집으로 가지 못하고 집결장소에서 일과 후 모임을 갖는다. 이것저것 다 끝내고 집에 오면 한밤중이다. 어느 날 북한 근로자들이 아침에 빨갛게 눈이 충혈된 상태로 나타났다. 트럭 운전수들이 졸다가 사고를 낸다. 알아보니 새벽 2시까지 학습을 했다고 한다.

규율을 강요하기 위해 공포 분위기를 조성하는 최고 정점에는 가혹한 처벌이라는 폭력수단이 있다. 정치적 권력행사로서의 폭력과 처벌은 크게 전근대적인 방식과 근대적인 방식으로 나눌 수 있다. 전근대적인 방식은 권력에 저항하는 자들이나 사회범죄자의 신체에 직접적이고도 잔인한 타격을 공개적으로 가함으로써 권력의 힘을 대중에게 과시하는 것이다.

북한에서는 주민들에 대한 통제를 강화하기 위해서 단순 절도범에게까지 공개총살이 가해지고 있다고 언론에 종종 보도된다. 어떤 귀순자의 증언은 이러한 공개총살 현장 모습을 생생하게 그려내곤 한다.

1997년 10월 어느 날이었다. 경수로 건설부지의 북쪽 경계 끝에 있는 마을의 목살공장(옥수수가루를 쌀 알맹이 모양으로 만드는 방앗간 같은 곳) 벽에 빨간 글씨의 벽보가 붙어 있는 것이 눈에 들어왔다. 함경남도 사회안전부장 명의의 포고문이었는데, 대강 이런 내용이었다.

"공공의 재산인 원자재와 장비를 유용한 자는 엄벌에 처함. 특히 수입품인 고가의 원자재나 장비를 유용한 자는 총살형에 처함."

거기에는 형법 몇 조라든가 하는 구체적인 처벌 근거도 제시되어 있지 않았다. 북한에서는 일개 도의 경찰청장급이 총살형이라는 포고령을 발하고 있었다.

그 포고문을 읽으면서 나도 모르게 다리가 그 자리에 붙어버렸다. 그런 정도의 죄에 대해 총살형이라는 말이 간단하게 오르내리는 것 자체가 무서운 일이다.

피지배자의 순종을 강요하려는 정치적 목적의 처벌은 이미 근대적인 법 원칙에서 벗어난 것이다. 과거 스탈린체제하의 소련에서는 국가보안위원회KGB가 길 가던 죄 없는 사람도 아무 때나 그냥 체포해가는 사례가 있었다고 한다. 엄격한 법에 의거하지 않은 자의적인 인신구속이나, 일방적인 범죄사실의 날조나 과장, 심지어는 아무런 혐의가 없는 평범한 사람도 때로는 엄청난 범죄자로 둔갑시켜버리는 기술이야말로 독재체제가 요구하는 필수 불가결한 공포의 억압수단이다.

우리가 보기에는 도저히 유지될 수 없을 것 같은 북한의 현 체제를 겉으로는 아무런 문제없이 지탱해나갈 수 있는 유일한 기반도 바로 이러한 공포다. 북한 사람들은 누구나 지위 고하를 막론하고 언제 어디서든, 어떤 예기치 못한 일로 처벌에 직면할지 모른다는 공포 속에 하루하루를 살아간다.

첫째는 최고지도자를 모독하는 사건, 즉 북한판 신성모독죄에 어떤 형태로든 연루될지 모른다는 공포고, 둘째는 정치적 비판에 대한 공포로써 당성 부족을 지적당한다든가 일반적인 체제 불만자로 몰리는 경우다. 셋째는 단순한 일의 실수나 오류를 범하여 처벌이나 불이익을 받을 공포다. 이 세 가지 공포는 서로 상승작용을 하여, 단순한 일의 실수가 당성 부족으로, 사상 문제가 신성모독으로 발전할 수 있다는 가능성이 공포 농도를 더욱 짙게 한다.

넷째, 북한은 여전히 전시체제고 24시간 강조되는 전쟁의 공포 속에서 살고 있다. 다섯째는 기아의 공포다. 생존에 필요한 식량을 공급해주는 지도자와 당, 정부, 그리고 조직의 바로 윗사람에게 잘못 보인다는 것은 그나마 부족한 식량이나 물품 배급과정에서 불이익을 받을 수 있다는 가장 원초적인 공포다.

이러한 일상화된 공포는 집단 속에서 이루어지는 총화를 통해서 확산, 전파된다. 각종 본보기 사례가 유포되면서 처벌의 공포감은 은근히 모든 사회 구성원의 심리 속으로 파고든다. 그래서 누구나 멍청해져야 하고, 새로운 생각이나 일을 벌이지 않고 수동적이 되고, 어떤 사소한 책임이라도 회피하고 유치한 변명을 하게 된다. 그리고 스트레스가 쌓인다. 그 스트레스는 때로는 남을 고발하거나, 처벌 광경을 사회적인 오락 정도로 생각하거나, 약해 보이는 대상을 증오하게 만드는 가학적 행태sadism를 배양한다. 다른 한편으로는 강한 자를 숭배하고 자비를 빌며, 개인으로서 자신의 존재를 스스로 부정해버리는 자학적 행태masochism도 아주 자연스럽게 병존하게 만든다. 그러면 지배권력도 이러한 양면적 심리를 지배수단으로 편리하게 이용한다.

무소불위의 군대권력

북한 관리들로부터 자주 듣던 말 중 하나는 "그런 건 군부에서 다 결정하디 뭐", "군부가 그건 허가하지 않을 거야", "당신들도 잘 알지 않은가? 이 나라는 군부가 통치하는 나라 아니냐?"라는 식의 군부의 권력에 관한 것이었다.

군대는 북한 사회에서 최고의 권력집단이다. 이른바 '선군체제'를 내세운 북한은 헌법에서 이미 군대가 내각과 동등한 별개 조직임을 밝히고 있다. 군부는 국방위원회(현재 국무위원회)를 통해 오직 최고사령관인 지도자(당시 국방위원장)에게 직속되는 기관이다. 국방위원회는 결정과 명령을 내며(헌법 104조), 군비와 군 인사 등 군사에 관한 모든 사항을 책임졌다. 국방위원장이 당 총서기를 겸하고 있으므로 사실상 1인자가 된다. 제1인자가 국방위원장을 겸하니 내각의 권한이 국방위원장보다 클 수가 없다. 그리고 그 지도자가 국방위원장 자격으로 나라를 다스린다. 그러면 국방위원회에 대적할 만한 국가기관은 없게 된다.

이러한 체제가 모든 일에 군부가 공식적으로 관여할 수 있는 합법적인 권력을 제공한다. 북한에서는 "군부가 중요한 모든 사항을 다 결정한다"는 것은 별로 신기하지 않은 평범한 말이 되어버렸다. 또한 신격화된 지도자는 주로 군부대만 시찰한다. 그러면 군대는 자동적으로 북한 사회에서 '모든 가치적 우월성'을 가지게 된다.

군대권력이 국가를 지배하는 것을 군국주의라고 한다. '군국주의'라고 하면 바로 2차 세계대전 전 일본의 천황체제를 연상시킨다. 과거 일본의 지배체제에서 군대는 천황의 직속기관으로서 천황이 군대 최고사령관이니 내각이 군대를 통제할 수 없었다. 그래서 군대는 천황 이름을 팔아 나라를 계속 전시상태로 이끌어가면서 총리도 군인이 맡고, 경제는 전시동원 경제체제로 운용되었다. 중일전쟁이나 태평양전쟁이 모두 천황 이름으로 수행되었다. 그러나 천황이 내린 유일한 결정은 1945년 8월, 연합국에 항복한다는 것뿐이었다. 이를 성단聖斷(성스러운 결정)이라고 하여 역사적인 대사건이 되었다.

실권은 행사하지 않아도 천황은 살아 있는 신으로 신격화되었다. 모든 신사는 천황의 사당이 되었고, 그 신사에 대한 참배는 반강제적이었다. 젊은이들은 천황이라는 신을 위해서 죽는 것이 인간으로서 얼마나 명예롭고 자랑스러운 일인가에 대해 평생 세뇌교육을 받았다. 북한 선군체제가 그와 너무나 비슷했다.

과거 일본의 군국체제에서는 어떤 상황에서든 일본이 계속 공격적 대외팽창정책, 즉 전시상태를 유지함으로써 군부 기득권을 지킬 수 있었다. 북한식 선군체제는 남조선 적화통일이라는 대외적 공세와 미제의 침략 가능성에 대비하는 수세적 성격이 혼재되어 있지만, 전쟁 분위기를 고취해야 한다는 점에서는 일본 군부와 같은 운명에 있다고 볼 수 있다.

대외적 공격성은 대내적 공세의 초석이다. 외부 긴장상태가 지속되어야 군부의 국내적인 기득권을 쉽게 지켜낼 수 있다. 전쟁 위협을 통해서 북한 군부는 이미 북한 사회 내부로 상당히 깊숙하고 광범위하게 팽창되어 있다. 북한의 국내 사정이 어떻고 대외적 정세가 어떻든 간에, 북한 군부는 공격적인 국내 팽창을 계속해야 기득권을 지킬 수 있다. 결국 환경은 약간 다르지만, 국내 사회를 전시체제로 유지하고 경제는 전시동원체제가 되어야 하는 결과는 과거 일본의 경우와 같다.

국내적인 세력의 확장은 곧 가용자원에 대한 통제력 확대로 이어진다. 북한에서는 군사 분야가 가장 돈이 많은 부자다. '선군체제'란 민간 자원을 군대가 우선적으로 쓸 수 있다는 말이다. 그래서 군대는 북한 사회 전반을 손아귀에 틀어쥐게 된다. 북한 텔레비전에 나오는 합창단은 군대 합창단밖에 없는 것 같았다. 오케스트라도 군대 오케스트라고, 교예단(서커스단)도 군대 소속이며, 코미디 배우도 현역 군인이다. 국제 여자 마라톤 대회에서 우승한 선수도 여군이다.

처음에는 그런 것들이 군사문화정책의 실상이라고 생각했다. 그러나 그런 거창한 정책적 측면이 아니더라도, 한 번 더 생각해보면 북한의 어느 정부기관이 돈이 있어서 그러한 합창단, 오케스트라, 서커스단 같은 문화예술 활동을 지원해주겠는가? 오직 자원의 여유가 있는 군대만이 그러한 예술단체를 먹여 살리고 육성할 수 있는 것이다. 문화예술인의 입장에서 보면 '취직'할 곳이라곤 군대밖에 없다. 따라서 나이 예순이 다 되었어도 합창단이란 병과로, 또는 서커스나 기타 연예 병과로 군복무 생활을 계속할 수 있는 것이다.

군대가 힘을 쓰니까 굴러다니는 승용차 중 비교적 새 자동차는 거의 예외 없이 군대 번호판을 달았다. 민간기관들은 군대에서 쓰다가 물려주는 자동차를 받아서 쓰는 것 같았다. 그래서 민간 트럭은 대부분 국방색이고, 모두 폐차 직전의 헌 것들이다. 군대에서 직접 관리하는 목장도 있고 전용 염전도 있다.

군대는 또한 북한에서는 유일한 대규모 건설회사였다. 대규모 건설 인력과 장비를 유지할 능력이 있는 곳은 군대밖에 없기 때문이다. 북한에서는 과거 인민무력부(현재 인민무력성) 산하에 있는 정규군 공병대뿐 아니라 사회안전부(현재 인민보안성), 정치보위부(현재 국가보위성), 심지어는 고위층 호위를 담당하는 호위총국 산하에도 공병대가 있다고 한다. 그리고 청년돌격대는 일종의 준군사적인 건설단이다. 고려항공이나 철도 운영도 군부에 의해서 이루어진다고 한다.

기업은 이미 국가자본으로 설립되어 있으니, 군부가 단지 그 기업의 운영에 간섭하고 지시하고 그 생산물을 우선적으로 가져갈 수 있다면 그 기업은 군부의 것이 되는 것이다. 중국과 베트남이 과거 개방정책을 추진하는 과정에서 군부가 호텔을 경영하거나, 외국 기업과 합작사업을 하거나, 기타 수익사업을 직접 하는 사례와 다를 것이 없다. 이렇게 해서 북한 사회 모두가 군대의 것이 될 수 있다. '군민일치'의 '고상한 전통적 미풍'이라는 것은 결국은 사회 전체가 군대로 편입되는 것을 의미한다.

이러한 군대의 힘은 군복무에서도 작용한다. 우선 성년 남자가 군대에 입대하면 밥 먹을 걱정은 하지 않아도 되니 얼마나 고마운 일인가. 군대를 가지 않고 사회에 남아봐야 뭐 그리 특별히 좋은 일도 없고 밥먹고 살 길을 찾는 것도 쉬운 일이 아니다. 하루하루 생활도 그렇다. 군대생활을 하든, 민간 사회생활을 하든, 큰 차이가 없다. 민간인의 하루 생활도 새벽 5시에 종치는 소리로부터 시작되어 저녁 늦게까지 주어진 시간표에 따라 일하거나 동원된다. 북한에서는 어디에서든 개인의 자유는 제한받고 있다. 자유가 없는 것은 군대생활과 크게 다를 것이 없다. 사회적인 계급의 상하관계도 군대와 큰 차이가 없다.

그러니 군대에 가는 것이 더 좋은 일이다. 우리와는 정반대 현상이다. 그래서 공식적인 의무 복무기간은 5년이지만 그 이상의 기간도, 예를 들면 10년이라도 큰 불만 없이 군복무를 계속할 수 있는 것이다. 왕성하게 먹어야 하는 젊은 사람들에게는 군대가 좋은 피난처가 될 것이다. 사병으로 복무하는 동안에 잘 하면 군관(장교)이 될 기회도 있으니 이 또한 좋은 일이다. 군관만 되면 평생 먹고살 걱정은 하지 않아도 되고, 또 젊은 처녀들이 선호하는 신랑감이 될 수도 있다. 그래서 집안 형제나 친척들 중에 군관이 있으면 보란 듯이 자랑하고 다닌다.

북한 군대의 이러한 화려한 지위를 무색하게 만드는 또 다른 모습이 있다. 물론 전방의 정예부대와 후방부대의 장비나 보급은 차이가 있겠지만, 후방지역에서 보는 북한 군대의 모습은 어딘지 "이게 아니올시다"다. 군인들은 양아치떼처럼 초라하고 장비도 형편없는 고물들이다. 북한 땅 어디를 가도 삼삼오오 몰려다니는 군인들을 자주 목격한다. 그들은 길을 걷다가 길옆에 웅크리고 앉아서 졸거나 누워 있고, 지나가는 트럭을 얻어 타려고 몰려다닌다. 대부분은 어딘가를 무작정 걸어서 간다. 군복을 제대로 단정하게 입고 있는 녀석도 거의 없고, 여름에는 윗옷을 벗어 손에 둘둘 감아서 들고 다닌다.

열차 승객의 반 정도는 언제나 군인들이었다. 이들의 초췌한 모습만 보면 군대의 사기나 군기가 그리 절도 있는 것 같지는 않다. 소달구지를 몰고 가는 앳된 얼굴의 군인들을 보면 북한 군사력이 과연 어느 수준인지 헷갈리곤 한다. 가끔 보이는 군용트럭들마저 폐차 직전의 노후화된 것들이고, 목탄을 때서 움직이도록 개조되었다. 조수석 뒤편 짐칸에 커다란 난로 같은 통이 붙어 있고, 매캐한 장작 타는 연기와 냄새를 풍기며 터덜터덜 달린다.

우리 일행이 휴가차 여행할 때 전세비행기를 타고 내리는 선덕공항에는 쌍엽기인 AN-2기 수십 대가 활주로 옆 격납고에 줄지어 서 있었다. 그리고 우리에게 자랑이라도 하려는 듯 2차 세계대전 때 사용되었던 넝마 같은 쌍발프로펠러 수송기 몇 대를 공항의 조그만 터미널 건물 앞에까지 끌어다 놓고 있다. 우리는 그 이유를 궁금해했다.

"아니 저런 비행기라면 보이기도 창피해서 감추어놔야 할 텐데, 일부러 보이는 곳까지 끌어다 놓고 전시를 하다니" 하면서 혀를 끌끌 찬다. 북한 하늘에 떠다니는 비행기를 한 대도 본 적이 없다. 다만 군인들이 비행기 사이사이에서 제식훈련을 하는 것은 공항에 갈 때마다 매번 본다.

노농적위대의 훈련도 실제로는 아주 가관이다. 옛날 학생시절 교련시간에 가끔 노농적위대의 훈련 모습을 찍은 북한의 선전영화를 본 적이 있다. 여자 대원들이 고사포를 쏘고, 쭈글쭈글한 모자를 쓴 대원들이 살벌하게 실전훈련을 받는 모습은 섬뜩하기까지 했다. 하지만 북한의 시골에서 직접 보는 노농적위대의 훈련 모습은 우리의 예비군 훈련보다도 더 느슨하고 형식적으로 하고 있다는 인상을 줬다. 소총은 진짜 총이 아니고 나무로 만든 모의 소총인데 각자 집에 보관하고 있다가 훈련받는 날이면 어깨에 메고 어디론가 어슬렁어슬렁 걸어서 간다.

이런 것들이 눈에 보이는 북한 군대의 실제 모습이다. 과거 소련은 병뚜껑 같은 일용품 하나 변변하게 만들지 못하면서도 군사장비를 만드는 기술은 세계 첨단 수준이었다. 우주개발과 대륙간탄도탄도 만들었다. 그래서 병뚜껑 수준이나 일반 민수용품의 질만 보고 군사적 능력을 평가절하 할 수는 없을 것이다. 마찬가지로 북한 군사력을 무조건 과소평가하고 깔봐서는 물론 안 될 것이다. 그러나 그렇다고 해도, 눈에 보이는 북한 군대는….

북한 사회 내부에서 군부의 막강한 권력과 화려한 위세, 그리고 그 뒷면의 초라한 병사들의 모습을 보면서, 군대가 강하다는 것에 과연 어떤 기준이 있고 어떤 의미가 있는 것인지 다시 한 번 생각하게 된다. 중세 때 폴란드는 유럽에서 최강국이었다. 파죽지세로 몰려오던 칭기즈칸의 몽고군도 폴란드의 후사리아라는 기병에게 격퇴당했다. 바르샤바에 있는 군사박물관에 가보면 그 당시 칼이나 방패, 갑옷과 마구들은 모두 화려한 치장이 없는 검소한 것들이었다. 그러나 그 시기 이후 무기들은 보석이 박히고 황금도금이 되는 등 화려하게 변했다. 17세기 중반 이후 폴란드의 지역적 응집력은 약화되고 국력도 쇠퇴하고, 결국은 러시아, 프러시아, 오스트리아에 분할되고 말았다.

폴란드 한국 대사관에 근무했던 한 무관의 지론에 따르면, 군대 지위가 일반 사회보다 현저하게 높다는 것은 곧 사회 자체의 발전수준이 낮다는 것을 반증하는 것이라고 했다. 그는 군대는 항상 검소해야 하고, 장군들이 배가 나오고 사치를 알게 되면 전쟁을 두려워하고 현상유지를 바라게 되고, 군대가 화려해지면 나라가 망할 징조라는 지론을 되풀이하여 강조하곤 했다. 그가 군사박물관에서 했던 말이 생각난다.

"폴란드 무사의 칼에 보석이 박히고 갑옷에 화려한 치장이 달리기 시작할 때가 바로 폴란드가 쇠퇴하기 시작하던 그때입니다."

계획경제의 역설

사회주의 하면 곧 중앙통제적인 계획경제를 연상하듯이, 계획경제는 사회주의 이념을 실현하는 데 가장 핵심적 수단으로 인식되어왔다. 마르크스가 성숙된 자본주의사회에서 사회주의혁명이 일어날 것으로 예측했다는 사실은 자본주의적인 경제성장의 축적된 과실 없이는 사회주의가 존립할 수 없다는 역설적인 현실을 말해주는 것이다. 즉 사회주의는 자본주의경제가 이룩해놓은 경제적 자산stock을 배분하는 평등만 강조한 것이지, 그 자체가 경제발전이나 성장의 역동성과는 본래부터 무관한 것이었다. 따라서 중앙통제적인 계획경제체제가 결과적으로는, 게으른 자식들이 부모가 벌어놓은 재산을 나누어 써버리는 데만 정신이 팔려 결국은 모두가 빈털터리가 되고 만다는, 세간의 이야기와 같은 꼴이 될 것이라는 예상은 하나도 이상한 일이 아니다.

그렇다면 산업화가 되지 않았던 북한에서 사회주의적인 계획경제가 도입되고 운영되고 있다는 것은 어떻게 설명해야 할까? 물려받은 재산이 있는 자식들도 빈털터리가 되는 마당에, 하물며 물려받은 재산도 없는 원래 가난한 집안에서야 그 결과가 오죽하겠는가? 그러니 계획경제체제 자체에 내재되어 있는 근본적인 문제점에 더해서, 북한적인 후진성이 북한식 계획경제체제의 결과를 대재앙으로 이끌 수밖에 없었던 것이다.

사회주의적인 계획경제체제의 태생적인 문제점은 크게 경제적인 측면의 문제와, 민주주의에 역행하는 독재를 배양한다는 정치적인 측면의 문제로 나타난다. 경제적인 측면에서 계획경제는 그 체제의 운용상의 분야별·단계별 모순이 복합적으로 작용하여 결국은 부유의 평등이 아니라 '빈곤의 평등'으로 이끌게 된다.

계획경제체제는 일종의 재고비축형stock 경제다. 생산에 대한 직접 규제를 주장함으로써 경제성장의 역동력dynamism을 없애버린다. 계획경제체제에서는 자본주의적인 시장기능의 자동조절 기능이나 자동적 확대재생산의 순환과정이 없다. 비용과 관계없이 그저 사전에 정해진 생산계획에 따라 생산되고 분배된다. 따라서 경제활동은 정체적이고 수동적이고 자산잠식적이다. 그래서 그나마 가동되던 생산시설마저 재투자나 유지보수가 제대로 이루어지지 않아서 일찌감치 노후화되고 생산수명도 짧아진다. 이런 체제에서는 가동을 할수록 고정자산마저 잠식해가는 한계기업이 망하지도 않고 계속 존속하므로, 사회 전체의 효율 저하와 부의 잠식을 초래한다.

둘째, 모든 경제단위가 중앙에서 계획되고 통제하는 대로 따르기만 하면 되므로 창조적인 기업가 정신entrepreneurship이 싹틀 수 없다. 또한 사회의 모든 면을 계획하고 통제하려 한다면 모든 것이 단순개념화되어야 한다. 개인의 능력이나 취향을 단순화·표준화해야 하므로 개인적인 특성이나 차이는 무시되고 전체 집단이 우선시된다. 집단주의는 개인의 창의적 노력에 대한 경제적 인센티브를 부정한다. 그래서 집단주의에서는 개인의 창의력도, 성실성도, 노동의 근면성도 발휘될 수 없고, 사회 전체나 개인의 새로운 발전은 기대할 수가 없다.

셋째, 모든 생산수단과 분배수단이 국가 독점화될 경우, 사회주의자들이 자본주의의 가장 심각한 문제로 지적해온 민간기업에 의한 독점의 폐해보다 더 큰 국가 독점의 폐해를 야기한다. 그리고 그 국가적 독점은 경제 분야에서 뿐만 아니라, 정치·사회·문화 전체에 영향을 미친다. 하이에크에 따르면, 독점적 권력은 공급과 수요의 양, 형태, 그리고 분배대상까지도 자의적으로 차별할 수 있다.[12]

또한 독점체제에서는 소비자가 아니라 공급자가 왕이 된다. 그리고 공급자가 소비자를 무시하는 것보다 더 무서운 결과는 국가 독점을 담당하는 관료들이 기득권 세력화되는 경우다. 이들의 기득권적 이익이 국가의 이익으로 위장되고, 결국은 사회적·경제적 불평등을 야기한다.

넷째, 계획경제에서는 모든 분야를 하나하나 계획하고 통제해야 하므로 그 비용 자체가 커질 수밖에 없다. 자본주의사회에서도 정부재정 문제로 방만함과 낭비적 요소가 지적된다. 그런데 바로 그러한 정부재정이 독점적인 경제운영을 하게 될 때, 정부예산화된 비용은 필연적으로 낭비될 것이다.

다섯째, 기회비용의 개념이 무시된 인위적인 자원의 배분과 통제는 사회의 가장 바람직한 균형적 발전을 저해한다.

갤브레이스는 저서 《경제사 여행A Journey through Economic Time》에서 "계획과 통제를 하는 데는 덩치가 크고 생산품이 보다 표준적인 중공업 분야가 관리하기가 편하고, 성과도 쉽게 눈에 보이게 만들 수 있다. 반면에 작고 다양한 특성이 요구되는 민간소비 분야는 수요의 관리와 서비스가 복잡하여 계획경제식 관리가 어렵다"[13]라고 했다.

사회주의국가들이 무리하게 중공업 위주의 산업정책을 고집해온 이

유도 여기에 있다.

여섯째, 계획하는 정부에서는 어떤 사람의 견해가 누구 이익이 더 중요한지를 결정해야 한다. 하이에크에 따르면, 이러한 견해를 가진 사람이 국가에 의해 가해지는 강제수단을 결정하는 지위에 오르게 된다.[14] 분배가 공정하게 이루어지기 위해서는 관리자의 완벽한 도덕성이 요구된다. 그러나 인위적인 분배는 이기적이고 자의적인 어떤 개인의 재량권에 맡겨질 수밖에 없다. 과거 소련에서는 중앙집중적 계획은 경직화되고, 사회생활의 모든 면을 서로 감시하고 견제하도록 마련된 다양한 조직들은 오히려 서로 감시해야 할 대상들과 '불가침 협정'을 맺고 그 감시기능을 포기하게 되었다. 그래서 규율은 없어지고, 대신 조직 간 상투적인 뒷거래만 남게 되었다.[15]

독재화되는 계획경제에서 특권층으로 변질해가는 특정계급은 기득권을 고수하려고 노력하게 되고, 그 과정에서 불평등한 신분의 고착화가 이루어진다.

이익의 사유화, 손실의 사회화

대학 신입생 시절에 장난삼아 만들어 부르던 "노나 공부하나 마찬가지다"로 시작되는 노래가 이곳 북한에서 갑자기 떠오른다. 북한에서야말로 '일하나 노나 마찬가지'기 때문일까? 경제상황이 아주 좋을 때라면 적당히 놀아도 배급은 탈 수 있다. 경제사정이 나쁠 때는 "어차피 일을 해도 배급은 나오지 않는데 일은 해서 무얼 하나"라는 식이다. 그러니 경제상황이 좋을 때든 나쁠 때든 공통적인 것은 바로 '일하나 노나 마찬가지'다.

북한에서는 운전사라는 직업이 비교적 인기가 높았다. 운전사는 육체노동도 아니고, 또 통제된 사회 속에서 여기저기 다닐 수 있고, 그러다 보면 음성수입이 생길 수도 있으니 인기 직종이다. 사윗감이 면허증이 있다고 해서 운전면허증으로 알고 선뜻 결혼을 허락했는데, 나중에 알고 보니 그것이 운전면허증이 아니라 의사면허증이라서 속았다고 크게 실망했다는 우스갯말이 있을 정도였다.

어느 날 경수로 건설현장에서 일하는 북한 덤프트럭과 굴삭기 운전사가 운전사 일 대신 단순노동을 하고 싶어 한다는 말이 들려왔다. 아니, 운전 일이 뭐 그렇게 힘들다고? 문제는 운전사들이 시간을 때우며 농땡이를 부릴 수 없다는 불만이었다. 단순노동을 하는 사람들은 일하는 도중에라도 모여서 '담뱃질'하고 모닥불 피우고 노닥거리는 시간이 많다. 그러나 덤프트럭 운전사는 검수원이 운행횟수를 꼬박꼬박 적으니 숨을 돌릴 틈조차 없다. 그럼에도 그들이 받는 보수와 배급은 단순 노동을 하는 근로자와 다를 것이 없다. 그러니 불평등한 것이다. 일을 해야 한다는 노동의 동기motivation가 없어진다.

노동을 유인하는 인센티브(보상책)는 노동량과 생산성을 동시에 높일 수 있는 '당근'이다. 인센티브는 물질에 의한 보상이 될 수도 있고, 휴가나 승진 같은 무형 보수도 있을 수 있다. 인간은 보다 안락한 생활을 하는 데 필요한 경제적 이익을 얻기 위해 노동한다.

혁명이나 이데올로기를 위해서 노동하는 것이 아니다. 노동 강도, 기술 수준, 노동 시간에 따른 차등적인 인센티브가 없는 한, 근로자들은 자신의 노동 에너지 소모를 최소화하려 할 것이다. 경수로 건설현장 북한 근로자들이 기술을 익히는 데 관심이 없는 것도 바로 이런 이유 때문이다. "기술은 어렵게 배워서 뭐하나? 어차피 입에 들어오는 것은 똑같을 텐데"라며 비아냥거리는 반응을 보일 수밖에 없는 것이다.

무엇보다도 집단주의가 모든 문제의 출발점이다. 북한 헌법 63조는 "공민의 권리와 의무는 하나는 전체를 위하여, 전체는 하나를 위하여라는 집단주의 원칙에 기초하고 있다"고 명시하고 있다. 그런데 개인은 집단 속에 묻혀 있을 때는 눈에 잘 띄지 않는다. 그래서 목표나 과정, 성과가 집단 개념으로만 평가될 경우에는 '내가 일을 잘 안 해도 남이 잘해주겠지', '내가 게으름을 피운다고 전체적인 성과에 무슨 표시가 나랴?'라는 이기적인 기대를 누구나 가지게 된다. 남보다 일을 더 많이 하고 더 잘해도 그렇지 못한 사람들과 똑같은 보수를 받는다면 누가 과연 열심히 일하려고 하겠는가?

둘째로, 사회주의든 자본주의든 인심은 역시 쌀독에서 나오는 법이다. 경제 전체의 부가 여유 있어서 모든 노동자들에게 먹고살기에 부족함이 없도록 똑같이 분배될 수만 있다면, 불만도 크게 표출되지 않고 '내 것'에 대한 욕망도 어느 정도 억제될 수 있을 것이다.

그러나 사회주의 계획경제는 운명적으로 축소지향적이 될 수밖에 없다고 하지 않았는가. 그런데 다행히도(?) 노동자가 해고당하는 경우는 사회주의에서는 없다. 대신 분배량이 계속 적어지는 것이다. 분배량이 적어질 때는 분배원칙이나 방식에 대한 불만이 싹트고, '내 것'에 대한 집착이 더 강해진다. 그리고 나라 쌀독이 바닥을 드러내면 국가 인심이나 개인 인심은 아예 살벌해진다.

몇 달 동안이나 식량배급이 중단된다거나, 각 지역별로 또는 각자가 알아서 먹고살라는 것이 나라 정책이라면, 국가가 시키는 공적인 일을 왜 열심히 해야 하는가 하는 의문이 생기는 것은 당연하다. 그런데도 어딘가에 동원되어 일을 해야 한다면, 그것은 이미 자발적이고 건전한 노동이 아니라 일종의 강제노동이며 노예노동이 되는 것이다. 노예화된 노동력에서는 높은 노동생산성을 기대할 수 없다는 것은 이미 역사에서 증명되고 있는 사실이다.

세 번째 문제는 북한 정권의 선전·선동의 자업자득 결과다. 북한 정권은 지난 70년 동안 "사회주의체제에서는 국가가 국민들에게 모든 것을 다 해준다"고 선전해왔다. 헌법에서까지 "국가는 모든 근로자들에게 먹고 입고 쓰고 살 수 있는 온갖 조건을 마련해준다"고 규정해놓고 있다(25조). 더 나아가 '수령님과 장군님'이 다 먹여주고 입혀준다고 큰소리쳤다. 그래서 북한 주민들은 입만 벌리면 "우리는 국가에서 모든 것을 다 해줍네다"라고 되풀이한다. 이제 북한 주민 모두가 정부와 '장군님'이 부양해야 하는 '연금생활자'가 되어버렸다. 일종의 북한판 '도덕적 해이moral hazard' 현상이다. 일을 하든 안하든 국가에서 모든 것을 다 준다고 하지 않았는가! 그래서 주민들은 제비가 박씨를 물고 돌아올 날을 기다리듯이, 쪼그리고 앉아서 나라에서 식량을 가득 담은 자루를 배급해줄 때만 기다리고 있게 되었다. 그러나 아무리 기다려도 빈 자루는 채워지지 않는다.

넷째로, 실제로 할 일이 없다. 당시 비非군수산업의 가동률이 20퍼센트에 불과하다고 했다. 공장 대부분은 가동을 멈춘 지 오래였다. 공장에서 하는 일은 정치학습과 총화뿐이다. 농민들도 논밭에 비료나 농약을 뿌릴 일도 없다. 왜? 비료나 농약이 없으니까.

마지막으로, 일하나 노나 마찬가지라는 생각은 공적인 일에나 해당되는 것이다. 일에 대한 열의가 없다는 것은 집단의 일을 할 때지, 사적인 일은 모두 열심히 한다. 자기 것에 대한 사람들의 애착이 그러하니, 북한에서 자주 보이는 구호가 "농장 포전은 나의 포전이다. 농장 포전을 알뜰하게 가꾸자"다. 즉 농민들은 협동농장 밭이 나의 밭이 아니기 때문에 '농장 포전'을 가꾸는 일을 게을리 하고 있다는 사실을 반증하는 것이다. 그저 내 텃밭 일이 더 걱정된다.

개인이 하는 일은 이미 집단을 위해서가 아니라 오직 나만의, 내 가족만의 생존을 위한 것이다. 텃밭 가꾸기나 그 밖의 다른 방법으로 자신과 가족들이 먹을 식량을 마련하기 위해 사적인 일을 하면 자기 것을 가지는, 개인의 이익을 누리는 기쁨을 맛보게 된다. 사회주의체제에서 가장 위험한 개인주의를 터득하게 되는 것이다. 그래서 '이익의 사유화, 손실의 사회화' 즉 '이익은 내 것이 되지만, 손실이나 비용에 대한 책임은 내가 지지 않고 사회가 부담하는' 사회주의적 개인주의가 확산된다.

할 일이 없고 일은 하기 싫어도 먹고는 살아야 한다. 그러나 아무리 기다려도 나라에서 주는 식량자루는 오지 않는다. '아, 그러면 자력갱생의 방법을 찾아야디' 하며 기업소 책임자에게 "나 식량 좀 구하러 지방에 갔다 와야갔시오. 며칠 빠지갔습네다"라고 말하는 것도 이제는 눈치가 보이지 않게 되었다. 도로 요소요소를 지키면서 주민들의 통행을 통제하는 사회 안전부 군인들에게도 "나 거저 먹고살려고 그래. 식량 구하러 가는 거이야" 하고 당당히 말하면, 그들도 그것마저 막을 수는 없는 노릇이다. 그래서 통행에 대한 통제도 과거보다는 느슨해졌다고 한다. 이래저래 길을 따라 정처 없이 떠도는 군상들만 길가에 가득했다.

이런 상황에서는 설사 북한에 외국인 투자가 들어온다고 해도 다를 것이 하나도 없다. 북한이 개인의 경제활동을 인정하지 않는 체제를 그대로 고수하는 한 북한 근로자들이 개인적으로 임금을 직접 받지 못하는 것은 당연한 귀결이다. 임금은 근로자들을 공급한 북한 기관에 일괄해서 지급한다. 그것이 북한식 '집단고용' 개념의 실체다.

북한 측이 외국 투자기업에 처음부터 '집단고용' 개념을 내세운 것은 체제를 유지하기 위해서는 북한 근로자들이 외부로부터 정치적으로 감염되는 것을 철저히 봉쇄해야 하기 때문이다. 북한 근로자들에게 자본주의적 개인이익 개념이 흘러들어가는 것은 더욱 위험한 일이다. 따라서 아예 그 가능성을 차단해버리기 위해서는 임금을 개인에게 지급하는 것은 절대로 허용할 수 없고, 북한 정부에게 100% 그대로 귀속되어야 한다.

이와 같이 '집단고용' 방식은 북한 근로자들을 외부 정보로부터 차단하고, 자본주의적 개인주의의 오염을 막고, 임금 100%가 정부의 외화벌이로 귀속되는 일석삼조 효과가 있다.

공사 초기에 우리 근로자들이 북한 근로자들에게 "임금을 받았으면 그만큼 열심히 일해야 하지 않겠냐"고 좀 다그치면, "우리는 돈에 팔려온 사람들이 아니다" 하며 "언제 네가 내게 월급 준 거나 있냐?"라는 식으로 달려들곤 했다. 우리 근로자들이 그들 월급이 110달러로 매월 꼬박꼬박 지급되고 있다고 말해주자 그들은 놀라워했다. 서로 얼굴을 쳐다보며, "우리 월급이 백열(110) 딸라래?"라고 물으며 '나는 못 받았는데 너는 받았니?'라는 표정을 서로 주고받았다.

북한에 투자하는 모든 외국 기업이 이런 방식으로 노동력을 고용할 수밖에 없다면 과연 누가 투자하려고 하겠는가? 경제특구로 지정된 나진·선봉지역에 외국인의 투자실적이 미미한 것은 그곳이 단지 인프라가 갖춰지지 않은 외진 지역이기 때문만은 아니다. 현재와 같은 체제로는 평양을 경제특구로 지정한다 해도 마찬가지일 것이다. 북한이 아무리 외국인투자법을 만들고 제도를 보완한다 해도 가장 근본적 생산요소인 노동력공급체제를 바꾸지 않는 한, 즉 노동자 개개인에 대한 경제적 인센티브를 도입하지 않는 한, 일하나 노나 마찬가지라는 노동자들 인식은 바뀌지 않고 외국인 투자도 기대할 수 없을 것이다.

북한의 관료들도 이러한 문제점을 잘 알고 있다. 그러나 노동자들에 대한 개인적인 인센티브 제도를 도입하는 것은 북한식 사회주의 이데올로기와 지배체제의 근간을 뒤흔드는 것이다. 북한으로서도 이는 큰 딜레마일 것이다.

점심 한 끼의 위력

　북한 노동자의 적정임금수준은 얼마나 될까? 자유로운 노동시장이 존재한다면 노동임금은 그 노동력의 질과, 수요와 공급이라는 시장원리에 의해서 정해진다. 그러나 노동시장 개념이 전혀 없는 북한의 임금수준에 관해서는, 북한 정부가 내세우는 데이터는 큰 의미가 없다. 믿을 수 없는 통계숫자를 바탕으로 북한 경제의 변화 정도와 추세를 유추하는 것은 잘못된 지도를 가지고 길을 찾아가는 것과 같다. 따라서 북측과 임금교섭을 할 때 그들이 주장하는 적정임금의 근거는 그 자체가 신빙성이 없었다.

　1997년 6월 말 북한 정부는 유엔에 분담금을 적게 내기 위해서, 북한 경제가 수년간 마이너스 성장을 했기 때문에 북한의 1인당 GNP(국민총생산)가 240달러로 줄었다고 유엔에 보고했다. 이것은 4인 가족 기준으로 환산하면 960달러가 되고, 한 가구당 월 소득은 정확히 80달러가 된다. 그리고 이 수준은 경제특구인 나진·선봉지역에서 외국인 투자기업에 고용되는 북한 노동자들의 임금수준인 80~110달러와도 어느 정도 일치했다. 그런데도 처음에 북측은 그것이 "고양이 밥도 안 되는 수준"이라고 일축했다. 결국 우리 측에서 북한 정부가 유엔에 제출한 자료를 들이밀고 나서야 110달러 수준에 동의했다.

　그러나 공사가 시작되고 북한 노동자들이 실제로 일하는 태도를 보고 나서 내린 결론은, 그들의 적정임금은 그야말로 인간이 생존할 수 있는 최저 수준, 즉 밥을 먹여주는 정도라는 것이었다. 그것은 '점심 한 끼의 위력'에서도 알 수 있었다. 경수로 건설부지에서 일하는 북한 근로자들에게는 일하는 날만 점심식사가 제공된다. 그들은 우리 근로자들보다 밥을 세 배 가까이 많이 먹는다. 식판 하나면 우리 근로자들은 20명 정도 먹을 수 있는 양인데, 북한 근로자들은 8명이 먹어도 어떤 때는 모자란다. 2년 가까이 지난 후에도 그들의 식사량은 줄지 않는다. 마치 하루 식사량을 점심 한 끼니로 때우는 것 같았다.

북한 근로자들은 처음에는 툭하면 대들고, 아무것도 아닌 일로 집단으로 항의하거나, 내부 감시자의 눈치나 보면서 일종의 사보타주를 하곤 했다. 그러나 두세 달 뒤에 우리 자체 식당이 가동되고 북한 근로자들이 우리 식당에서 밥을 먹기 시작한 지 며칠 되지 않아서 그들의 태도가 변했다. 우리 측 노무관리자에 따르면 그들이 밥을 먹고 나서부터는 일도 열심히 하고 태도도 아주 고분고분하게 달라졌다는 것이다. '이거 이젠 이 직장에서 쫓겨나면 다시 옥쌀밥(옥수수밥)이나 먹어야 할 텐데, 이 일터에 오래 붙어 있으려면 남조선 놈들한테 딱지는 맞지 말아야지' 하는 생각일 것이다.

그 사람들은 처음으로 개인재산의 맛을 보았을 것이다. 이제는 자기 뱃속으로 들어가는 것이 생긴 것이다. 난생 처음 먹어보는 쌀밥에 고깃국, 고기반찬 아닌가? 북한 정권이 50년 동안 매년 애타게도 장담했던 "쌀밥과 고깃국을 먹여준다"는 약속이 이루어진 셈이다.

또 하나 흥미로운 이야기가 있다. 이들이 점심을 먹기 시작한 지 일년쯤 지나자 슬슬 반찬 투정하는 소리가 들리기 시작했다. 역시 사람

입맛은 어디서나 간사하다. 과거의 좋았던 기억은 오늘의 불만을 낳는다. 점심 한 끼가 어떠한 정치선전의 위력보다 더 큰 효과가 있었다.

18~19세기에 유럽 국가들이 아프리카를 식민지화하여 사탕, 코코아 등 환금작물을 생산하는 데 원주민 노동력을 동원하기 위해서 우선 식량이 될 수 있는 열매가 달리는 나무(흔히 빵나무라고 함)를 모두 잘랐다고 한다. 원래 원시공동체 사회에서는 생존에 필요한 최소한의 식량을 구하기 위한 노동, 예를 들면 사냥을 하거나 빵열매를 따는 정도 일 외에는 더 이상 일할 필요가 없었다. 원시사회의 문화적 기준에서는 먹는 것 이외의 다른 추가적인 소비수요가 발생할 수 없었기 때문이다. 따라서 이들 노동력을 활용하기 위해서는 우선 빵나무를 모조리 잘라 공짜로는 식량을 구할 수 없도록 만들어야 했던 것이다.

또 유럽인들은 이들에게 일을 더 시키기 위해서 높은 임금을 주지 않았다. 처음에는 노동시간을 늘리기 위해 추가로 일하는 시간에는 좀 더 높은 임금을 지급하는 유럽식 노동유인책을 썼다고 한다. 그러자 다음날에는 아무도 일하러 나오지 않았다. 원주민들은 먹고살 식량이 남아 있으면 더 이상 일하지 않았던 것이다. 오히려 임금을 낮추어 원주민들이 생존에 필요한 식량을 얻기 위해서는 좀 더 오랜 시간 일을 하도록 만들어야 했다. 다시 말하면 원주민들은 굶주리게 만들어야 계속 일을 한다는 것이다. 원주민들이 받을 수 있는 임금은 결국 기아선상에서 결정되었다.

이러한 노동임금의 아이러니는 과거 산업혁명기 영국에서도 나타났다. 산업혁명으로 공장에서 쫓겨난 노동자들이 빈민유랑자pauper로 전락하는 것을 방지하기 위해서 정부는 빵가격과 임금의 차액을 보존해주는 스피넘랜드법Speenhamland Law을 시행해오고 있었다. 보조율rate은 빵가격과 임금의 변동에 따라 일정한 비율로 연동되도록 정해졌다. 빵 가격이 오르거나 임금수준이 떨어지면 보조금을 더 많이 지급받을 수 있었다.

그런데 전혀 예상하지 못했던 문제가 발생했다. 고용주는 오히려 정부 보조금을 믿고 노동자 임금을 점차 내려버렸다. 노동자의 입장에서는 임금이 내려가도 그만큼 보조금을 더 받을 수 있으므로 크게 저항할 이유도 없었다. 따라서 이 경우 노동임금은 제로에 수렴해간다. 또한 노동자들은 열심히 일할 필요성을 못 느끼게 되었다. 임금을 어느 선 이상으로 많이 받으면 정부 보조금을 받지 못하기 때문이다.

차라리 짧은 시간만 일해서 임금을 적게 받고 나머지는 보조금을 타는 사람이 훨씬 영리하다. 남는 시간에는 개인 일을 하거나 빈둥거릴 수도 있다. 이렇게 정부의 임금보조정책은 열심히 일해서 좀 더 많은 돈을 벌겠다는 의지를 약화시키는 부작용을 초래했다. 정부가 노동자들에게 지급해야 하는 보조금은 눈덩이처럼 불어났고, 결국 정부예산이 이를 감당하지 못하는 지경에 이르렀다. 이는 20세기가 자랑하던 이른바 복지국가의 환상이 무너져 내리는 것을 목격한 서구 사회의 경험이기도하다.

이러한 왜곡된 노동조건과 식량부족 상황에서 예상되는 북한 노동자들의 행태는 간단하다. 북한 주민들은 정부로부터는 아무리 기다려도 원하는 만큼 배급을 받을 수 없고, 먹는 문제를 스스로 해결해야 한다. 만약 식량이 아예 바닥나고 정상적인 방법으로는 식량을 구할 수 없는 상황이라면 이들은 이미 정상적인 노동자가 아니다. 이들은 다른 것은 다 필요없고 오직 밥만 먹을 수 있게 해준다면 무슨 일이든 하겠다는 빈민 노동자로 전락할 수밖에 없다. 결국 적정임금이란 대강 밥 세 끼 먹는 수준이라는 추론이 더욱더 그럴 듯해지는 것이다.

개인재산이란 개념이 존재할 수 없는 북한 현 체제에서는 돈을 많이 벌어서 모으고, 그 돈으로 집을 사고, 자동차도 사고, 여행도 가는 등 좀 더 안락하게 살려는 욕망이 생길 수 없다. 개인적 쾌락은 물론 여행이나 등산과 같은 초보적 수준의 개인 여가생활도 마음대로 할 수 없기 때문이다. 좋은 옷을 사 입을 수도 없다.

북한은 먹고 마시는 것 이외에는 별로 할 일이 없는 사회다. 그러니 배불리 먹는 것 외에 돈은 벌어서 무엇하겠는가? 그래서 그들은 아프리카 원시공동체 사회에서 빵나무 열매나 따먹고 사는 사람들과 같은 수준의 소박한(?) 사람들이 되어버렸다. 따라서 노동자들이 열심히 일하도록 하기 위해서는 오히려 임금을 적게 주어야 한다는 이상한 결론이 나오게 된다. 돈을 벌 필요성을 느끼지 못하는 사람들이 임금을 더 준다고 일을 더 할 리가 없다. 그들에게는 배만 부르면 그저 빈둥거리며 노는 것이 훨씬 좋은 일일 것이기 때문이다.

언뜻 생각하면 개인적인 보수, 즉 인센티브를 인정해주면 되는 것 아니냐고 간단히 처방을 내릴지도 모르지만, 그것으로 다 해결되는 것은 아니다. 현재 북한 상태는 이러한 가장 기본적인 경제원칙마저 통하지 않을 정도로 깊고 깊은 수렁에 빠져 있다. 이 문제는 결국 경제문제가 아니라 역시 정치문제다. 북한 정권이 최소한의 개인적 경제활동의 자유를 인정하지 않는 한, 어떤 개방정책도 실효를 거둘 수 없을 것이다. 이것이 북한이 국내적으로 처해 있는 딜레마다.

'마피아 사회주의'

북한 정권 엘리트들도 자신들에게 가장 이로운 방법으로 경제적 어려움을 벗어나서 이른바 '강성대국'의 길로 나서겠다고 열심히 머리를 짜내고 있을 것이다. 아마 중하급 수준의 관리들만 해도 현 체제를 고수하는 것보다는 뭔가 새로운 바람이 불기를 기다리고 있는 것 같다.

그러나 철저한 보수파들도 있을 것이다. 그들은 북한 사람들이 흔히 말하는 '초당분자(강경파, 원리주의자)'들일 수도 있고, 군부라는 하나의 권력집단일 수도 있고, 몇 명 안 되는 최상위 권력자들일 수도 있다. 이들에게는 자신들 권력과 기득권만 유지된다면 일반 주민들은 어떻게 살든 알 바 아닐 것이다.

이미 북한에서는 가진 자와 못 가진 자의 사회적 신분이 각기 별개 세상 사람들처럼 벌어졌다. 북한에서는 자기 자동차를 타고 다니는 것은 신분과 계급의 상징이다. 그러니 자동차를 타고 쌩쌩 달리는 사람들 기분은 속된 말로 째진다. 그런 사람들에게도 혹시 개방을 하면, 지금 타고 있는 오른쪽 핸들의 일제 중고차를 왼쪽에 핸들이 있는 번쩍번쩍한 벤츠로 바꿀 수 있게 된다면 개방은 좋은 것이다. 그러니까 지배계급의 입맛에 맞는 개방이라면 못 할 것도 없다. 그러나 문제는 어떻게 지배계급의 권력과 특권을 그대로 유지하면서 개방하느냐다. 이런 것이 북한 정권 스스로가 생각할 수 있는 개방 한계선일 것이다.

북한 정권은 지금도 이런 꿈을 꾸고 있을 것이다. 그러나 배상이든 원조든 투자든 북한 정권이 현 체제를 그대로 유지하면서 이를 끌어들이는 것은 거의 불가능할 것이다. 이미 국제구호단체의 원조도 시들해져가고 있는 형편이다.

외국 기업은 생산비용을 절감하기 위해서 생산거점을 옮기는 것이 보통이다. 하지만 북한 노동자의 문제점은 이미 널리 알려져 있는데 비싼 임금을 주면서 북한에 공장을 차릴 바보 같은 투자자는 없다. 따라서 북한 정권이 체제를 그대로 유지하면서 그들 나름대로 개방을 통해 얻을 수 있는 이익이란 거의 없을 것이다. 혹시 외국인 투자를 담당하는 관리들에게는 적당히 개인적인 이익을 챙길 수 있어 좋은 일일지 모르지만.

사실 이제까지 북한 개방의 특성을 한마디로 표현하라고 한다면, 권력을 담보로 이익을 챙기는 북한의 특권적 지배계급과, 특혜적 이익rent을 기대하는 외국 자본의 결합이라고 말할 수 있을 것이다. 즉 놈 촘스키Noam Chomsky가 현대판 경제적 제국주의의 한 형태로 지적한 "부자 나라의 돈 있는 자와 가난한 나라의 권력 있는 자들 간의 전형적인 국제적 정경유착"이 된다. 폐쇄적인 독재국가가 어떤 형태로든 외국과 경제적 거래를 할 때 지배계급이나 관료가 부패할 가능성이 아주 높다. 지배계급은 서로 간 결속을 유지하기 위해서 각자의 부패는 서로 적당히 눈감아주는 경향이 있다. 그래서 각자 다른 돈주머니를 차고 영업한다. 이들은 정치적 권력다툼에서 패할 경우에만 부패가 적발되고 처벌된다. 그런 현상이야 우리 사회라고 뭐 그리 다를 것도 없다.

외국 기업은 그러한 권력계층과 결탁하여 독점권 확보나 탈세, 또는 값싼 원료 공급 등 특혜적 이익을 극대화하려 한다. 이들에게는 자본주의 시장원리 '보이지 않는 손'이 문제를 해결해주는 것이 아니라 '보이지 않는 검은 손'이 문제를 해결하는 것이다. 러시아에서는 그런 양상을 '마피아 자본주의'라고 불렀다. 우리는 북한이 개방하는 과정에서도 그 비슷한 예를 구경하게 될지도 모른다.

그런데 현재 지배계급이 권력과 특권을 그대로 유지하면서 좀 더 많은 돈을 벌어들일 수 있는 어떤 묘안을 강구하더라도, 그것은 시장경제 개념을 부분적으로라도 가미하는 방향으로 전환하는 것 이외에는 다른 방법이 없을 것이다. 1998년에 개정된 헌법에서 북한 정권이 개인 소득과 소유권을 부분적으로 인정했으며, 그것을 북한이 개혁과 개방의 길로 나가겠다는 일종의 단서인 것처럼 말했던 사람들이 있다. 많은 북한 관련 학자들도 그랬다.

그러나 그것은 사실이 아니다. 북한 신헌법에는 분명히 개인소유를 인정한다고는 하고 있으나, 그것은 "공민들의 개인적이며 소비적인 목적을 위한 소유"며, "노동에 의한 사회주의 분배와 국가와 사회의 추가적인 혜택으로 이루어지고", "텃밭 경리를 비롯한 개인부업 경리에서 나오는 생산물과 그 밖의 합법적인 경제활동을 통하여 얻은 수입도 개인 소유에 속한다"(헌법 42조)는 극히 제한적인 의미였다. 그런데 개인 소득이란 개인 스스로 생산하는 것이 아니라 국가가 주는 것만을 의미한다. 그리고 무엇이 '합법적'인 경리인가? 개인이 자유롭게 선택할 수 있는 개인의 것은 결국 텃밭 농작물밖에 없다.

그리고 개인의 것은 소비적인 목적의 것이지, "생산수단은 국가와 사회협동단체만이 소유할 수 있다"(헌법 20조). 따라서 개인적 이익을 창출하기 위해서 생산활동을 하는 것은 부정된다. 그리고 국가 소유권의 대상에는 제한이 없으므로(헌법 21조), 개인의 소유권은 필요할 경우 언제든지 부정될 수 있다. 또한 개인의 이익은 집단주의 원칙(헌법 63조)에 의해서 다시 한 번 부정된다. 따라서 사실상 개인의 소유권이란 없는 것이다. 그리고 "대외무역은 국가 또는 사회협동단체가 한다."(헌법 36조), "국가는 국가기관, 기업소, 단체가 다른 나라의 법인 또는 개인들과의 기업합영과 합작, 특수 경제지대에서의 여러 가지 기업 창설 운영을 장려한다."(헌법 37조)

따라서 개인적인 상업활동은 인정되지 않는다. 가격의 자율적 기능에 대해서는 물론 개념조차 없다. 소유권을 인정한다는 것은 '생산수단'을 소유하는 자유와 권리를 인정한다는 뜻이다. 따라서 현재 북한 체제나 법률상으로는 진정한 의미에서 경제개혁이나 개방을 위한 어떠한 준비도 되어 있지 않다는 것이 보다 정확한 관찰일 것이다.

이러한 현실에서 북한 정권이 취할 수 있는 최소한의 경제개혁이 과연 어느 정도일까 상상해보자. 그러한 개혁의 징조는 다음의 세 가지 분야에서 나타날 것이다. 첫째, 개인소득과 재산의 축적을 허용하는 것, 둘째, 개인적인 상업활동의 자유를 인정하는 것, 셋째, 가격을 자율화하는 것이다. 이 세 가지 모두 자유화될 수 있다면, 그것은 적어도 기본적인 자본주의 시장경제로의 이행을 의미한다. 그러나 북한 정권이 그 정도로 앞서 나갈 것이라고는 결코 기대할 수 없다. 다만 부분적이고 제한적으로 어떤 비슷한 조치를 취할 수 있을 것인가가 현실적인 관심 대상이다.

첫째, 가장 중요한 것으로서 개인소득, 즉 노동 인센티브를 부분적으로라도 허용하는 것이다. 물론 이것은 생산물을 개인의 능력과 성과에 따라 차등적으로 분배한다는 것인데, 북한식 사회주의의 '평등' 개념과는 정면으로 배치되는 것이다.

정치적으로는 민감한 일로써 그 자체를 터부시한다. 그렇다 하더라도 제한적으로 외국인 투자기업에 고용되는 노동자들에 대해서만은 인센티브 제도를 인정해줄 수 있지 않을까? 국가기관은 북한 노동자들을 외국 기업에 공급해주고, 이들이 벌어들이는 임금 중 일부는 노동자에게 직접 지급하고 나머지는 국가가 가져가는 것이다. 여기서 임금 중 일부를 노동자에게 지급한다는 것은 그 노동자들이 국내 사업에서 일할 때보다 더 많은 소득을 얻게 해준다거나, 외국인 고용주가 주는 특별한 보너스를 받을 수 있도록 허용해주는 것을 의미한다.

한편 북한 노동자들이 개인소득을 올릴 수 있는 여건이 마련된다 해도 그 새로운 소득을 소비할 수 있는 또 하나의 환경이 마련되지 않으면, 그 새로운 인센티브는 노동자들의 노동의욕을 계속해서 자극할 수 없을 것이다. 바로 빵나무 열매나 따먹고 사는 원주민들의 경우와 마찬가지다. 돈은 벌어서 무엇하겠는가? 쓸 데도 없고, 소비하는 즐거움도 없을 텐데. 따라서 주민들에게, 예를 들면 동구권 사회주의국가에서 볼 수 있었던 국영 외화상점 같은 곳에서 신기한(?) 물건들을 살 수 있도록 해주는 것도 하나의 방법이 될 것이다. 그러한 상점을 외국인 투자지역이나 인근 지방도시에 설치하면 노동자들이 벌어들인 외화소득을 다시 국가(또는 어떤 부패한 권력자)가 자연스럽게 회수할 수 있을 것이다.

이 경우에는 북한 노동자들의 생산성도 높아지고, 그에 따라 외국인 투자기업도 보다 높은 임금을 지급할 의사도 있어, 북한 정부나 노동자 개인, 외국인 투자기업 모두 더 많은 소득을 올릴 수 있게 된다. 모두가 행복한 일이다. 물론 외국인 기업에 투입될 노동자들은 북한 사회에서 이미 어느 정도 특권을 누리고 살던 사람들일 가능성이 매우 높다.

두 번째로, 상업 자유화는 개인 소유 상점이나 사적인 생산활동을 허용하느냐 마느냐 하는 것이 핵심적인 초점인데, 북한이 여기까지 자유화를 취할 수 있을까? 20년 전에도 조그만 옷장이나 빗자루 등을 가지고 장마당으로 가는 사람들이 눈에 띄었던 것으로 봐서는 가내수공업 수준의 생활용품 생산은 눈감아주는 듯했다. 따라서 장마당을 중심으로 좀 더 민감한 품목이 거래되는 암시장이 발전할 정도의 상업활동 선에서 허용될 가능성은 있다.

세 번째로, 가격 자율화는 가장 멀고도 먼 이야기일 것이다. 가격자율화는 북한체제의 근본적인 변화를 의미하는 것이기 때문이다. 모든 가격을 현실적인 수준으로 인상한다는 것과 가격 자율화는 근본적으로 다른 것이다. 다만 장마당이나 암시장에서 형성되는 암거래 가격이 시장가격으로 수요와 공급에 맞추어 제한적으로나마 기능하게 될 것으로 보인다. 결국 북한의 대외 경제관계는 국가기관과 외국 기업 간의 거래라는 한계를 넘지 못할 것이다. 이러한 한계 때문에 현 상태에서는 미국이 경제제재 조치를 해제한다 하더라도, 북한이 기대하는 실제의 경제적 효과는 거의 없을 것이다.

따라서 북한 개방의 초점은 다음과 같은 문제에 귀착된다.

첫째, 현 체제를 유지하면서 경제개혁을 하는 북한판 정경분리정책에 대한 북한 정권의 인식이나 자신감 여부다.

둘째, 경제 분야에서의 부분적인 개혁·개방이 북한 국내체제에 미칠 영향을 어느 정도까지 감수할 수 있을지에 대한 북한 정권 스스로의 계산이다. 즉 이 경우 제한적 관광사업과 같은 정치적으로 덜 민감한 분야를 우선적으로 선호할 것이다.

셋째, 국내 정치적 부담을 상쇄하거나 능가할 수 있는 반사적 경제이익의 규모에 관한 북한 정권의 평가다.

넷째, 공짜로 거두어들일 수 있는 경제적 이익의 규모다. 즉 '협박외교'로 벌어들일 수 있는 대가성 이익이 충분히 클 경우에는 부담을 안으면서까지 개방을 할 가능성은 그만큼 낮아질 것이다.

결국 북한의 개방에 따르는 경제적 이익은 북한 정권 스스로가 선택하는 변신 폭에 따라 결정될 수 있다. 북한 현 체제를 고수하면서 생존 가능한 최저 수준의 단기·단속적·일회성 경제적 이익을 얻든가, 아니면 현 체제의 골격을 어느 정도 수정하면서 가급적 최대한의 중장기적·연속적·구조적인 경제적 이익을 얻을 것인가 하는 선택을 할 수 있을 것이다.

어떤 경우에든 북한 현 체제 속에서 정치와 경제를 동시에 지배하는 일정한 권력을 가진 자들이 '마피아'가 될 것이라는 점은 러시아와 크게 다르지 않을 것이다. 단지 겉으로 내세우는 간판이 계속해서 '사회주의'일 뿐이다.

2부

한반도 평화구상

북한문제와 북핵문제, 어떻게 풀 것인가

1장
북한은 변화하고 있나

벼랑끝 전술의 이면

1993년 3월, 북한이 핵확산금지조약 탈퇴 선언을 하면서 '벼랑끝 전술'은 북한의 국제적 트레이드마크가 되었다. 북한의 도발적 행태나 노골적인 엄포는 어제오늘의 얘기가 아니다. 남북 관계에서 우리는 이미 수없이 보고 겪어왔다. 그래서 한때는 북한의 이러한 행태를 이론화한 해석까지도 있었다.

북한이 어떤 사태를 최고조의 긴장상태로까지 몰고 가면서 엄포를 놓는 행태는 곧 이어서 북한이 뭔가 타협에 응하든가, 우리 측이 내놓은 안을 수용할 것이라는 신호가 된다는 해석이 북한 전문가들 가운데서는 일반화된 하나의 이론이었다. 그리고 그러한 행태는 북한 내부사정과 관련 있는 것이라고 했다. 북한은 내부 결속을 유지하고 주민들에 대한 강력한 통치능력을 계속 행사하기 위해서는, 적들에 대해서는 언제나 승리한다는 것을 보여주어야 했다. 따라서 타협 직전까지 더욱 강하고 공격적인 모습을 대내외에 보여주어야 한다는 것이다. 북핵문제와 관련해서 미국이 직접 북한의 협상상대로 등장하면서, 북한의 이러한 행태가 국제사회의 주목을 받게 되었다.

어떤 상대방과 대결하든 협상하든 간에 초기 단계에서는 원칙적이고 강한 입장으로 협상을 시작한다는 것은 상식에 가까운 전략이다. 그래서 국제정치학의 초보적인 이론서에는 언제나 '게임이론'이 등장한다. 특히 '치킨게임(겁쟁이게임)'은 미국 젊은이들이 누가 더 무모하게 용감한가를 겨루기 위해서 하는 자동차 충돌 결투다. 이때 아무도 피하지 않으면 둘 다 죽고, 둘 다 피하면 모두 산다. 그런데 어느 한쪽 사람만 피한다면 그는 겁쟁이가 되고, 무모하게 돌진한 사람은 승리자가 되는 것이다. 이런 게임을 때로는 마주보고 달리는 기관차 두 대로 비유하기도 한다.

북한 사람들은 적과 우리 편을 분명하게 획일적으로 구분한다. 적은 무자비하게 파괴해야 할 대상이고, 상대방이 친구라고 느껴지면 그들은 '우리 편'이다. 문제는 친구가 되려면 '우리'와 처음부터 끝까지 똑같아야 한다는 것이다. 1퍼센트라도 생각이 다른 것을 그들은 용납할 수가 없다. 그러다 보니 외부 사람들은 대부분 의심스러운 적이 될 가능성이 높다. 그래서 협상 상대를 처음부터 항상 '적'이라는 관점에서 본다. 따라서 협상은 혁명적인 치열한 전투가 되고, 언제나 통쾌하게 이겨야 한다. 그런 것이 북한 협상대표들을 항상 옥죄고 있는 멍에다.

그렇기 때문에 '벼랑끝 전술'은 전술이 아니다. 정형화된 어떤 행태가운데 하나라고 보는 것이 더 정확한 관찰일 것이다. 즉 '벼랑끝 행태'다. 북측 협상대표들의 행태는 대체적으로 다음 몇 가지로 요약해볼 수 있다.

첫째, 이들은 져서는 안 된다는, 밀려서는 안 된다는 강박관념이 너무도 강하다. 게다가 상대방이 그냥 듣고만 있으면 자기 스스로 도취되어 그런지 자꾸만 더 강경해져간다. 그래서 자신이 한 발언에 대해 확인하는 질문을 하면 더 강한 대답을 하는 경향도 있다. 기자들이 질문을 해봐야 더 큰 목소리의 "NO"라는 말을 듣든가, 또는 "핵미사일이야 당연히 쏘디, 우리 주권사항이니까"라는 대답만 듣게 된다. 따라서 초기 단계에서 이들은 어디로 튈지 모르는 럭비공과 같다. 그러나 시간이 지나고 구체적인 내용으로 들어가면서 틈이 보이기 시작한다.

둘째, 교섭 결과를 이끌어내는 데 무척이나 긴 시간이 걸린다. 그들은 하나하나 어딘가에 물어보거나 보고해야 한다. 그러니 즉석에서 명확하게 대답하는 경우가 없다. 어떤 때는 아예 대꾸하지 않고 피한다. 다음 번 회의에서 논의하기로 해도 그 다음 번 회담을 언제 할 것인지에 대해서도 그 자리에서 결정할 수 없다. 그래서 언제나 답답하다. 그런데 이런 내용이 언론에 알려지면 이것이 마치 북측의 불만의 표시라든가, 협상을 깨려는 의도라든가 하는 것으로 비쳐지게 된다.

셋째, 상대방이 내놓은 안에 대해서 북측이 수정안이나 대안을 내는 경우가 드물다. 사실 이런 것은 남한이라고 해서 다를 것도 없다. 그들은 처음에는 그냥 발로 차버리듯이 거부의사만 밝힌다. 일종의 '수동성 전략'이다. 왜냐하면 북측이 계속 거부하는 동안에 상대방 입장은 점차 완화되기 때문이다. 이런 행태는 주로 "우리는 영어가 잘 안 되니까 그쪽에서 먼저 초안을 만들어달라", "우리는 컴퓨터가 없으니까…" 라는 식의 동정을 구하는 듯한 핑계로부터 시작되곤 한다. 일반적으로 는 교섭할 때 초안을 만든 쪽이 아무래도 유리하다. 그런데 북한과의 교섭에서는 결과가 정반대로 나타난다.

넷째, 교섭에는 이중 채널이 있다. 공식석상에서 대표가 말하는 입장과 비공식적인 자리에서 다른 어떤 대표가 말하는 입장에는 종종 차이가 있다. 즉 공식석상에서는 최대한 강경한 입장으로 일관하지만, 다른 사람이 비공식적으로 언급하는 입장은 좀 더 유연한 경우가 많다. 그리고 수석대표가 아닌 다른 어떤 인물의 권한이 더 큰 경우도 있다.

다섯째, 동문서답하는 경우가 많다. 이것은 답변하기가 곤란할 때 보이는 행태이다.

여섯째, 미리 어떤 사항에 관한 약속을 하고 결정을 하는 것보다는 "그때그때 가봐서 협의하자"는 것을 더 선호한다. 예를 들면 경수로 부지에서 급한 환자가 발생했을 때 긴급후송 절차에 관해서 북측과 2년을 교섭해도 결론이 나지 않았다. 그러다가 정작 부지에서 사람이 죽거나 다치거나 했을 때는 사전절차 합의 없이도 그때 상황에 따라 곧잘 협조해주었다. 물론 그런 상황이 실제로 발생했을 때는 우리 측이 강하게 밀어붙이는 것이 그들 내부에서 협의하는 데 오히려 도움을 주는 측면이 있다.

일곱째, 막판에 가서는 내부 보고용 명분과 형식을 더 중시하는 경향이 있다. 일반적으로 북한은 협상에서 실리를 잘 챙긴다고 하는데, 엄밀히 말하면 그러한 실리란 '명분을 세우는 데 필요한 실리'라는 것이 더 정확한 표현일 것이다. 속에 숨어서 안 보이는 중요한 것보다는 별 볼일 없는 것이라도 눈에 드러나는 성과를 더 챙긴다. 어떤 때는 명분에 대한 집착이 실리적인 측면을 완전히 압도해버리기도 한다. 그런 것을 어떤 사람들은 "북한 사람들은 자존심이 강하다"라고 말하는데, 그것은 사실 자존심과는 거리가 먼 것이다. 오히려 콤플렉스 또는 관료주의적 속성이다.

외부에 투영되는 이러한 전형적 행태가 협상상대를 답답하고 초조하게 만들기도 하고, 화나게 하기도 하고, 궁극적으로는 상대방의 협상의지를 약화시키기도 한다. 그리고 주변 다른 상황이 어우러져 북한식 '벼랑끝 전술'이라고 불리는 '벼랑끝 행태'가 연출된다.

북한 사람들이 이러한 행태를 보일 수밖에 없는 속사정은 무엇일까? 그것은 그들의 일상적인 버릇일까, 아니면 자신감의 표현일까? 또는 "약한 개가 먼저 이빨을 드러내며 으르렁거린다"는 말처럼 '힘이 없다'는 것을 시사하는 것일까?

그들을 여러 각도에서 관찰해보면 몇 가지 그럴 듯한 배경요인을 발견할 수 있다.

첫째, 통상 전면에 나서는 사람들의 재량권이 거의 없다. 실제 권한이 있는 자들은 직접 전면에 나서지 않고 무대 뒤에서 조종하는 경우가 대부분이다. 정보기관이나 감시기관의 권력이 더 세기 때문에 이들이 공식적인 대표를 조종하기도 한다. 이러한 복잡한 권력장치로 결정을 내리는 자도 없고, 자주 번복하고, 지루하게 긴 시간을 기다리는 것이다.

둘째, 가장 전형적으로 눈에 보이는 행태인데, 독재체제 특유의 경직되고 위축된 관료주의가 작용한다. 그들은 어떠한 경우에도 자신에게 책임이 돌아올 것을 두려워한다. 그래서 "Yes"라는 말보다는 "No"라는 대답이 속 편하다. 자신에게 위임된 권한을 되도록 축소하여 해석하고, 자신이 결정하기보다는 무엇이든지 상부나 권력기관에 지침을 물어보는 것이 가장 안전한 방책이라고 생각한다. 자신 의견보다는 상대방 의견을 그대로 상부에 전달하고, "어찌하오리까?" 하는 것이 안전한 길이다. 또한 이렇게 위축된 관료주의는 무엇이든 미리 정해놓는 것보다는 그때그때 상황을 보아가면서 처리하기를 원하고, 실리보다는 그럴 듯하게 명분으로 포장된 결정을 더 선호하는 결과를 낳는 것이다.

셋째는 이들이 무지하다는 것이다. 무지하다는 것은 정보가 통제된 사회에서는 일반적으로 그들 상식수준이 낮기 때문에 협상대표 자신의 지식수준이 낮을 가능성이 크다는 것이다. 모르는 것에 대해서 긍정적인 대답을 하는 것 자체가 위험한 일이므로, 우선 부정하거나 거부하는 것이 상책이다. 폐쇄된 독재체제에서는 거짓 보고서가 더욱 쉽게 횡행한다. 그래서 그 이전의 협상내용이나, 관련되는 다른 분야에 관한 정보가 각색되어 전달될 가능성이 크다.

마지막으로, 북한 사람들의 혁명투쟁적 심리구조가 협상을 혁명전투장으로 만든다. 보통은 강경파가 온건파보다는 정책 주도권을 잡을 가능성이 더 크다. 내부 협의과정에서 정책은 가장 강한 세력의 이익으로 응축되고, 교섭자는 모든 결정을 이 세력(예를 들면 군부)에게 떠밀고 자신은 단순한 전달자로서 그 입장을 더욱 강하게 대변한다.

이것이 점점 갈수록 입장이 강경해지는 것으로 비쳐지기도 한다. 그러다가 최종적인 결정권을 가진 자가 마지막 타협할 선을 결정한다.

그러면 표면에 나서 있던 교섭자는 언제 그랬냐는 듯이 만면에 미소를 머금고 이를 전달한다. 특히 그 교섭자가 실권이 없는 자일수록 이러한 태도변화의 낙차가 심하고, 강온의 진폭이 크다. 따라서 강하게 보이는 자가 사실은 힘없는 자라는 등식이 성립되기도 한다.

이러한 여러 측면의 모습이 어우러져서 '벼랑끝'이 연출된다. 그 벼랑의 끝에서 일어날 수 있는 일은 내가 떨어지든가, 네가 떨어지든가, 둘 다 떨어지든가, 아니면 둘이 그냥 여전히 노려보며 서 있든가 하는 것이다.

두 개의 판도라 상자

북한은 지금 두 개의 판도라 상자를 안고 있다. 그중 하나는 '우리 식대로 살 수 있다'는 그들 나름의 희망이 들어 있다고 생각되는 상자다. 그러나 판도라 상자에는 좋은 것만 들어 있는 것은 아니다. 그 상자를 열면 언제나 질병과 악이 먼저 뛰쳐나오고 희망은 동작이 늦어 늦게 나온다. 그래서 인간에게는 모든 고통과 역경을 맛보고 난 후에야 희망이 찾아온다고 한다. 그런데 '우리 식대로 살자'는 상자에 그나마 들어 있는 희망은 미래에 대한 희망이 아니라 현상을 유지하겠다는 퇴행적 희망이다. 그래서 그 상자를 열면 먼저 튀어나오는 것은 굶주림과 혼란이고, 희망이라고 할 수 있는 것은 기껏해야 '현 상태를 더 끌고 갈 수 있을 것이라고 기대'하는 것뿐이다.

문제는 현재 북한의 상황은 '우리 식대로' 홀로 조용하게 살 형편이 되지 않는다는 것이다. 북한이나 남한 모두 자급자족이 어려운 자연조건에서 살고 있다. 남북한 어디에 7천 만 인구를 배불리 먹여 살릴 수 있는 넓은 땅이 있는가, 아니면 어디서 금이 쏟아져 나오나, 다른 광물자원이 풍부하기나 한가? 따라서 우리 식대로 산다는 것은 굶주리며 살다 죽어간다는 것을 의미할 뿐이다. 그러한 징조가 바로 '고난의 행군' 시절 북한에서 나타났다. 세대를 거듭할수록 키는 작아지고, 젊은 세대일수록 더 나이 들어 보이는 생태학적인 퇴보현상마저 일어났다. 전 세계를 상대로 식량을 구걸해서 현상을 유지하는 데는 한계가 있다. 원조는 줄어 들 것이다. 그리고 "너희들이 하나도 변하지 않는데 언제까지 식량원조만 하란 말이냐?"라는 목소리가 커질 것이다.

북한 정권은 현재와 같은 상태를 유지하는 것은 궁극적으로 남한과의 경쟁에서 패배하는 길이라는 것을 모르고 있을까? 설사 그들이 원하는 대로 미군이 철수한다고 치자. 그렇다고 그때 가서 그들이 한국군과 상대하는 것이 과연 안전하고 유리한 것일까? 대답은 한마디로 "아니올시다"다. 북한 지배계급은 이제 미군이 과연 누구를 위해서 한반도에 있는 것인지 잘 생각해보아야 할 것이다.

그들이 추구하는 '우리 식대로의 사회주의'를 버리고 무조건 자본주의로 바꿔야 산다는 극단적인 논리도 맞지 않을 수 있다. 중요한 것은 그들 스스로가 현 체제 속에서라도 변해야 한다는 것이다. 그들은 지금 사회주의적 에너지마저 상실한 상태다.

그래서 남은 하나의 판도라 상자는 변화를 위한 상자다. 그 상자 속에도 역시 질병과 고통이 있고 희망이 있다. 그 상자를 열었을 때도 희망이 먼저 나오는 것은 물론 아니다. 그러나 그 상자에서 나오는 고통은 절망을 알리는 고통이 아니다. 좀 더 '강해지기 위해' 껍질을 벗는 잠시의 고통일 뿐이다. 또한 희망은 발전을 약속하는 것이다.

북한 정부 지배계급이 원하는 것이 현재의 권력과 특권을 유지하는 것이라면, 그들이 원하는 방향대로 그들의 이익을 더 키우고 주민들의 고통도 더는 방안이 없을 리가 없다. 그들이 변화를 두려워한다면 그들 스스로가 혁명가가 아니라 사실은 보수적 반동주의자라는 것을 폭로하는 것이다. 혁명이 현재의 것을 단순히 지키는 것을 의미한 적은 없다. 그들이 외치는 것처럼 '사회주의를 지키고 건설하기' 위해서도, '강성대국'이 되기 위해서도, 그들은 현재의 고립에서 탈피해야 한다.

북한에 있어 '강성대국'과 '자력갱생'은 서로 양립할 수 없는 말이다. '강성대국'이 되기 위해서는 '나의 자원'뿐 아니라 남의 자원과 재산도 이용할 줄 알아야 한다. 더구나 '나의 자원'이 부족한 형편에서야 두 말할 필요도 없다. '자력갱생'을 한다고 해서 사회주의고, 안 한다고 해서 사회주의가 아니라는 등식은 없다. 중요한 것은 그들이 사회주의를 하려고 한다면 그것이라도 잘해야 한다는 것이다.

지배계급의 기득권도 그렇다. 자꾸 줄어들기만 하는 쌀독에서 남보다 더 많이 퍼가겠다고 힘으로만 억누르는 것과, 늘어가는 쌀독에서 큰 저항 없이 우아하게 더 퍼가는 것 중 어느 쪽이 더 좋을까? 사회주의든 자본주의든 간에 시간 흐름에 따라 발전이 있어야 하고, 발전은 곧 변화에서부터 비롯되는 것이다. 어느 사회든, 어떤 체제든, 스스로 시대와 환경에 적응하기 위해서 변해갈 수 있는 능력이 진정한 자력갱생의 길이다. 그것이야말로 자신들이 지키고자 하는 이익을 지키는 것이다. 북한 정권에 정말로 똑똑한 인재가 있다면 그래도 좀 더 나은 상자를 좀 더 일찍 열 수 있을 것이다.

북한 정권의 핵심은 자신들만의 기득권을 유지하기 위해서 안팎으로 전시 긴장상태를 원할 것이고, 필요하면 언제든지 다시 그러한 상황을 연출하려 할 것이다. 그러나 그 사회 내부에서도 변화는 느끼지 못하는 사이에 누적되고 있다. 바로 세대 간 변화다.

20년 전에도 젊은 관료들 사이에서는 실용적인 성향이 힘차게 자라고 있었다. 그들은 바깥세상을 좀 더 알기를 원하는 세대다. "우리 세대가 뭐 서로 전쟁을 했나? 거저 늙은 영감들이 벌인 것이디", "우리가 지금 못 사는 것이 뭐 우리 때문이가서? 늙은 놈들이 다 망쳐놓은 거이디"라고 볼멘 불만도 터뜨리고 상하는 자존심을 추스를 줄도 아는 세대였다. 그들은 비록 거대한 체제의 틀 속에서 자기 목소리를 내지는 못하지만 정치적·경제적으로 성장하고 있다는 것은 엄연한 사실이다. 북한도 결국은 사람 사는 사회다. 우리 사회에서 보이는 신구세대 간 갈등과 크게 다를 것이 없다. 그나마 이런 것이 우리에게는 유일한 희망이다.

변화 징후

우리는 언제나 가뭄에 단비 기다리듯 북한의 변화를 기다린다. 북한에 관한 무슨 정보라도 있으면 그것이 어떤 변화 징조가 아닐까 하는 기대감에 넘친 해석들이 분분하다. 우리 눈에 보이는 조그만 변화들이 몇 가지 있긴 있다. 다만 그것은 무슨 커다란 정책 변화에 따른 결과라기보다는 인간사회에서 자연발생적으로 일어날 수 있는 변화라는 것이 좀 더 정확한 시각인 것 같다. 우리가 20년 전에 경험했던 조그만 변화라는 것은 대강 이런 것들이다.

첫째는 북측에서 초기에 우리에게 보였던 민감한 경계심이 조금은 누그러졌다는 것이다. 처음에는 부지 밖으로의 여행은 예외 없이 야간에 밤을 틈타서 이루어졌다. 그러던 것이 1년 뒤부터는 밝은 시간대에도 통행할 수 있게 되었다. 여행 중 식사도 함흥에서 외떨어진 곳에 있는 마전휴양소가 아니라 함흥 시내 한가운데 대로변에 있는 신흥산여관 식당에서 하게 되었고, 서울로 나갈 때의 숙박도 역시 마전이 아닌 평양 고려호텔에서 할 수 있게 되었다.

이러한 변화는 시간이 지남에 따라 서로가 어느 정도 익숙해졌기 때문일 수도 있고, 우리가 다니는 통행로 주변 주민들이 우리 존재를 어느 정도 알게 되어 구태여 감출 필요가 없어졌기 때문일지도 모른다. 또 북한 관계자들 스스로가 불편했기 때문일 수도 있고, 안전상 문제를 고려한 결과일 수도 있다. 그리고 그들 나름대로 우리에 대한 통제에 자신이 생겼다는 통제기술 향상에 따른 여유일 수도 있다. 그러나 이러한 외면적 변화에도 적대감과 격리 원칙은 여전하다. 그래서 이러한 변화가 북한의 근본적 정책이나 변화에 따른 결과는 아닐 것이다.

두 번째로는 장마당이 있다. 물론 현재는 장마당이 일상화된 시장이 되었다. 1997년 여름 우리가 도착한 초기부터 '농민시장'이 선다는 말은 들었다. 당시에는 '오늘이 장 서는 날이구나'라는 감도 못 잡을 정도로 거리 표면에 그 분위기가 나타나지도 않았다. 한참 뒤에야 농민들의 휴무일이라는 매달 1일, 11일, 21일에 장이 선다는 것을 알게 되었지만, 그런 날도 길가 행인들에게서 특별한 변화를 느낄 수는 없었다.

그런데 1년 정도 뒤부터 장이 서는 날만 되면 인근 지역 주민들이 이른 아침부터 속후리 쪽으로 새카맣게 몰려갔다가는 오후 3~4시경에 되돌아가는 광경이 눈에 띄기 시작했다. 그날은 행인 수가 평상시보다 훨씬 많아지는 것이다. 그날은 길을 걸어가는 사람들의 보따리도 다양해진다. 닭이나 오리 같은 가금류도 있고, 밀짚 같은 것으로 만든 빗자루, 장작 등 여러 종류의 짐 보따리가 보인다. 장마당이 옛날보다 훨씬 더 활성화되었다는 증거라고 할 수 있다.

장마당이 상당히 생활화되었다는 증거는 평양 고려호텔에서도 발견할 수 있었다. 고려호텔 1층 로비 한쪽에는 외화상점이 있는데 북한의 '팔자 좋은' 여자들이 꽤 찾아왔다. 그래서 고려호텔에 묵을 때마다 그곳에 가서 흘러 다니는 대화를 듣곤 했다.

중년 여자 서너 명이 여자 속옷 파는 곳에서 이것저것 살펴보다가 한 여자가 말했다.

"여기는 ○○가 아주 비싸다 뭐. 난 장마당에 가 보가서. 가서 있으면 거기서 한두 개 사디 뭐."

그러자 같이 온 여자 가 맞장구를 쳤다.

"아, 그거 내래 있는 거 봐서, 여기보다는 싸갔디 뭐. 같이 가자우야. 나도 거기서 한 개 사야가서."

이런 대화를 들으면 장마당이 상당히 생활화되었다는 것을 알 수 있었다. 그리고 북한, 좀 더 정확히 말하자면 '평양' 아주머니들이 이제는 가격이 싸다 비싸다 하는 개념도 알고, 비교도 하고, 그중에서 선택을 할 줄 알게 되었구나 하는, 약간은 비약적인 추론도 해본다. 선택의 자유는 개인주의와 시장원리의 출발점이자 그 시스템을 움직이는 기본 원동력이다.

세 번째로는 행상을 들 수 있다. 같은 상업이지만 일정한 날만이 아니라 아무 때나 보인다는 점에서 장마당과는 다르다. 1997년 여름 함흥 시내에서 하얀 통을 들고 얼음과자를 파는 아주머니들을 보았다. 그것이 기업소 소속이든 개인영업이든, 북한에서는 좀처럼 볼 수 없는 '걸어다니는 상점'임에 틀림없다. 담배가게만 한 작은 가게도 눈에 띄었다. 그리고 어느 날 큰 그릇 위에 먹을 것을 벌여놓고 고갯마루에 앉아 있는 아낙네들을 발견했다. 옆에는 주전자도 있는데, 사 먹는 사람들에게 물은 서비스인가 보다. 그 아낙네들도 상권의 입지조건 정도는 알고 있었다. 고갯마루는 양쪽에서 올라오는 사람들이 긴 오르막길에 배도 꺼지고 목도 마르고 식욕을 당기게 하는 요지다.

그리고 함흥 시내에서 선덕공항으로 나가는 길, 더 정확히는 함주(함흥과 맞붙어 있는 읍 정도 크기의 도시)로 연결되는 다리를 건너서 도로

변 200~300미터 정도에 장날이 아닌 날에도 시장이 형성되어 있었다. 사람들이 보따리를 풀어놓거나 큰 그릇을 앞에 놓고 앉아 있는 것을 볼 수 있었다. 분명히 무언가 흥정하고 있는 것이다. 돈을 세고 있는 사람들도 보였다. 어떤 사람은 돌아앉아서 국수를 먹고 있었다. 그런 광경은 특히 겨울에 그 길을 오갈 때마다 볼 수 있는 일상적인 풍속도가 되었다.

네 번째 변화는 '북한식 포장마차촌'을 본 것이다. 함흥·신포 등지에서 밤중에 카바이드 등불들이 밝게 켜져 있는 것이 보이기 시작했다. 그 주변에는 사람들의 윤곽이 어른거린다. 그쪽으로 삼삼오오 떼를 지어 걸어가는 사람들도 보인다. 그래서 우리는 그곳을 '북한식 포장마차촌'이라고 불렀다.

마지막으로, 시외버스를 처음 본 것이다. 함흥 시내 어느 큰 건물 앞 공터에서 사람들을 태우고 있는 낡은 버스가 있었다. 버스 앞 유리창에는 함흥-함주라는 행선지가 선명하게 붙어 있었다. 그 노선 버스 덕분에 함흥과 함주를 오가는 사람 들이 길가에서 담배 한 갑이나 옥수수 두세 개를 흔들면서 지나가는 트럭을 세우는 수고를 더 이상 하지 않아도 되었을 것이다.

우리 눈에 직접 비친 이러한 '새로운 발견'만 가지고 북한체제가 변하고 있다고 간단히 단정할 수는 없을 것이다. 그러한 변화가 북한 당국의 정책 변화나 인위적으로 유도된 결과라고는 생각되지 않기 때문이다. 그것보다는 식량부족 등 어떤 새로운 사정의 발생에 따른 자연적인 변화일 것이라는 쪽이 더 설득력 있는 관찰이다.

여기서 북한의 변화에 관한 정확한 개념도 생각해볼 필요가 있다.

"옷을 벗긴다더니 우리만 옷을 벗었잖아?"라며 북한은 하나도 변한 게 없다고 비판하는 사람들도 있고, 이러한 비판에 대해 아주 지엽적인 태도 변화를 들면서 "이런 것이 변화가 아니고 뭐야?"라고 무조건 반박하는 사람들도 있다. 그러나 북한의 변화 여부를 놓고 마냥 싸움만 할 것은 아니다. 북한은 변한 것도 있고 변하지 않은 것도 있다.

그 변화에는 성격별로 여러 가지 유형이 있을 것이다.

첫째는 북한 정권이 스스로의 의지나 외부 충격으로 체제나 내부정책을 변화시키는 것이다. 그러나 이러한 변화는 북한체제나 권력구조의 속성상 당분간은 기대할 수 없을 것이다. 북한과 상대할 때 처음부터 과도한 기대를 하는 것은 더 큰 좌절을 느끼게 하고, 경우에 따라서는 정책 실패를 초래하기도 한다.

둘째는 남한에 대한 태도나 정책의 변화다. 남한 정부를 인정하지 않겠다는 종래 정책을 버리고 적극적으로 남북 당국 간 대화에 응한다든가, 아니면 소극적이거나 형식적인, 때로는 대남전술 차원의 태도변화 같은 것들도 이 범주에 들어갈 것이다.

셋째는, 경제회생을 위한 대외관계 확대나 부분적인 개방정책 등, 현재 북한체제는 확고하게 유지하면서도 필요한 분야에서는 그때그때 실용적으로 접근하는 과정에서 외적으로 나타나는 변화다. 외국이나 남한 기업과의 합작투자나, 실리가 생기면 응하는 이벤트성 교류사업 같은 것들이 이에 해당할 것이다. 이런 유의 '변화'는 본질적인 변화는 아니지만 그래도 없는 것보다는 낫다.

셋째는 시간을 두고 진행되는 사회 저변의 자생적인 변화가 있을 수 있다. 세대 간 의식구조 변화, 사회주의적 결속력 이완과 개인주의 성향 확산, 식량을 구하러 다니는 여행자 수 증가 등이다. 그러나 유동인구 증가가 북한 정권 차원에서 결정된 '여행 자유화'를 의미하는 것은 아니다. 단지 식량배급 중단이라는 현실에 따라 통제가 느슨해졌을 뿐이다. 현실적으로도 이런 유의 변화 가능성이 가장 클 것이다.

한편 신구 간 세대차이는 아주 컸다. 우리는 흔히 북한의 젊은 애들은 태어나면서부터 공산주의 교육을 받았기 때문에 뼛속까지 빨갛게 물든 진짜 빨갱이라고 배웠다. 그러나 북한의 나이든 사람들은 젊은 세대가 고생하지 않고 자라서 혁명성도 당성도 없다고 한탄하고 있고, 실제로 젊은 관리들은 외부세계에 대한 호기심이 크고 좀 더 자유분방하다. 그들의 가장 큰 불만은 우리 세대와 똑같이 인사적체로 진급이 느리다는 것이었다.

마지막 유형은 '북한 정권이 이와 같은 사회적인 현실변화를 추인'하는 형태의 정책 변화다. 정권 스스로의 의지에 따른 것은 아니지만, 정권의 안정적 유지를 위해서 사회의 자생적 변화에 정권이 최소한으로 순응해나가는 것이다.

눈에 보이는 북한의 변화를 관찰할 때 그것이 이런 여러 유형 중에 어디에 해당하는지 유심히 살펴볼 필요가 있다. 우리에겐 이러한 '관찰의 혼선'이 엿보인다. 변화라고 해서 다 똑같은 의미는 아니다. 대북 강경정책을 주장하는 사람들은 당장 눈에 보이는 변화, 즉 첫 번째와 두 번째 부류의 변화가 보이지 않는다는 조급증이 있을 것이다. 반면에 포용정책과 같은 온건한 정책은 세 번째 이하 유형에 해당하는 느슨한 변화 가능성에 더 큰 비중을 두고 있는 것 같다.

안내원에게 거리에 장사꾼들이 보이는 것이라든가 유랑민이나 세대

차이 같은 것들이 생기는 것은 북한 사회에 어떤 변화가 있기 때문이냐고 물으면, 항상 똑같은 답이 돌아온다.

"변화는 무슨 변화입네까? 원래 있던 것이디요."

남과 북의 자화상

우리가 처음으로 북한 모습을 보았던 그 첫날의 충격은 북한 땅을 떠나는 날까지도 긴 꼬리를 늘어뜨리고 내 주위를 맴돌았다. 처음 오던 날이나 마지막 떠나던 날이나 북한은 그 모습 그대로 변한 것이 없었다. 역시 북한에서는 시간이 멈춰버린 것일까? 아무리 변화의 단서를 찾아보려고 눈을 돌려보고 귀를 쫑긋 세워봐도 그 풍경이 그 풍경이고, 그 차림이 그 차림이고, 그 말이 그 말이다.

이곳에 오기 전에는 북한에 대해 내 부모님의 고향이라는 호기심 섞인 애정 같은 감정도 있었다. 그러나 이미 첫 번째 방문에서부터 그러한 기대는 깨져버렸고, 애정 어린 호기심은 일시에 분노로 바뀌어버렸다. 북한에 오기 전 어느 선배 한 분이 "북한 사람들을 처음 만날 때는 그래도 동포라는 생각에서 친근감이 저절로 느껴지지만, 그들을 만나면 만날수록, 협상을 해보면 해볼수록 그 사람들의 얼굴도 쳐다보기 싫어진다"는 경험담을 들려주었다. 그런데 어느 날 나도 결국은 그러한 과정을 답습하고 있다는 사실을 발견하곤 슬퍼졌다.

그러나 한편으로는 연민의 정도 있다. 우리끼리 있을 때 북한 사람들을 욕하고 흉보고 푸념하는 것도 참 괴로운 일이었다. 그 사람들이 그렇다면 우리는 어떤가? 누워서 침 뱉는 것 같은 자괴감이 머릿속에 씻기지 않는 앙금처럼 남아 있었다. 그런데 한 가지 공통점은 남쪽 사람들이 북한 사람들의 이상한 행태를 흉보면서도, 그들이 왜 그러는지 그 배경이나 사정에 대해서는 외국 사람들보다 훨씬 더 빨리 쉽게 알아차린다는 것이다. 그러는 사이에 한편으로는 그 사람들 본심은 그래도 순박하다든지, 개인적으로는 인간미를 간직하고 있다든지, 그럴 만한 내부사정이 있어서 그런다든지 하는 동정 어린 이해심도 가지게 되는 것이다. 물론 많은 의도적인 노력이 필요했지만….

북한 땅에서 북한 사람들 모습과 행태를 보면서 우리를 그렇게도 옥죄어왔던 이데올로기 문제를 생각해보았다. 나는 동구권 국가에서 사회주의 말기의 사회를 경험하면서 "이데올로기란 결국은 껍데기인 포장지에 불과하고, 중요한 것은 그 민족이 어떤 역사를 살았고, 어떤 전통을 키워왔고, 어떤 사회적 성향을 가지고 있는가 하는 것이다"라는 결론을 내린 적이 있다.

어떤 이데올로기나 원칙이든 절대적으로 언제나 옳고, 또 언제나 처음에 기대했던 대로 작동하는 것은 아니었다. 앞서서 달렸던 자들은 그것을 잘 알지만 뒤에서 쫓아오면서 모방하는 자들은 그러한 현실을 잘 모른다. 그런데 북한 이데올로기도 결국 모방의 산물이고, 그것도 원형을 완전히 변질시켜버린 기형이다. 우리 이데올로기도 물론 우리 것이 아니고 역시 모방한 것이며, 그렇기 때문에 한계가 있다. 그 원형을 이해하고 실천하는 데는 70년이라는 세월이 걸렸고, 아직도 많은 시간과 노력이 필요할 것이다.

모방이라는 점에서는 남과 북이 서로 닮았다. "다르다, 다르다" 하면서도 우리는 자꾸만 같아진다는 느낌을 떨쳐버릴 수 없다. 북한문제를 생각하다 보면 그 문제의 씨앗이 내게도 분명히 있다는 사실을 깨닫게 된다. 동시에 그것은 결국 우리 모두의 문제라고 자각하게 되는 것이 나의 기나긴 고민과 번민의 끝을 메우고 있었다. 그것은 그 문제의 본질이 이데올로기가 아니고 우리 문화였기 때문일 것이다.

이데올로기는 어떤 개인이 창시하는 것도 아니고, 어떤 정책의 결과도 아니다. 다른 곳에서 수입해와 사회에 간단하게 적용시킬 수 있는 것도 아니다. 이데올로기는 그 시대를 사는 사람들조차 느끼지 못하는 동안에 서서히 형성된다. 그리고 다시 시간이 흐름에 따라 본래의 이상이나 형태를 잃고, 좋은 방향으로든 나쁜 방향으로든 변화한다. 어떠한 이데올로기도 그 자체가 의도하지 않은 변화의 가능성으로부터 자유로울 수는 없다. 그 변화의 주체는 인간과 자연이다. 그것은 인간의 생각과 인간이 제어할 수 없는 자연환경이 어우러져서 만들어내는 인간생활의 한 형식이 되는 것이다. 그리고 그 변화 원동력은 '인간의 자유'라는 연료로 움직인다. 그래서 자유가 없는 사회에서는 발전이 정체되고, 진보가 아닌 퇴보가 사회의 일반적인 움직임 방향이 된다.

따라서 이데올로기는 좋은 것이든 나쁜 것이든 오랜 세월 동안 수세대에 걸쳐 수많은 시행착오와 희생을 거치면서 비로소 형태를 드러낸 것이다. 그러한 과정을 직접 체험하면서 그 이데올로기를 스스로 자신들의 사회규범이나 제도로 정착시킨 사회는 이데올로기의 '선발주자' 또는 '창시자'라고 할 수 있다. 그래서 그 사회에 사는 사람들은 어떤 법률이나 체제, 제도, 그리고 철학이나 경제원리 등 현재 사회에서 살아 있는 모든 기본적인 규범의 유래와 그 역사적 배경, 그동안의 변화와 발전과정을 다 잘 알고 있고 그 정수를 정확하게 이해하고 있다. 그렇기 때문에 그 장점과 단점을 '후발주자' 또는 '모방자'에 비해서 더 상세하고 정확하게 이해하고 있을 가능성이 더 크다.

그래서 그들은 변화가 필요한 시점을 더 잘 알 수 있다. 그들은 그렇게 자신들 이데올로기를 필요할 때마다 검토하고 수정하고, 또 탄력적으로 활용한다. 그들은 이데올로기의 노예가 아니라 주인이 되는 것이다. 그래서 그들에게는 혁명이라는 말이 낯선 용어다. 물론 오래 전에 신분으로부터의 해방이라는 혁명을 겪기는 했지만, 경제적 평등을 이루기 위한 혁명은 없었다. 개혁이 있었을 뿐이다. 누적된 개혁 기운이 일시에 제어할 수 없는 방향으로 폭발하는 것이 혁명이라고 한다면, 개혁은 개별적인 사회 분야의 흐름이 점진적으로 변화하는 과정의 일부일 뿐이다.

반면에 모방자는 선발주자의 것을 모방하고 받아들인다. 경제발전 과정에서도 선발주자와 후발주자의 차이가 회자된다. 이들은 선발주자가 그 이데올로기를 만들어내기 위해 겪었던 과정을 잘 모른다. 선발주자가 지금 시행하고 있는 법이나 제도 등 기본적인 규범이 현재 자신의 상황에 맞는 것인지 돌아볼 겨를도 없이 그냥 베끼기에 바쁘다. 그러다 보면 그 규범의 결과적인 양태나 피상적인 형식만 보고 좋고 나쁨을 판단할 수밖에 없게 된다.

더구나 모방자는 그 수입되는 이데올로기에 대한 정보가 사회 저변에 널리 전파되지 않은 상태에서, 대중적인 기반이 형성되기도 전에 그것을 사회에 적용한다. 대중적인 고민이 결여된 상태에서, 이러한 이데올로기에 가장 먼저 접근할 수 있는 독재든 군부든 민주적 지도자든 간에 지도적 엘리트들이 그것을 선택할 수 있는 기회와 권력을 가진다. 그러다 보면 지도계층의 이익에 유리한 것을 먼저 선택할 가능성이 크다. 필요하다면 대중들에게는 그러한 방향으로 각색하거나 왜곡하여 설명할 수도 있다. 또한 선발주자가 새로운 환경에 적응하기 위해서 이제 막 버리려고 하는 것을 모방자는 '새것'이라고 생각하고 받아들이기도 한다. 그래서 모방자는 언제나 막차를 타게 되는 것이다.

선발주자는 선생이고 모방자는 학생이다. 선생의 깊은 뜻을 학생들이 알기 어렵듯이, 모방자가 자신들이 모방한 이데올로기나 규범의 정수와 문제점을 아는 데는 시간이 걸린다. 그래서 모방한 자는 유연성을 가질 수 없다. 선생은 스스로 자기 생각을 바꿔나갈 수 있어도, 한 다리 건너로 배운 자는 스스로 변신할 능력이 없다. 선발주자는 변해가는 상황에 먼저 적응하고 스스로 변신을 시도할 수 있지만, 모방자는 언제나 막차를 타게 된다. 그러면 미처 준비할 시간도 없이 외부 환경의 강요에 의해서 자기 인식이나 의지와는 다른 변화를 강요받게 된다. 스스로 원하는 방향으로 변신하려고 해도 시간은 그러한 기회를 주지 않는다. 선발주자와 모방자 간의 사고방식 격차는 시간 격차만큼이나 큰 것이다.

남과 북은 모두 이데올로기의 모방자였다. 영국이나 미국, 유럽 국가들 같은 이데올로기 선발주자들은 많은 시행착오를 거치면서도 자신들의 사회적 이데올로기를 변화하는 환경에 맞게 변신시켜왔다. 그들은 이데올로기에 결코 종교적 도그마로까지 절대적인 가치를 부여하지는 않았다. 더구나 사회주의 이데올로기의 1차적 모방자 소련이나 동구권 국가들마저 필요한 상황이 왔을 때 미련 없이 사회주의를 스스로 버리거나 수정해갔다. 중국도 마찬가지였다. 그런데 북한은 왜 갈수록 더 그 이데올로기에 집착하는 것일까? 그것은 그들 문제가 이미 이데올로기문제가 아니기 때문일 것이다.

한편 우리도 우리 법과 제도가 어떤 사회적 경험과 이념, 그리고 어떤 필요에 의해 생긴 것인지 잘 모르면서 그냥 당연한 것으로 생각할 때가 많다. 법령이나 제도가 미국이나 일본의 것을 그대로 베낀 것들이 많기 때문일 것이다.

모방자 사회에서 대중은 지배이데올로기를 선도하지 못하고 사후적으로만 반응한다. 선발주자 사회에서는 새로운 것이 싹트기 시작할 때부터 찬반논쟁이 시작되어 양측 의견이 충분히 융화될 수 있는 시간이 있다. 그러나 모방자 사회에서는 이미 '도입'되는 새로운 것에 대한 찬반논쟁은 의견교환이 아니라 투쟁으로 변하고, 의견을 조정할 시간도 없다. 오직 "Yes"나 "NO"라는 선택이 있을 뿐이다. 그래서 무조건적 복종이나 치열한 저항이 겉모양은 정반대지만, 그 본질은 '사후적'이라는 후발성의 공통점이 있는 것이다.

지난 70여 년간 남북의 이데올로기적 집착을 모방자의 비애라고 한마디로 말하는 것은 무리일까? 그런 면에서 남북이 너무 닮았다고 한다면 슬픈 일일까? 다행히 남쪽은 대중이 이데올로기를 선도할 수 있는 민주주의적 성숙성을 배양하여 이데올로기의 후발성을 극복해나갈 수 있게 되었다. 그러나 북한은 불행하게도 모방적 후발성 이데올로기의 수렁을 스스로 더 깊게 파고, 더 깊게 빠져 들어가고 있다. 이데올로기의 후발적 특성을 가장 전형적으로 드러내고 있다.

모방자가 스스로 방향을 전환하기 어려운 또 하나의 이유는, 선발주자 들이 겪는 과도기적인 어려움이나 '폐해'를 피하려는 정치적·사회적 의지가 너무 강하기 때문이기도 하다. 즉 두 개 이상의 상반되는 과제를 동시에 해결해야 하는 부담이 너무 커서 때로는 모순된 결과를 초래하기도 한다. 예를 들면 북한은 러시아나 동구권 국가들, 그리고 중국과 베트남의 개방과정에서 드러났던 충격(기존 이데올로기 파괴 등 북한 정권의 최고 관심 분야에서의 충격)과 폐해를 피하기 위해서, 오히려 개방과는 모순되는 정치적 통제를 더욱 강화할지도 모른다. 주체사상이라는 것은 바로 그러한 고민을 스스로 고백하는 것에 지나지 않는다. 그것은 봉건적 지배체제와 편협한 쇄국주의에 불과한 것이다.

남북한 우리는 이렇게 후발주자라는 닮은꼴임에도 또 다른 모습을 가지고 서로를 바라보고 있다. 그러나 우리는 여전히 거울 속 자신을 응시하고 있는 사람들이다. 내가 오른손을 들면 거울 속 내가 정반대인 왼손을 든다고 해서 거울 속 나는 내가 아니라고 할 수 없는 것처럼, 거울이 깨져서 거울 속 일그러진 내 모습이 내가 아니라고 부정할 수 없듯이, 남과 북은 정반대의 똑같은 모습을 하고 있다.

북한체제의 질병 중 하나로 집단주의문제가 있다. 집단주의체제에서 개인의 의미는 인간 그 자체로서가 아니라 어떤 특정 그룹의 공동목표에 부합하는 일원이 됨으로써 가치를 가지게 된다. 그런데 남한 사람들에게는 그러한 집단주의적 이기주의가 없을까? 집단의 책임으로 만듦으로써 내 책임은 면제받으려는 이기주의, 개인으로서 남는 것을 두려워하여 분파를 형성해야 하는 폐쇄적 집단 이기주의, 가치판단에서조차 유행과 권력의 색깔을 쫓는 기회주의적 집단주의, 뭐 이런 것들이 북한 사람들의 행태와 전혀 다른 것일까?

북한 정권과 지배계급은 신분과 계급의 차이, 즉 불평등을 즐긴다. 그런데 그러한 불평등의 쾌감은 조선시대 말기까지도 지속되었던 양반과 상민, 양반과 노비 간 불평등에서 양반이 느꼈을 쾌감과 얼마나 다를 것일까? 오늘날 우리 사회에서 돈 쓰는 데서 느끼는 희열은 그러한 불평등의 쾌감과 어떻게 다를까? 북한 지배자들은 주민의 고통에 대해서는 정말로 신경도 쓰지 않는 것 같다. 소련이나 동구권 공산주의자들만 해도 그 정도까지 가면 서로가 책임을 묻든 스스로 책임을 지든 해서 물러나고, 급기야는 이념과 체제까지도 바꿔버렸다. 그러나 북한 정권은 그런 데는 아랑곳없다.

북한의 왕조적 세습체제를 보며 우리는 어이가 없다고 고개를 내젓는다. "대를 이어 충성하자"는 말을 들으면 마치 원시적인 저질성을 느끼기도 한다. 그러나 그것도 결코 신기한 남 얘기만은 아니다. 우리 모두에게 그런 피가 흐르고 있는 것은 아닐까? 우리 사회가 지금 그것을 보여주고 있지 않은가? 재벌이든, 사채업자든, 정치인이든, 그리고 나 자신이든, 모두가 자기 자식에게는 뭔가 내 것을 고스란히 물려주고 싶어 할 것이다. 그렇게 하지 않으려면 우리는 아주 많은 고민을 해야 할 것이다. 왜냐하면 내 것을 사회에 환원한다는 것은 우리네에게는 자연스러운 일이 아니기 때문이다. 북한 정권의 세습에 대해서는 사람들의 저항이 그리 크지도 않은 것 같다.

북한과 같은 독재정권에서는 법의 지배가 작동되지 않는다. 법과 원칙은 신분에 따라 달리 적용되고 해석된다. 그 사회에서도 법보다는 주먹이 더 가깝다. 그런데 그건 어디서 많이 듣던 말이다. 남한과 북한 사람들이 의정서나 합의문 같은 법이나 규정을 놓고 입씨름을 할 때면 참으로 불만해진다. 글자는 똑같은 글자인데 어쩌면 그렇게 절묘하게 해석을 다르게 하는지 논쟁의 끝이 없다. 그런 것들을 들먹이며 싸우기보다는 서로 눈 한번 찡끗하고 적당히 안면으로 해결하는 것이 편할 때가 되었다.

우리 사회에서 "법대로 해"라는 말은 참으로 무서운 말이다. 서구 사회에서는 법대로 하는 것이 당연한 것이고, 다른 특별한 의미가 없다. 그런데 우리 사회에서는 "법대로 해"라는 말은 "너와 나의 인간관계는 이제 끝이다"라는 절교의 의미도 있고, 협상은 이제 끝이라는 파국의 의미도 있다. 그런데 이 점에서는 북한 사람들도 우리와 마찬가지다. 법보다는 상황논리에 더 충실하려 한다. 그러다 보니 법은 어떤 때는 편리한 지배의 도구고, 어떤 때는 귀찮은 것이다. 우리 사회와 별로 다르지 않다.

"저 높은 곳을 향하여"라는 신분상승 의욕을 불태우는 출세욕도 우리와 다를 것이 없고, 그로 인해 상하급자 간 권위주의적 복종관계도 우리와 다르지 않다. 그래서 원칙은 항상 편법에 의해서 무너져버린다. 역사를 무서워하지 않는 것도 마찬가지다. 북한은 과거 역사를 소설 창작처럼 그려낸다. 그리고 남쪽은 "과거를 묻지 마세요"가 유행이고, 내 앞사람은 무조건 나보다 못한 사람이고 가짜다. 나만 진짜다. 과거를 싹 부정했다가도 사정이 변하면 부정했던 그 과거가 슬며시 다시 고개를 든다. 자신이 한 말을 바꿔도 전혀 책임을 느끼지 않는다. 가치판단은 상황이 만들어주는 것이라고 생각한다.

우리는 아직 일제 잔재를 청산하지 못했다고, 일본적 경제구조를 모방했다고 자탄한다. 북한은 일본에 대한 노골적인 증오심을 지배이데올로기의 중요한 일부로 내세우면서도, 일본의 옛 군국주의 시절 이데올로기와 통치기법을 거의 그대로 모방하여 활용하고 있다. 초국가주의와 신격화된 지도자, 신사참배와 같은 지도자 참배, 군사적·집단주의적 교육 등을 그대로 답습하고 있다. 공통점이 또 있다. 모두가 자신들의 옛 조상만도 못한 행동을 많이 한다는 것이다.

북한과 우리가 그렇게 다르지 않다고 강조하는 것은, "북한이 처음에 생각했던 것보다는 낫다"라는 일종의 미화를 위해서도 아니고, "우리가 북한과 다를 것이 뭐 있겠느냐"라는 냉소적 자괴감 때문도 아니다. 그것은 우리가 흔히 북한문제라고 하는 것이 북한 사람들만의 문제도 아니며, 북한의 남침을 우려하는 남북대결 차원의 문제만도 아니고, 우리 스스로의 문제를 포함하는 '우리 모두의 문제'라는 생각에서다. 북한 모습을 우리가 제대로 볼 수 있게 될 때, 우리 스스로의 모습도 제대로 볼 수 있게 될 것이다.

북한과의 이데올로기 경쟁은 끝났다. '이데올로기의 종언'이라는 말이 있었는데, 남북한 간에도 이데올로기 전쟁은 막을 내린 것이다. 경쟁 자체가 이제는 무의미해졌다. 북한이 반드시 내일모레 곧 망할 것이라는 말이 아니다. 북한이 여전히 그곳에 존재하고 있어도, 언제나 우리 생각의 사정거리 안에 머물고 있다. 통일은 중요한 일이고 언제 어떤 형태로 우리에게 다가올지 아무도 모르는 일이다. 북한에서 언제 어떤 일이 일어날지도 아무도 모른다. 그래서 우리는 준비되어 있어야 한다. 더 정확한 밑그림이 있을 때 채색도 조화롭게 이루어질 수 있는 것이다.

때로는 굶주리는 북한 주민들을 도와야 한다고 나서다가도, "우리는 언제나 선의를 가지고 주기만 하는데 저들은 고맙다는 말은커녕 우리를 욕하고 도발만 하고 있다"고 실망하고 분노해서 이제는 쌀 한 톨도 주지 말아야 한다고 저주하게 되기도 한다. 북한에 대한 우리 감정이 그래서 냄비처럼 뜨거웠다, 차가웠다, 극에서 극을 오간다. 그런데 북한의 참 모습을 알고 나면 그들에게 큰 기대를 하지 않게 된다. 그리고 조금만 노력하면 정말로 그 사람들과 그 체제를 구분해서 볼 수도 있다. 사람이 악한 것은 아니다. 사람이 악해지는 것은 그 체제와 상황의 노예기 때문이다. 우리라고 예외는 아닐 것이다. 사람은 모두가 연약한 존재다. 북한 사람들이 고맙다는 말을 하지 않을 것이라고, 못 할 것이라고, 아예 미리 생각하고 큰 기대를 하지 말아보자.

어떤 방법으로 북한을 다루든 간에 우리 스스로가 강한 자로서 여유를 가져야 한다. 경제든 군사든 이데올로기든 우리는 북한을 이길 수 있고, 그렇기 때문에 도와줄 수 있다는 신념을 가져야 한다. 물리적 힘이라는 '하드 파워' 때문에 이길 수 있다는 것만은 아니다. 우리는 스스로가 자랑할 수 있는, 그렇기 때문에 지켜야 할 가치가 있다는 것을 잘 알고 있을 때 더 강해질 수 있다. 인간의 존엄과 자유의 소중한 가치를 아는 '소프트 파워'를 가져야 한다.

그런 면에서 북한은 우리에게 아무런 가치도 없는 존재는 아니다. 우리에게 더없이 귀중한 가치가 있다. 그것은 반면교사로서의 가치다. 북한이 우리에게 주는 교훈은 무엇을 주고도 바꿀 수 없는 소중한 것이다. 서구 사회에서 파시즘과 공산주의라는 반면교사가 있었기 때문에 민주주의와 자본주의가 더욱 개방적으로 발전할 수 있었다. 마찬가지로 북한의 그런 지독한 독재체제가 있기에 '선택의 자유에 바탕을 둔 민주주의와 시장경제 원리'에 대한 우리의 신념도 더욱 강해질 수 있는 것이다. 그래서 북한은 우리에게 좋은 스승이다. 단순한 반면교사가 아니라, 우리 자신을 되돌아보고 반성하게 하고, 앞날의 불행을 미연에 대비하게 해주는 보험이다.

2장
북핵문제 해결을 위한 제언

냉전의 달콤한 추억

북한의 지배자들은 아직도 냉전 시절의 그 '평온함(?)'을 그리워하고 있을 것이다.

'그래도 옛날에는 전쟁 폐허를 복구하자는 천리마 운동의 외침이 그런 대로 먹혀들어 갔는데 요즘은 거저 아무리 자력갱생을 외쳐봐도 자력으로 할 수 있는 것이 도대체 뭐가 있을지 모르가서. 옛날에는 인민들을 단단하게 단속하기 위해서 일부러 전시 상황을 만들 필요도 없어서. 소련과 미국 간에 언제 3차 세계대전이 일어날지도 모르는 세계적인 긴박한 긴장이 있었디. 기러타고 뭐 전쟁이 실제로 일어나는 것도 아니었디. 전쟁이 일어날 듯, 일어날 듯 하며 일어나지 않는 거, 거저 이게 바로 냉전의 묘미여서. 냉전 시절이 좋긴 좋아서.'

북한 정권에게는 냉전 시절은 정말 좋은 옛날이었을 것이다. 김일성이 한반도 전체를 공산화하겠다고 일으킨 6·25전쟁의 당초목적은 달성하지 못했지만, 자신의 독재권력을 더욱 강화하는 데는 성공했다. 그때는 긴 설명이 필요 없이 언제나 전시상태였다. 그래서 인민들의 생활수준이 좀 악화되어도 그것은 전쟁에 대비하기 위해서는 피할 수 없는 고통이라고 적당히 둘러댈 수가 있었다.

북한은 남한에 대한 수없는 무력도발을 통해서 그때그때 필요한 긴장을 조성해 가면서 1970년대의 완벽한 일인독재체제를 완성할 수 있었다. 그의 독자노선이나 주체사상이라는 것도 결국 사회주의의 일반원칙에서 벗어나서 자신의 일인독재체제를 강화하는 구실에 불과했다. 전시 상태라는 핑계로 수령의 독재권력도 강화할 수 있었고, 대를 이어 그 권력을 물려줄 수 있는 분위기도 쉽게 연출해낼 수 있었다.

이렇게 해서 냉전체제는 북한 내부의 절대권력체제를 숙성시키는 영양단지 노릇을 톡톡히 해주었다. 어디 그뿐이랴? 냉전은 북한에게 많은 동지적 관계의 우방국들을 만들어주었다. 소련이나 중국의 친구는 곧 북한의 친구로 간주되었다. 적의 적은 우리 편인 것이다. 소련이나 중국이 교조주의다, 수정주의다 하며 다투기도 했지만 둘은 여전히 북한의 굳건한 동맹국으로 남았다. 그리고 동유럽 사회주의국가든, 아프리카 아시아 지역 신생국이든, 사회주의를 표방하는 나라나 비동맹 그룹의 국가들은 모두 북한의 친구들이 되었다.

전 세계 각 지역에 우방국이 생기고, 대사관도 늘어나고, 사람들도 많이 왕래하는 등, 뭔가 살맛이 나는 시절이었다. 그때는 북한도 결코 외톨이는 아니었다. 한때는 비동맹운동이라는 제3세계 국가 모임에서 남한을 따돌리고 한반도의 주인 행세를 하기도 했다. 유엔총회 표결 결과가 걱정이 되어 한반도 문제가 유엔에 상정되는 것 자체를 남한이 반대하기도 했다. 바깥 친구들이 많아지니까 경제적으로도 얻어먹을 떡도 많이 생겼다.

그래서 1970년대 초반까지는 일인당 GNP가 남한보다 높았다고, 그래서 남한보다 잘 살았다고들 했다. 사회주의국가 간 정치적 결속 덕분에 북한은 몇 푼어치 되지 않는 조악한 물건을 이들 국가에게 제공하고 북한경제가 충분히 지탱할 수 있을 정도의 석유와 산업자본재 같은 비싼 물자들을 공짜에 가까운 헐값으로 수입할 수 있었다. 그것뿐인가? 그때는 소련이나 중국이 무기도 무상으로, 또는 아주 싼 가격으로 공급해주어서, 다른 경제 분야를 희생시키지 않고서도 군사력을 증강시켜 나갈 수가 있었다. 전군의 간부화, 전군의 현대화, 전 인민의 무장화, 전국의 요새화라는 4대 군사노선도 큰 어려움 없이 추진할 수도 있었다.

그런데 이게 웬일인가? 1980년대 중반부터 사회주의 종주국인 소련이 비틀거리기 시작하더니 곧이어 사회주의 자체를 포기하고 분열되어버렸다. 동구권 사회주의국가들도 모두 자본주의식 시장경제체제로 돌아서 버렸다. 그뿐인가? 중국은 소련을 수정주의자라고 몰아붙이던 때가 언제던가 의심스러울 정도로 일찌감치 실용주의 노선을 채택하여, 대외개방의 문을 활짝 열고 자본주의식 경제를 운용하고 있다. 전세계적으로 사회주의는 사실상 사라져 버린 것이었다. 그러더니 소련과 중국이 남한과 덜컥 수교를 하는 것이었다. 그리고 냉전체제의 붕괴와 더불어 제3세계니 비동맹이니 하던 나라들의 발언권도 급격히 사그라지고, 대부분이 실용주의적 실리외교를 추구하게 되었다. 사귄다고 아무것도 얻을 것이 없는 북한을 친구로 대해주는 나라는 더 이상 없게 되었다. 이제 북한은 홀로 남게 된 것이다.

옛날의 그 좋고 달콤했던 냉전 시절은 사라져가고 다시 오지 않았다. 이어서 하나의 지구촌이다, 세계화다 하면서 평화와 협력의 시대가 도래했다고 전 세계가 들먹였다. 이제 지구상에서 전쟁이라는 말은 사라졌다고까지 했다. 이데올로기의 종언이라는 말도 등장했다. 그런데 북한 정권은 큰일이 난 것이다. 이 세상에서 전쟁이 사라진다면, 이데올로기가 종언을 고한다면, 북한 정권은 북한 주민들을 더 이상 옭아맬 수 있는 독재 통치 정통성의 근거도 사라지고, 따라서 권력 자체가 존폐 기로에 서게 되었다.

전쟁 위협은 혁명엘리트들의 성격을 과격하고 극단적으로 만들 수 있다. 그리고 대중은 혁명엘리트들에게 더욱더 그 생존을 의지하고 위탁한다. 전쟁 위협은 개인이 무기력감을 더욱 느끼게 한다.[16]

그래서 품이 좀 들어가더라도 북한 정권은 전쟁위기를 연출해야 하게 되었다. 이제는 무슨 희생을 치르더라도 북한 내부의 전시체제를 더욱 강화하고 밖으로는 더욱 사나워지는 도리밖에 없게 되었다. 이러한 상황에서 북한 정권은 스스로의 힘으로 계속해서 전쟁 위기를 조성해나가야 한다. 북한 정권은 이제는 더욱 노골적으로 북한 주민들을 겁주고 쥐어짜지 않을 수 없게 되었다. 그것은 '전투'와 '혁명'의 나날로 이어졌다. 이제까지 혈맹의 친구라고 하던 변심한 사회주의국가들과의 단순한 결별뿐만이 아니라, 북한 자신이 그들과 다르다는 것을 안팎으로 보여주어야 한다. 그렇다고 이 어려운 형편에 전쟁을 정말로 일으키는 것도 민한(우둔한) 노릇이다. 그저 살얼음판 위를 지치듯, 깨질락 말락 할 정도의 전쟁 분위기를 연출해야 하는 것이다.

따라서 북한 핵심 계층과 군부의 이해가 더욱 강하게 일치하게 되었다. 그래서 군부 입김이 더욱 강화되고, 군부에 대한 당의 우위 원칙도 유명무실해지게 되었다. 좀 더 살벌한 전쟁 분위기를 연출해내기 위해서는 군복 입은 자들이 정치 전면에 나서야 하는 것은 당연한 이치기 때문이다. 그리고 군사우선 원칙인 '선군정책'도 내걸고, 지도자의 명칭은 당 총서기가 아니라 국방위원장이 되었다. 이와 동시에 과거 공산주의의 유행처럼 여겨졌던, 지도자에 대한 우상화도 좀 더 농도 짙은 신격화 수준까지 끌어올려야 했다. 이미 마취될 정도로 면역이 되어버린 북한 주민들을 좀 더 졸라매기 위해서는 좀 더 독한 약이 필요한 것이다.

그런데 핵무기를 개발하려던 계획이 세계를 놀라게 했다. 온 세계가 다시 북한을 주목하게 되었다.

'말썽을 부릴수록 '남조선'도 이러저러 그럴듯한 대북정책 이름을 붙이면서 많이 갖다 바쳤디! 그런데 '남조선'이 거 뭐이가 보수정권으로 바뀌더니 이번엔 우리 공화국에 대한 태도가 차갑게 싹 변해버려서. 이제는 우리가 착한 일을 해야 뭐라도 준대. 우리가 뭐 개지(강아지)가? 아 그래서 백령도 근처에 잠수함으로 몰래 가서리 천안함인디 뭔디 군함 하나 박살을 내고, 또 연평도로 포사격 좀 했더니 남조선 아새끼들 허둥대고 미국이다 유엔이다 도와달라고 빌고 다니는 꼬락서니하고는… 아 거저 남조선 혼낸 거 보다 더 큰 성과는 중국을 한국과 이간시킨 거였디. 거저 옛날 냉전 시절처럼 북조선과 중국, 로씨아가 남조선과 미국, 일본과 대립하는 새로운 냉전 대립이 맹그러지는거야. 앞으로도 가끔 이런 수를 써먹어야게서. 이 모든 게 거저 우리가 핵무기를 가지고 있다고 맨날 협박하니까 가능한 거디. 핵무기는 포기 못하가서.'

이렇게 해서 한반도의 긴장과 대립 구도는 북한에게 유리하다는 것이 다시 한 번 입증되었다.

냉전 후 질서Post - Cold War Order의 변이

10년이나 20년이라는 세월은 역사에서는 찰나와 같은 짧은 시간이 겠지만 그 시대를 살아가는 사람들에게는 큰 변화를 느낄 수 있을 만큼 긴 시간이다. 국제 질서의 변화가 그렇다. 역사학자 카E. H. Carr는 1차 세계대전이 끝난 후 희망적인 이상주의가 불과 20년 만에 2차 세계대전이라는 파국으로 이르는 역사를 저서 《20년의 위기The Twenty Years' Crisis, 1919-1939》를 통해 이미 생생하게 보여주었다.

마찬가지로 25년 전 냉전이 끝났을 때 인류는 장차 평화와 협력이라는 미래가 당연히 도래할 것이라는 희망을 가졌다. 프랜시스 후쿠야마Francis Fukuyama는 이데올로기적 대립이 끝났다는 내용의 책 《역사의 종말The End of History and The Last Man》을 썼다. 그러나 우리 대통령 5명이 바뀌는 25년 동안 세계는 당초 희망과는 달리 다자주의와 국제협력주의는 쇠퇴하고, 신자유주의 탈을 쓴 이기적 적자생존 시대로 변이했다.

지금 푸틴의 러시아는 과거 소련의 위상을 되찾고자 슬라브 민족주의를 자극하고 있다. 미국과 러시아 간에는 우크라이나 문제로 이미 최근 몇 년간 냉기가 흐르고 있다.

시진핑의 중국은 "중국의 꿈中國夢"이라는 중화민족의 위대한 부흥을 외치며 미국 패권에 도전하고 있다. 중국도 내부 결속을 위해서 미국과의 대립하는 길을 택하고 있는 것 같다.

아베의 일본도 미중 간 대립을 부추기면서 옛 일본제국의 향수를 고취하고 평화헌법 개정과 군비 증강을 통해 일본을 소위 전쟁할 수 있는 나라로 바꿔가고 있다. 그래야 일본의 전략적 가치가 높아진다는 것을 일본 우파 정치인들은 역사를 통해 잘 알고 있기 때문이다. 한반도와 동북아지역의 긴장구도는 일본에게 이를 위한 필요충분조건을 제공한다. 그래서 한국과 일본은 전략적 지향점이 다르다.

여기에 미국우선주의를 내세우는 트럼프가 미국대통령에 취임했다. 2016년 11월, 〈이코노미스트〉는 "신민족주의"를 표지기사로 내면서 "러시아와 중국은 물론 미국에서도 신민족주의가 고개를 들고, 마초 근성의 강력한 지도자들이 민족주의를 정치에 이용하고 있다"고 경고했다. 우리 주변 모든 나라에 소위 스트롱맨이 지배하는 시대가 도래했다. 어쩌면 우리를 둘러싸고 있는 이웃 국가들 모두가 냉전의 달콤한 추억을 되씹고 있는지도 모른다.[17]

오늘날 세계 어느 곳에서 어떤 분쟁이 일어나든 미국이 관여하게 된다. 유일한 초강대국으로서의 명백한 운명manifest destiny이다. 북한문제에 관해서도 미국이 어떻게 하느냐에 따라 중국도 방향을 정한다. 그러나 지금 미국은 북한을 압박하면서 동시에 중국도 압박하고 있다. 전략적 계산이 무척 복잡해진다. 당분간 중국은 현재의 강경기조에서 물러설 수가 없을 것이다. 중국체제는 대외관계에 유연성을 발휘할 수 없는 구조라는 것은 잘 알려져 있다.

중국의 부상에 대응하는 미국의 아시아회귀pivot to Asia 전략과 북핵문제에 대한 정책이 모두 성공하기 위해서는, 우선 북한에 대한 현재의 강력한 압박정책이 효과를 거두어야 할 것이다. 그러나 이를 위해서는 중국과 러시아 등 관련국들의 협조가 필수적이다. 이는 중국과 러시아에 대한 현재 미국의 정책과 모순되는 측면이 있다.

그렇다면 미국은 선택해야 한다. 두 개의 정책을 같은 강경정책으로 밀고 가야 하는가, 아니면 방법과 수단을 서로 달리 쓰느냐 하는 선택이다. 흔히 미국의 전후 아시아정책에 문제가 제기되거나 실패로 평가되는 사례들 이면에는 미국 정책담당자들의 아시아 역사에 대한 무지나 몰이해가 원인 중 하나로 지적되곤 했다. 데이비드 핼버스탬David Halberstam은 미국의 월남 참전 확대 과정을 추적한 《최고의 인재들The Best and the Brightest》에서 중국과 아시아 역사에 대한 미국 정책입안자들과 정치인들의 무지가 중국도 잃고, 베트남전도 진흙탕으로 만들었다고 지적하고 있다. 소련에 대한 봉쇄정책을 처음으로 제안한 조지 케넌George F. Kennan은 훗날 자신이 의미했던 봉쇄 개념은 미국을 비롯한 서구 사회의 우월한 민주주의적 가치와 이념(오늘날의 소프트 파워)으로 소련 팽창을 저지한다는 의미였지 결코 군사적인 봉쇄만을 의미한 것은 아니라고 지적한 바 있다.

미국의 아시아회귀전략은 항공모함과 같은 군사력 증강만으로는 완성될 수 없다. 한반도와 동북아시아의 모든 역사·지정학적 요소와 역할자stakeholders를 연결하는 복합적 정책 매트릭스를 상상해봐야 한다. 따라서 미국의 아시아회귀전략은 서로 연계되어 있고, 따라서 정교하게 조율되어야 하는 세 개의 전략으로 구성되어야 할 것이다. 어찌되든 간에 북한핵문제를 해결하는 길도 이러한 전략 조합 속에서 발견할 수 있을 것이다.

첫째, 미국은 어떤 지역에서 지역 강국이 출현하는 것을 막는다는 전통적 전략에 따라 중국과의 대립전선을 관리하는 데 우선할 것이다. 20세기 초 영국과 미국 같은 앵글로색슨 제국은 러시아 동진을 막는 데 일본을 이용했다. '역외균형off-shore balancing' 전략이다.[18] 그러나 1차 세계대전이 초래한 아시아의 힘이 공백인 상태에서 그런 지역대리자 전략은 일본에 지역헤게모니를 장악하기 위해 독주할 수 있는 환경을 만들어주며 아시아에 비극적 역사의 씨앗을 뿌린 결과가 되었다.

그로부터 수십 년 후 미국은 소련을 견제하기 위해 이번에는 중국을 활용했다. 이 전략은 중국의 경제번영을 가져왔다. 이에 따라 동북아시아에서는 이전과는 전혀 다른 전략 환경이 전개되었다. 현재 "굴기하는" 중국은 (소련의 경우처럼) 아웃사이더가 아니라 아시아의 인사이더로서 자기 지역에서 과거의 역사적 헤게모니를 주장하고 있고, 한국은 경제적으로 번영하고 있으며 북한은 핵무기개발에 나서고 있다. 미국의 아시아회귀전략은 지난 수십 년간 이 지역에서 일어난 이러한 전략적 환경 변화의 역사를 감안하지 않고 있다.

따라서 단순히 소련을 중국으로 치환하고, 중국을 일본으로 대체한 새로운 봉쇄정책이나, 오직 미일동맹에만 의존하는 '역외균형전략'은 최선의 전략적 선택이 될 수 없다. 미국으로서는 한편으로는 중국을 견제하면서도 동시에, 일본이 미중 간 대립과 북한핵문제로 야기되는 긴장과 대결 구도를 너무 이용하지 못하도록 긴장을 잘 관리하면서 일본이 미일동맹 틀에서 벗어나지 못하도록 해야 할 것이다. 미국의 저명한 정치학자 조지 프리드먼George Friedman은 저서 《넥스트 디케이드 The Next Decade》에서 "미국은 일본을 가급적 오랫동안 미국에 의존하도록 만들어야 하며 (중략) 중국과 일본이 스스로 양자적 균형을 찾도록 하되, 일본의 해군력 증강을 눈여겨봐야 한다"[19]고 경고했다.

둘째, 미국의 이익이 아시아에서 머물고 아시아인들로부터 계속해서 존경받기를 원한다면, 미국은 오히려 더 적극적으로 동아시아의 역사문제에 당사자로서 역할을 발휘해야 한다. 역사 갈등 문제는 이 모든 전략적 디자인을 망칠 수 있으므로 신중히 잘 관리해야 한다. 동북아시아 지역에서 중국은 나름대로 역사적 권원이 있고 그에 따라 행동한다. 일본도 자신의 계산이 있다. 한국은 역사의 아픈 기억과 분단 상태 지속으로 독특한 정서와 계산이 있다. 역사에 관해서는 북한도 하고 싶은 말이 있을 것이다. 역사에 관한 한 한국과 북한이 같은 말을 할 수도 있다. 역사도 북한핵문제에 작용하고 있다.

특히 심각한 것은 앞으로 각국의 민족주의가 이러한 역사 갈등을 더욱 부채질할 것이라는 점이다. 이 역시 잘 관리되어야 한다. 앞으로 수년간은 정치스케줄과 역사적 기념일이 동북아시아 국가들의 민족주의를 더욱 부추길 것이다. 중국에서는 2017년 가을에 시진핑 주석의 연임이 사실상 결정되는 중국공산당 제19차 대회가 열린다. 정치적으로 예민해지는 시기다. 중국 지도층 내 권력투쟁 가능성에 관한 얘기가 언론에 보도되고 있다. 대외정책에서 타협이나 양보는 불가능할 것이다. 남중국해 영유권문제와 관련된 과도하게 강경한 태도라든가, 최근 사드 한국 배치 결정에 대한 중국 반응, 특히 한국에 대한 외교상식을 넘어서는 히스테릭한 행태는 이러한 중국 내부 사정과 무관하지 않다. 또한, 2019년 5월은 5·4운동 100주년이다. 항일운동 기념일을 중국이 그냥 보낼 리가 없다. 게다가 중국공산당 창립 100주년인 1921년이 다가온다. 이 역시 그냥 지나가지 않을 것이다. 항일투쟁 역사가 새롭게 부각되고, 중국의 배타적 민족주의가 절정에 이르는 해가 될 것이다.

그런데 중국뿐만이 아니다. 일본과 한국의 민족주의를 부추길 행사와 역사적 기념일이 줄 서 있다. 예를 들면 2018년은 일본 메이지유신 150주년이다. 일본 역시 이를 그냥 넘길 리는 없다. 메이지유신은 일본 배타적 우익사상의 집약체다. 또한 2019년에 일본에서 열리는 럭비월드컵은 후쿠자와 유키치福澤諭吉의 탈아입구론脫亞入歐論에 대한 향수와 해묵은 선민의식을 고취할 것이다. 2020년 동경올림픽은 아베 정권의 보통국가화와 일본 사회 우경화에 정점을 찍어줄 수 있다.

한편, 1919년은 한국에게 3·1독립운동 100주년이자 임시정부 수립 100주년이다. 한국 사회 역시 그냥 가지 않을 것이다. 항일독립운동의 역사가 한국인들에게 새롭게 각인되고, 일본 우경화와 연계되어 한일관계가 예민해질 수 있다. 이미 주요 언론이나 싱크탱크들은 주변 강대국들의 신민족주의가 경제, 정치, 안보, 문화 모든 분야에 파급될 것이라고 전망한다. 북한핵문제, 역사 갈등, 미중 간 대립 등 동북아시아의 긴장과 갈등이 더욱 악화될 것이라는 것은 당연한 추론이다. 북한도 이러한 전망을 읽고 있을 것이다.[20]

한편, 미국도 최소한 19세기 말 이후부터는 확실하게 동북아시아 역사문제의 당사자다. 미국은 좋은 일로든 나쁜 일로든 직간접적으로 이 지역 역사에 얽혀 있다. 이는 미국의 아시아전략이 이러한 역사적 동력을 감안해야 한다는 것을 의미한다. 그것은 미국의 물리적인 힘에 더해서 중국과 일본에 대한 도덕성의 우위를 얹어 줄 수 있을 것이다. 일본의 장래 있을지 모르는 일탈 가능성도 미리 예방할 수 있다.

셋째, 그러한 스마트파워 전략이 앞으로 북핵문제를 해결하는 도덕적 기반을 강화시켜 줄 수 있을 것이다. 이는 미국이 고정관념을 버리고 발상의 전환을 하는 시발점도 될 것이다. 북한문제에 관해서도 그 나름대로 지정학적 조건과 역사적 배경도 감안하여 생각해보는 것은 어떨까? 역사적 배경을 감안하면 "북한도 내심 자신의 안보를 중국보다는 미국에 의존하려 한다"는 것도 이상하지 않다. 그들도 중국에 관한 나쁜 역사를 기억하고 중국을 경계한다. 그런 심리는 1990년대 말 필자가 초대 KEDO 대표로 북한 경수로 건설부지에서 근무할 때 북한 관리들과 술 한 잔 먹으며 들었던 그들의 속내였다.

북한도 중국을 경계하고 중국에 대한 역사적 기억이 있다. 최근 계속되고 있는 일련의 도발이나 미국에 대한 위협적인 언행은 북한 특유의 미국에 대한 러브콜일지도 모른다. 미국으로서도 북한을 중국의 인질로 만들 필요는 없지 않을까? 미국은 보다 확대된 전략적 공간 속에서 한국에 북한문제에 관한 미국 시각을 밀어붙이기보다는, 한국 입장을 배려하고 한국의 아이디어를 유도하고 격려하는 역할을 할 수 있는 정책 여유를 가질 수 있게 될 것이다. 어찌되었든 한국은 북한핵문제의 직접적인 관련자고, 미국의 중요한 동맹국으로서 많은 분야에서 미국과 정책을 공유할 수 있다. 조지 프리드먼은 "미국은 중국과 일본을 (아시아정책에) 동시에 활용해야 하며, 이 두 나라를 다루어 나가는 데 한국이 중요한 역할을 할 수 있을 것이다"라고 지적하고, "한국은 향후 서태평양에서 미국과 가장 중요한 관계를 유지하게 될 것"으로 내다보았다.

한국이라는 절대적인 GDP(국내총생산)는 아세안ASEAN 10개국의 그것을 합한 만큼 큰 나라지만 지정학적으로는 작은 나라 입장에서 미국이나 중국 같은 강대국들에게 이래라 저래라 주문할 수는 없고 이들과의 관계를 안전하게 관리하는 것도 쉽지 않다. 그나마 미국은 우리 동맹국가고 민주적 법질서에 따라 움직이는 민주주의국가라는 점에서 비교적 대화의 통로가 열려있다고 할 수 있다. 반면 중국은 아직 통제적 권위주의체제를 유지하고 있고, 한국에 대한 정책도 미국 정책이라는 거울을 통해서 이루어진다. 중국에 대해 한국이 전략적 가치를 인정받는 데는 그만큼 한미동맹이 중요하다는 의미기도 하다. 따라서 한국은 미국에 대해서 북한문제와 동북아지역 안보문제에 관한 자신의 견해와 입장을 가능한 한 제시할 수 있어야 한다.

유리한 전략적 환경조성 – 긴장구도인가 평화구도인가

한반도에 지정학적인 이해관계를 가지고 있는 주변국들 간에는 앞서 언급한 다층적이고 복잡한 대립전선으로 인해 어떤 일에든 협력은 어려운 실정이다. 특히 미국과 중국의 대립이 심화되고, 미·일동맹과 한·미동맹의 목적이 중국 부상을 견제하는 것이라는 것이 분명해질수록, 북한핵문제 해결을 위한 미국과 중국 간 협력은 그만큼 더 어려워져갈 것이다.

그렇지 않아도 중국이 아시아에서의 미국 패권에 노골적으로 도전하기 시작하는 2010년 무렵부터 미·중 간 관계가 줄곧 악화되고 있는 가운데 중국에 강경한 성향을 가진 도널드 트럼프가 미국 대통령에 취임함으로써, 미국과 중국의 관계는 당분간 더욱 긴장될 것으로 보인다.

2차 세계대전 후 처음으로 강대국들이 동시에 쇼비니즘에 젖어들어 가고 있는 가운데 미국마저 고립주의적 성향의 징조가 커질수록 지역적·세계적 문제를 풀어나가기가 더 어려워질 것이다. 이러한 새로운 냉전과 신민족주의가 발호하는 대립적인 국제정세와 동북아에서의 미·중간 대립은 북한이 어느 대립전선에 편승할지 그 전략적인 선택의 폭이 넓어진다는 것을 의미한다. 따라서 북한이 스스로 또는 협상을 통해 핵을 포기할 가능성은 그만큼 더 적어질 것이다.

북한이 각종 도발을 통해 위기 상황을 연출하여 긴장이 조성될수록 미국과 북한, 그리고 중국 역할은 커지고 한국 역할은 작아진다. 한국은 필연적으로 미국에 대한 안보의존도가 높다. 그래서 긴장과 대립구도는 북한과 주변의 일부 강대국들에게는 편리한 정책 조건이 된다. 최근에는 일본도 긴장구도에 편승하고 있다.

그런데 북한에 대한 압박정책으로 북한 내부의 독재적 지배이데올로기와 전시체제가 강화되고 대외적으로는 북한이 군사적 위협을 하는 등 자기 존재감을 과시할 수도 있다. 북한이 현재와 같이 유엔안보리결의를 노골적으로 위반하거나 위협적 도발을 지속하는 한, 이에 대한 제재조치는 계속 강화해나갈 수밖에 없을 것이다. 그러나 여기에는 언제나 "출구 없는 강경제재정책"이라는 문제점이 지적된다.

따라서 한국에게 유리한 전략구도는 한반도와 동북아시아의 평화협력구도가 되어야 한다는 것이 자명하다. 정치 지도자나 외교 관료, 학계는 이것이 좌냐 우냐 하는 이데올로기 문제가 아니라 객관적 현실이라는 점을 우리 국민들에게 솔직히 고해야 한다. 그래야 비로소 한반도를 비롯한 동북아시아에 흐르는 긴장구도를 방치할 것인가 아니면 평화협력구도로 전환할 것인가에 대한 솔직하고도 진지한 논의와 검토가 가능해질 것이다. 한반도의 평화구도는 북한 목소리를 약화시킨다. 그래서 주변국들에게는 영향력이 아니라 오히려 경제적 기여를 요구할 수 있게 되고, 우리 자신의 역할도 중심에 놓일 수 있게 된다.

따라서 한반도에서 '평화협력구도'를 추구하는 방법이 최선의 정책일지 여부는 아무도 장담할 수 없겠지만 북한 정권이 바라고 있는 긴장 지속, 즉 내부의 전쟁 분위기 조성을 합리화시켜주는 방식의 대북정책보다는 한 차원 높은 '차선 중 최선'의 선택임에는 틀림없다.

국내정치적 합의에 기반한 대북정책

우리나라 대통령이 집권 시 내세우는 큰 틀의 정치적 메세지는 대개 북한문제(핵문제 포함), 경제문제, 사회문제(통합·갈등관리), 외교(국격 향상)다. 김대중 대통령은 북한문제와 경제에 주력했고, 노무현 대통령은 북한문제와 사회문제에 주력했다. 이명박 대통령은 초기에는 경제문제와 외교에만 주력하다가 후반에는 사회통합문제도 강조했다. 박근혜 대통령은 한반도신뢰프로세스와 동북아평화협력구상을 내세웠으나 추상적인 구호에 머물렀다.

그러나 역대 대통령의 외교정책이나 아무리 화려한 외교 이벤트도 퇴임 후에는 잊히거나 비판 재료로 전락하고, 정권교체 후에는 차기 정권이 정책의 연속성을 부정하고 전혀 다른 정책을 추진하는 패턴이 되풀이되고 있다. 다만, 노태우정부의 북방정책과 그에 따른 대중국, 소련 수교, 유엔가입 등 구체적인 제도적 결과는 여전히 외교업적으로 평가된다. 그나마 남북정상회담이 김대중 대통령의 업적으로 홍보되었으나 불법송금과 퍼주기 등 햇볕정책의 문제점이 노출되는 결과가 되었다. 이로 인하여 남북정상회담의 극적인 국내정치적 효과는 더 이상 기대할 수 없게 되었다. 이러한 현상의 이면에는 대통령들의 단기적 정치적 욕심과 이를 증폭 확대재생산하는 관료의 아부행태가 작용해왔다. 김영삼의 세계화, 김대중의 햇볕정책, 노무현의 동북아 허브 및 균형자론, 이명박의 실용외교나 자원외교, 박근혜의 한반도신뢰프로세스와 동북아평화협력 구상 등이 그 대표적인 사례다. 대통령의 구호성 외교정책비전은 말단 실무 직원들도 똑같은 언어로 외우다 5년도 못가서 끝나는 뜬구름 잡는 얘기로 변해버렸다. 이러한 과정을 겪으면서 한국 외교의 질은 저하되어왔다.

물론 대북정책이나 외교 분야는 대통령 또는 정권의, 최선의 치적 대상 분야가 되기에는 너무 까다로운 분야다. 이는 대통령의 거대담론 외교가 주변 강대국이나 북한 측 한마디로 쉽게 절하 또는 부정되는 한국 외교의 내재적 한계에도 기인하는 것이다. 한국 외교는 대북정책을 필연적으로 포함하며, 그 핵심 대상은 북한, 미국, 중국이다. 한국 외교의 가장 이상적인 상황은 "북한이 한국에 순응하고, 견고한 한미동맹이 유지되면서, 중국과도 우호적 관계를 유지하는 것"임은 말할 나위도 없을 것이다. 그러나 김대중·노무현 정부의 외교는 "오히려 우리가 북한에 순응하며, 중국을 과도하게 배려하며, 미국과는 마찰을 빚는" 결과가 되었다. 반면, 이명박 정부의 외교는 "북한과는 대립하면서, 중국과는 소원해지고, 미국과 밀착하는 방향"으로 진행되었다. 박근혜 정부는 초기에는 북한과의 관계도 좀 개선하고 중국관계도 회복하려는 생각을 가졌던 것으로 보이나 북한과는 계속해서 냉랭한 대립 상태로 남아 있으며, 중국과의 관계는 초기에는 좋았다가 사드배치문제로 급격히 악화되는 롤러코스터 같은 모양새가 되어버렸다.

민주화, 햇볕정책 출현 이후 대북정책에 대한 대립적 개념이 교차하면서, 대북정책문제가 국내정치의 극단적 대립과 갈등 요소로 고착되었다. 이에 따라 정부 교체기에 신정부가 어떤 정책을 취하더라도 반대세력의 치열한 저항에 직면하게 된다. 대북 경제지원 방식에 관해서도 "퍼주기다", "아니다" 하는 대립적 논쟁 속에, 북한에 대한 지원은 북한의 지속적 경제 발전 능력을 배양하는 효과 없이 일회용 소모성 원조로 변질되었다. 이러한 대북전략의 내부적 모순이 주요 외교안보 사안에 대한 국론 통일을 저해하고, 우리의 외교역량과 대북협상력을 잠식했다. 국내적 지지기반이 약한 정책에 대해서 주변국들의 적극적인 지지를 기대하기는 어려울 것이다. 또한 정권교체에 따라 출범한 신정부가 최소한의 정책 연속성도 인정하지 않을 경우, 외교정책이나 대북정책에 대한 신뢰도가 저하되고 협상능력을 감소시킬 것이다. 지난 30년간 자주 북한의 "몽니"에 끌려 다니는 양상을 되풀이해온 것도 바로 이러한 국내정치적 모순 때문이기도 하다. 대북정책에 관한 여야 간 정치적 갈등을 포용·조정하여 국내정치 역량을 통합하는 방향으로 외교안보, 대북한정책을 수립하는 것이 새로운 사고의 출발점이자, 가장 강력한 정책추진력이 될 것이다.

여기서 북한의 변화에 관한 '관찰의 혼선'이 정책의 찬반입장을 가르기도 한다. 이러한 혼란 외에도, 우리 국내에서는 아직도 본질과는 거리가 먼 변질된 이데올로기적 갈등이 잠재되어 있다. 우리나라 사람들에게는 보수는 반북, 진보는 종북이라는 식으로 보수와 진보, 또는 우파와 좌파를 북한이라는 잣대로만 구분하는 수준에 머물고 있다. 그래서 종종 그 갈등이 원색적인 대결로 치닫곤 한다. 우리 내부의 그러한 이데올로기적 혼란은 우리 자신의 이데올로기는 과연 무엇인지에 관한 개념조차 잘 이해되지 않고 있다는 현실과도 관련이 있다. 우리는 사회주의체제보다 더 나은 가치체계를 가지고 있다는, 보다 더 적극적인 의미의 이데올로기적 자부심을 가져야 한다. 우리의 이데올로기는 자유민주주의와 시장경제다.

　20세기에 우리가 현실에서 보았던 사회주의체제와 자유민주주의체제를 가르는 기준은 자유의 있고 없음이다. 우리가 인간으로서의 자유와 권리를 소중히 여기고, 그러한 가치체계 틀 속에서 타인의 이익과 조화를 이루는 사회를 만들어가고 있다는 자부심을 가질 수 있을 때, 북한 모습도 제대로 볼 수 있고 좀 더 적극적인 자신감도 가질 수 있게 될 것이다. 그리고 본질을 망각한 천박한 색깔논쟁도 그칠 수 있다.

　따라서 정부가 추진하는 정책에 좀 더 확고한 국민적 지지기반을 마련하기 위해서는 서로 다른 생각에도 귀를 기울이고 이를 정책에 흡수 통합하는 "국내적인 포용정책"도 필요할 것이다. 좋은 정책에 강한 추진력을 부여하는 것은 국민이지만, 그렇게 되도록 국민의 이해를 구하는 노력은 정치지도자들과 정부의 몫이다. 하나의 정책은 단선적일 수도 없고, 언제나 원래 모양 그대로여야 하는 경직적일 수도 없다. 정책은 포괄적이고 유연성이 있어야 지속적이고 안정적으로 추진될 수 있는 것이다.

　마지막으로 정책의 안정성과 지속성을 확보하기 위한 제도적인 방안을 생각해보았으면 한다. 사실 온건한 정책은 강경한 것보다 비판에 더 취약한 면이 있다. 누구나 통쾌하게 이기는 것을 좋아하고 그러기를 은근히 기대하는 법이다. 밋밋해 보이는 게임에는 금방 식상하게 된다. 그런 본질적인 면이 아니라 하더라도, 우리나라의 정치제도나 그 행태로 볼 때, 정책의 안정성이나 연속성은 보장되기 어려운 측면도 있다. 특히 북한문제에 관한 것은 아주 손쉬운 여야 간 정쟁 재료가 되고, 또 그만큼 정치적 폭발성도 강한 것이 현실이다. 언제 다시 폭발할지도 모르는 시한폭탄과도 같다.

또한 5년 단임의 대통령제 아래에서는 어떤 장기적 정책을 추진하기가 어렵다는 문제가 지적되어 왔다. 그렇다고 당장 헌법을 고치는 것이 능사만은 아니다. 법이나 제도의 한계를 그 테두리 내에서 극복하는 지혜가 없을 리 없다. 우리 국민들은 어쩌면 정치가들보다 더 합리적이고 현명할지도 모른다. 예를 들면, 북한에 관한 정책이 어느 한 정권이나 집권자의 독점물이 아니고 여당이나 야당이나 모두에게 열려 있을 수만 있다면, 그리고 우리 사회가 하나의 사회전체적인 계약으로 북한문제를 정쟁화하지 않기로 약속할 수만 있다면, 어떤 정책이라도 시작서부터 벌써 반은 성공적인 것이 될 것이다. 설사 여야 간에 정권이 교체된다 하더라도 앞선 정권이 추진하던 정책이 그대로 계승될 수 있는, 그래서 정책의 안정성과 지속성이 유지될 수 있는 어떤 제도적 장치를 마련하는 것은 도저히 불가능한 일일까?

따라서 대통령은 국내정치적 합의가 가능한 정책 비전을 제시해야 한다. 새로운 정책은 대통령의 5년 임기 내 실현 가능성, 업적으로서의 가치, 시간적 현실을 감안해야 국내 정치 세력 간 타협과 협조를 도출하는 '국내정치 어젠다'로 제시하여야 할 것이다. 특히, 북한관련문제는 어떤 대통령이든 5년 임기 내에 항구적인 업적을 남길 수 있는 가능성은 없다. 따라서 대북정책에 관한 국내의 분열을 극복하고, 국민적 합의consensus를 이루며, 이를 위해서 여야공조체제를 수립하고 정부조직과 제도를 정비하는 방향으로 하는 국내적 합의를 우선적 목표로 지향해야 할 것이다.

대북정책에 관한 국내정치적 합의를 도출하는 것은 새로운 대북정책의 출발점이자 핵심이며, 가장 강력한 권위와 추진력을 부여한다. 이는 북한의 저항과 '몽니'를 사전 차단하는 효과가 있고, 관련 국가들에게 정책의 신뢰성과 의지를 과시할 수 있다. 또한, 대통령의 국내정치적 입지도 강화해 줄 것이다. 새로운 사고를 기반으로 한 유연한 대북정책을 추구한다면 야당 등 정치적 반대세력의 동의를 얻을 수 있는 가능성도 커질 것이다. 대북정책에 관한 국내적 합의를 이룰 수 있다면, 국내적으로 '통합의 정치 리더십'을 부각시켜 대통령의 정치적 입지를 강화할 수 있을 것이다.

또한 5년 단임의 한계를 극복하고, 임기 이후까지도 국가 대외정책의 기본적 연속성을 어느 정도까지는 유지할 수 있다는 점에서, 임기를 초월하는 정책적 업적이 될 수 있다. 사실 북한정책은 임기 말년이 다가올수록 대통령의 발목을 잡는 '늪'이 되곤 했으며, 임기 종료 후에도 비판의 재료가 되곤 했다. 따라서 대북정책에 관한 대통령의 권한은 권력이 아니라 사실은 큰 '부담'인 것이다.

대북정책에 관한 국회의 권한과 기능 강화를 통해서 정책과 개별사업, 예산의 조달 등에 있어서 정치적 합의를 확보할 수 있으며, 국민적 합의의 구체적인 수단을 구현할 수 있다. 예를 들면 다음과 같은 제반 법률·제도적 정비를 추진하는 조치가 필요하다.

첫째, 대북정책에 관한 여야, 정부 간 합의를 추진한다. 노사 간 '사회계약'과 비슷한 개념이나 형태로 여야 간 대북정책 내용을 추진하는 체제에 관한 "정치적 계약"을 추진한다.

둘째, 국회 내에 여야 소수의 전문 의원으로 구성되고 비공개 원칙하에 운영되는 '특별위원회'를 설치한다.

셋째, 국회의 심의, 승인, 비준 기능을 확립한다. 대북한 경제협력 사업에 관한 정책 수립과 예산의 정부심사 및 관리, 국회에서의 심사, 그리고 사업의 이행 조직으로 모두 분산시킴으로써, 정부 내 부처 간, 그리고 정부와 국회 간 협력과 상호 견제 및 감시 기능을 회복하여 북한과 관련된 정부 예산의 효율적인 집행을 보장할 수 있다. 또한 국회심의 과정을 통해 북한 경제협력 사업 추진에 관한 국내정치나 여론상의 이견이나 갈등, 마찰을 예방하고, 5년 단임 정부의 정책연속성 한계도 극복할 수 있을 것이다. 북한에 대해서는 한국의 예산집행 절차에 따르도록 하는 교육적 효과는 물론, 눈에 보이지 않는 조건 부과 효과가 있을 것이다.

넷째, 남북협력기금을 개편한다. 앞으로 남북경협의 규모가 커지고 다양하게 되고, 고도 기술적인 수준으로 확대될 경우 분야별 전문성이 없는 통일부가 전 분야의 사업을 직접 관리하기는 어려운 상황이 될 것이다. 따라서 남북경협의 분야가 다양화되는 추세에 따라 각 분야별 전문 부처의 책임 있는 참여가 효율성 있는 사업 추진에 필수적인 요소가 된다. 또한 개발협력 사업 대부분에 대해서는 사업 타당성, 남한 경제정책과의 연계 등 전문적인 사전 조사와 소요재원 조달 방법 검토가 필요하다. 그러나 매년 예산을 적립하는 '남북경제협력기금'은 구체적인 사용에 대해서는 국회의 사전 심의나 통제를 받지 않아, 정부와 여당의 독단적인 사용에 대한 야당의 정치적인 반발의 원인이 되어 왔다. 또한 공개적으로 적립되는 거액 기금은 북한이 "뭐든지 요구하면 금방 줄 것"이라고 기대하는 나쁜 버릇을 키우게 되는 '유리 지갑'

이 되어왔다.

따라서 인도적 원조와 일정 규모 이하의 소규모 지원 예산을 제외한, 모든 대북한 경제지원 예산을 분야별로 각 전문 부처의 예산으로 편입시키고, 이를 국회에서의 예산 심의 등 여타 정부 예산집행 사업과 같은 절차를 거쳐서 집행하도록 하는 방향으로 개선할 필요가 있다. 각 전문 부처는 북한의 사업 추진 요청이나 자체 판단에 의해 국내 사업의 연장선상에서 대북한 경협 사업을 발굴하여, 우선 북한 측 해당 부서와 협의 및 타당성 검토를 거친 후, 예산당국에 예산을 신청하여 차기년도 정부 예산안에 포함시킨다. 국회는 예산심의를 거쳐 익년도의 각 대북한 지원 사업예산을 확정한다. 만약 북한의 경제개발계획이 있다면 이에 맞추어 사업예산을 따라서 즉흥적인 대북 지원 사업을 추진하기가 어려워질 것이다. 이와 같은 제도 개선을 준비하는 것은 남북 관계가 단절되어 있는 지금이 오히려 적기다.

통일정책과 북핵문제 해결의 기본방향

국내정치적인 합의가 필요한 통일정책과 북한핵문제 해결의 기본 방향은 다음 조건을 모두 만족시키는 포괄적 내용이 되어야 할 것이다. 즉, 1) 북한 핵보유는 용납할 수 없으며, 2) 평화적인 방법으로, 3) 북한핵문제뿐 아니라 북한문제를 동시 해결하며, 4) 국민 동의를 바탕으로 국내정치적인 갈등을 유발하지 않으며, 5) 한국의 지속적인 경제발전과 민주주의적 사회 발전을 저해하지 않으며, 6) 한국의 국제적 위신과 위상을 제고시키며, 7) 한·미동맹 관계를 약화시키거나 저해하지 않으며, 8) 주변국들의 입장을 포용하고 우호관계를 강화하는 방향으로 수립되어야 한다. 이는 결국은 야당과 국민, 언론, 북한, 미국, 중국, 일본 등 정책 관련자들stakeholders을 모두 만족시킬 수 있는 전략을 마련해야 한다는 것을 의미한다.

또한 다양한 대북정책이 이미 "오랜 기간 동안" 계속되어 왔다는 현실을 감안할 때, 급격한 정책 전환을 하는 것은 바람직하지 않다. 어느정도 정책 연속성을 유지할 필요도 있고 "잘못된 정책의 결과도 유용하게 활용할 수도 있다"는 여유와 지혜도 필요하다.

우선 정책면에서는 채찍이냐 당근이냐 하는 논쟁이 있다. 한 마디로 말해서 우리와 북한의 현실을 고려한다면, 강경과 온건의 차이는 존재하지 않는다고 말 할 수도 있는 것이다. 극도의 관료주의적 보신주의가 판치는 북한 정권 내부에서 변화에 관한 논의를 촉발시켜줄 수 있는 외부적 충격이라는 점에서는 양자 간 본질적 차이는 없다고 생각된다. 문제는 그 외부적 충격이 얼마나 강한 것인가, 즉, 얼마나 강한 군사적 압박을 가할 수 있느냐, 또는 얼마나 많은 원조를 해 줄 수 있느냐 하는 정치적 의지와 능력에 관한 문제인 것이다. 그 외부 충격이 클수록 북한 내부의 논의를 유발시킬 가능성도 더 커질 것이다. 정치지도자나 관료의 입장에서 보면 강경한 처방이 더 매력적일 수 있고, 북한과 대치상태가 지속되는 것은 편리한 면도 있다. 나쁜 상태는 언제나 상대방 책임으로 돌릴 수 있고, 구체적인 진전이 없어도 세월은 간다. 관료는 더 나은 자리로 영전하면 좋은 일이다.

물론 북한이 무엇을 스스로 하리라는 것을 기대할 수 는 없다. 북한은 간단하게 핵 프로그램을 포기하지 않을 것이다. 당분간 북한핵협상이 열릴 가능성도 없고 그 자체가 의미가 없을지도 모른다. 그러나 그렇다고 해서 아무것도 하지 않고, 서로 비난하고, 책임을 전가하고, 제재만 하면서 돌아앉아 있는 것이 유일한 해결방안은 아닐 것이다. 북한이 무엇을 하게 만들 것인가, 어떻게 하면 그러한 조건을 만들 수 있을까 고민하고 실행해보는 것은 한국인에게는 중요한 통일과제다. 분명한 것은 중국도 받아들일 수 있는 정책은 강경일변도의 정책은 아니라는 것이다. 미국 입장에서 보더라도 만약 중국에 대한 대응이 우선이라면 북한핵문제에 대한 대응에서는 여유를 가지고 힘을 절약하여야 한다. 그런 점에서 "더욱 더 강한 제재를 가하는 한편으로 동시에 출구가 어디에 있는지를 보여주는 전략 옵션" 즉, "출구를 보여주면서" 강경한 제재와 압박을 하는 강온 동시 전략이 필요해진다. 국제사회의 제재가 강해질수록 북한 정권은 "장래의 행동에 대한 보상" 내용에 더욱 관심을 가지게 될 것이다. 차갑지만, 계속되는 대화가 서로 비난하고 돌아앉아 적개심만 불태우는 것보다는 낫다.

1990년대 말 동구권 사회주의체제의 몰락은 이데올로기보다 민족의 역사와 전통이 사회발전의 더 중요한 요소라는 것을 보여주었다. 이데올로기 자체가 오래 축적된 생활 양태기 때문에 그 사회의 역사와 전통을 반영한다. 그런데 어떤 이데올로기를 수입하여 모방하는 사람들은 그 이데올로기의 형성 과정을 잘 모른다. 그래서 모방하는 자는 외부환경의 변화에 따라 스스로 변신할 능력이 없다. 북한이 그 대표적인 사례다. 한국도 예외는 아니다.

따라서 북한문제라고 하는 것은 한국인 모두의 문제일 수 있다. 한국의 역사가 이를 말해준다. 통일은 한국인들에게 중요한 일이므로 준비되어 있어야 한다. 그러나 북한을 어떤 정책으로 다루든 한국인들은 자신들이 존중하는 가치가 있다는 것을 잘 알고 있어야 할 것이다. 그것은 인간의 존엄과 자유의 소중한 가치를 안다는 것이다. 그것이야말로 우리가 북한에 대해서 무한한 우위를 가질 수 있는 '소프트 파워'다. 남과 북을 가르는 경계선은 바로 자유가 있느냐 없느냐다. 한국인들은 그러한 가치를 알기 때문에 자신 있게 북한문제는 바로 "우리 문제"라고 말 할 수 있는 것이다. 북핵문제를 포함하는 북한문제는 결국 그러한 가치의 프레임 속에서 풀어나가야 하지 않을까?

당초 북한핵문제는 남북 간 차원의 협상의제였다. 북한핵문제가 국제 문제로 떠오르기 전, 즉 1993년 이전에 북한문제는 한국과 북한 간 민족 내부문제로 양자 간 협상의 프레임 속에서 다루어졌다. 동유럽 사회주의 진영과 베를린 장벽이 붕괴되던 시대인 1992년 2월, 남과 북은 남북기본합의서와 한반도비핵화공동선언을 체결했다. 이에 따라 다음 해에는 한국 내 배치되어 있던 미국의 전술핵무기가 완전히 철수되었다.

그러나 북한은 비밀리에 핵무기 개발을 계속했고, 남북 한반도비핵화공동선언은 과거 많은 남북합의문서가 그랬던 것처럼 휴지가 되었다. 북한은 이전부터 한반도문제에 관해 미국과의 양자 간 협상을 주장했지만, 미국과 북한 간의 직접 접촉은 거의 없었다. 따라서 북핵문제에 관한 미·북 간 제네바협의는 미·북 간 최초의 양자 간 외교교섭이라는 점에서 북한에게는 큰 의의가 있었을 것이다. 이후 북한핵개발 저지를 위한 협상은 미·북 간 양자회담, 3자회담, 4자회담을 거쳐 6자회담 체제로 진행되었다. 그러나 6자회담도 2008년 말 이후 사실상 정체상태에 있고, 그 유용성에 관한 비판이 제기되고 있다.

미국과 북한 간 직접 접촉이 실현된 이후 북한은 핵문제를 한국과 양자 간에 논의하는 것을 거부해오고 있다. 따라서 분단과 관련된 민족문제만 남북 간 협상의 범주로 남고, 북핵문제는 미·북 양자 간, 또는 관련국들이 참가하는 다자간 협상으로 사실상 이원화되었다. 이 과정에서 한국은 북핵문제협상에서 사실상 주변화되어갔고, 남북관계도 점차 북핵협상의 진전 상황에 종속되어 갔다. 또한, 북핵문제에 관한 한국의 역할 문제는 한국의 보수와 진보, 또는 여당과 야당 간 정치 쟁점이 되었다. 한국의 역할이 축소되고, 미국을 비롯한 주변국의 입김은 커지고, 국내정치적으로는 더 복잡한 정치 어젠다가 되는 상황은 한국의 외교를 갈수록 더 어렵게 만들고 있다.

특히 미국 정권교체기마다 겪어야 하는 북한핵문제에 대한 미국의 정책 변화에 우리의 대북정책 목표를 조화시키는 것이야말로 정말 어려운 과제였다. 새로운 미국정부의 정책 변화는, 물론 그 정당이나 대통령 자신의 성향에 따른 것이겠지만 상당 부분은 '사익 집단'이나 실무 관료들의 입김도 작용한다. 그래서 정책 변화의 널뛰기도 심하다. 미국 대통령이 바뀔 때마다 우리는 미국 새 정부가 북한문제를 어떻게 다룰지에 관해 불안한 마음으로 기다리곤 했다. 어디 그뿐인가? 우리도 정권이 교대될 때마다 널뛰듯이 정책이 바뀌지 않았는가? 북한도 이런 사정을 다 알고 나름대로 대응해오고 있다고 봐야 할 것이다. 이 정부 상대로 협박하고 뜯어내다가 다음 정부 상대하면 된다는 북한식 전략이나 관료주의적인 매너리즘이라도 생기지 않았을까? 그러니 한국과 미국의 정책이나 전략이 제대로 먹혀들어 갈 리가 없다. 오바마 정부의 '전략적 인내'는 사실상 북한에 대해 강력한 제재만 하고 아무것도 하지 않는 정책이 되어버렸다. 그러는 동안 북한이 결코 핵을 포기하지 않을 것이라는 비관론이 통설이 되었다.

미국의 트럼프 대통령이 취임하자마자 정부와 의회가 나서서 북한에 대한 제재 강화와 선제공격 가능성, 정권교체론, 지도자 제거 등 강경정책을 쏟아내고 있어 당분간 북한에 대한 압박은 거세질 것으로 보인다. 앞으로 동북아지역에 대한 미국 항공모함 증파, F-35B 스텔스전투기 등 전략자산 배치, 한국에 사드 조기 배치 등 북한(그리고 중국)에 대한 군사적인 압박은 거세질 것으로 보인다. 여기서 북한에 대한 비군사적 압박을 강화하는 수단으로서 북한과 거래하는 외국 기업(주로 중국 기업)들을 제재하는 세컨더리 보이콧secondary boycott과 국제적 협력 분야에서 북한의 인권문제, 유엔안보리 제재 이행, 기존 제재조치에 대한 재확인 및 이행 점검, 돈세탁과 인신매매, 북한외교관들의 불법 무역행위 등에 대한 각국의 제재가 잇따를 것으로 보인다.

미국의 언론들 대부분이 트럼프를 어디로 튈지 모르는 럭비공에 비유하기도 하면서 그가 예측할 수 없다고 비판한다. 실제로 취임 직후부터 오바마 대통령의 작품인 환태평양경제동반자협정TPP 참여를 탈퇴하고, 멕시코 대통령과는 국경장벽 건설문제로 다투고, 무슬림 7개국 국민의 미국 방문을 봉쇄하는 과격한 정책을 실제 행동으로 옮기고 있다.

그런데 사업가로서의 트럼프는 상대방을 망하게 하는 것이 아니라 이익을 추구했다. 그는 "크게 생각하고", "남의 실수에서 배우고", "때로는 추세에 역행하는 것도 필요하다"는 등의 덕목을 강조한다. 트럼프가 예측할 수 없다 하는 것은 뒤집어보면 그가 오히려 기존 틀에 얽매이지 않는 '역발상' 또는 '발상 전환' 능력이 있다는 것을 엿보이게도 한다. 트럼프적인 사고는 한편으로는(또는 초기에는) 북한에 대한 군사적·비군사적 제재와 압박을 강화해가면서도, 다른 한편으로는 그동안의 교섭 실패 사례에서 교훈을 찾아 관료들이 생각하지 못했던 전략을 구사할 수도 있다.

강대국이 아닌 한국으로서는 전략 트렌드나 강대국의 전략 전환 방향을 미리 예측하고 준비하여 대비할 필요가 있다. 한국은 그 자신의 통일정책과 이에 따른 대북한전략을 미국 정책과 조화시켜야 하는 것이 영원한 숙제가 된다. 그러나 필요할 경우에는 북한핵문제와 동북아 안보질서에 관한 우리 전략적 관점을 자신 있게 미국 측에 제시할 수 있어야 한다. 대통령 트럼프는 불안해 할 대상이 아니라 오히려 우리 의견을 적극 제시하고 협의하기에 좋은 상대일 수도 있다. 한편 남북관계나 대북정책을 북한핵협상 전략과 과도하게 연계할 경우에는 남북관계나 한국의 대북정책이 북한핵협상의 인질이 될 수 있다. 그렇다고 연계를 하지 않는다고 하면 국내여론이 이를 용납하지 않을 것이다. 이것은 앞으로도 계속해서 한국이 대북정책을 이행하는 데 딜레마가 될 것이다.

따라서 2017년에 출범하는 새로운 한국 정부의 가장 큰 외교과제는 그간의 북한에 대한 정책과 전략, 그리고 이행 가능한 수단을 점검하여 한국의 역할을 재정립하는 것이다. 물론 한국의 다음 정부는 현재 진행되고 있는 강한 대북제재와 압박 전략의 유지뿐 아니라, 미국이 강한 채찍과 당근을 동시에 구사하는 전략으로 전환할 가능성에도 대비하여야 한다. 트럼프정부가 북한에 대해서 강한 제재만 하고 기다리는 오바마정부의 전략적 인내 정책을 "그대로 답습"할 가능성은 거의 없다고 보아야 할 것이다. 미국이 중국을 적대시하면서 북한핵문제를 중국에 의존한다는 것도 사실은 모순적 측면이 있다. 그가 만일, 아직은 정말 '만일', 강한 제재를 무기로 아예 북한과 직접 교섭하고 나아가 과거에 거론되었던 연락사무소 설치 등을 미끼로 미국 품으로 끌어안는 모양새를 연출하면서 북한핵문제를 해결한다는 '역발상'을 하면 어떻게 될까? 그 '역발상'은 중국에게는 또 다른 큰 충격이 될 것이다. 교섭의 달인 트럼프는 이를 통해 북한과 사드 문제, 무역과 환율 문제 등 모든 이슈를 중국에 대해 유리한 교섭카드로 바꿀 수 있다. 이 경우 한국은 극단적 관료주의 사회인 북한을 매력적이고도 구체적인 인센티

브로 유인하는 역할을 할 수 있다.[21]

북한핵문제도 30년이 넘는 역사가 되었다. 북한문제를 해결하는 길은 어느 길을 택한다 해도 "가 보지 않은 길"일 것이다. 그 선택에는 여러 견해가 있고, 서로 다른 이해관계도 얽혀 있다. 외교는 항상 이성적인 판단에 의해 올바른 길로만 진행되지는 않는다. 특히 강대국의 외교는 '사익 집단'이나 실무 관료들의 입김이 작용하는 경우도 있다. 약소국은 그 '사익'과 관료집단의 이해관계에 희생된다.

한국은 앞으로 가지 않았던 길을 가야 할 텐데 어떤 길이 있을까? 그중에 한 길을 소개하고자 한다.

북한핵협상의 문제점

그간 한국의 대북정책이나 북핵문제 해결을 위한 6자회담은 의심 발생→위기→희망적 프로세스 설정→교착→새로운 의심과 위기→파국→새로운 프로세스→교착→의심과 위기→파국이라는 공통적인 악순환을 되풀이해왔다. 경제지원의 지렛대 효과도 거의 없었다. 이른바 '먹튀' 논란만 남았으며 불신도 증폭되었다. 이는 그간의 대북협상 전략과 전술에 문제가 있었다는 것을 의미한다.

우선 한반도의 긴장구도를 방치할 것인가 평화협력구도로의 전환이 필요한 것인가 하는 문제가 있다. 물론 북한이 현재와 같이 유엔안보리결의를 노골적으로 위반하면서 위협적 도발을 지속하는 한, 이에 대한 제재조치는 계속 강화해나갈 수밖에 없을 것이다. 그러나 여기에는 언제나 "출구 없는 강경정책"이라는 문제점이 지적된다. 북한은 긴장과 위기 상황을 연출하고, 제재를 오히려 지배이데올로기와 전시체제를 합리화시키는 데 이용한다. 긴장이 조성될수록 미국과 중국, 그리고 북한의 역할은 커지고 한국의 역할은 작아진다.

둘째로, 핵폐기협상만을 다루는 6자회담과 같은 단선적 협상체제는 전략적 자원이 절대적으로 열세인 북한에게 유리한 협상구도였다. 마치 좁은 길목에서 열세한 전략적 자산으로 장기간 '적'의 발목을 잡아두고 있는 것과 같은 양상이다. 반대로 한·미·일의 입장에서 보면 절대적으로 우세한 자원을 동원하면서도 발목이 잡혀 있는 양상이 계속되었다. 이에 따라 6자회담은 미국의 변덕과 북한의 주기적인 '몽니', 주최국인 중국의 전횡, 일본인납치문제 해결을 우선하려는 일본의 사보타주에 의해 끌려다니는 수동적 구도가 되어왔다.

전쟁을 할 때 전력이 약한 측(북한)의 전력을 분산시켜 방어력을 약화시키기 위해서는 2개 이상 지역에서 동시에 전투를 전개하고 우회flanking하는 보조 전선을 구축하여 전장theatre을 확대하는 것이 일반적인 군사전략이다. 단선적 접근은 6자회담이 사실상 유명무실화된 몇가지 원인 중 하나다.

또한 이러한 단선적 협상체제로 참가국 간 구조적인 불신 문제를 근본적으로 해결하는 것도 불가능할 것이다. 핵폐기 문제만 다루는 6자회담체제의 단선적 접근 방식의 취약성은 1) 합의 이행에 관한 뿌리 깊은 상호불신문제를 해결할 수 없고, 2) '행동 대 행동 원칙'은 어느 한 단계에서의 필요한 조치와 보상만을 규정하고 있어 북한의 장래 행동에 대한 '구체적인 보상' 계획을 보여줄 수 없고, 이는 장래에 대한 북한 내부의 불신감을 초래하여 협상의 신속한 진전을 저해하게 되며 3) 상호 작은 오해나 착오가 쉽게 위기로 증폭된다는 것이다.

특히 극단적인 보신주의적 관료주의에 젖어 있는 북한 관리들은 상부의 명확한 지시나 허가가 없으면 한 발짝 앞으로도 움직일 수가 없다. 그런 경직성은 정도 차는 있지만 한국이나 미국 관리들도 사정은 마찬가지다. 따라서 6자회담 교섭에 참가하는 관료들은 다른 협상 채널이 없는 독점적 지위에서 서로 "신뢰관계는 없는" 동업자가 된다. 당장 어려운 문제는 모양새 있는 성과로 포장하려는 관료들의 성향이 본질적인 문제해결을 지연시키기도 한다. 따라서 협상관료들의 성과 책임과 경쟁적 구도가 필요하게 된다.

셋째로는 미시적 관리부실 문제를 들 수 있다. 상호 합의 결과 이행 여부에 대한 불신을 해소하기 위해 만들어진 '행동 대 행동 원칙'은 합의 결과의 이행을 세부단위로 잘게 쪼갠다. 그러면 협상결과를 이행하기 위한 새로운 협상이 필요해지고, 새로운 협상은 새로운 기술적 난관을 만들고 이 과정에서 새로운 불신을 생산하게 된다. 또한 이행을 위한 실무그룹을 만드는 것은 고위 레벨의 협상에서도 이행되지 않는 것을 하위 실무 레벨로 미루는 결과가 된다. 실무 협의 과정에서의 상호 작은 오해나 착오가 쉽게 정치적 위기로 증폭될 수 있다. "애들 싸움이 어른싸움으로 확대"되는 것이다. 그리하여 새로 발생한 실무적 갈등을 해결하기 위한 협상과 합의가 필요하게 된다. 그러면 협상은 협상을 낳고, 협상은 또 새로운 협상 수요를 만들고, 결국은 다음 회의를 할 것인지, 한다면 언제 할 것인지도 중요한 협상이 된다. 어느 사이에 북한이 협상에 응하겠다는 것만으로도 상당한 진전으로 보이게 된다. 협상은 관료주의적 함정에 빠지게 된다.

넷째로는 협상 참가국들 간 코디네이션 부실도 문제로 지적될 수 있다. 어떤 나라는 자국과 북한 간 양자문제를 협상의 진전 조건으로 내세워 사보타주하는 일종의 '스포일러spoiler'가 되기도 했다. 물론 처음부터 공통된 전략을 만드는 것은 불가능했다.

또한 참가국 내 부처 간 코디네이션문제도 있었다. 9·19공동선언 직후에 발표된 미국의 북한에 대한 금융제재(방코델타아시아에 대한 제재)는 미 국무부와 재무부 간에 사전 교감이 있었던 것인지 불분명하다.

미국은 금융제재문제를 핵협상과는 상관없는 단순한 법 집행 차원으로 간주했다. 반면, 북한은 북·미 관계 정상화를 요체로 하는 9·19공동선언 채택 직후 미국이 바로 대북 제재를 강화하는 것을 보고 협상을 통한 문제해결 전망에 대해 근본적인 의문을 갖게 되었다.

이 문제에 대한 한국 측 문제 제기에 대해 당시 미국의 콘돌리자 라이스 국무장군은 "미국 행정부는 거대하다"라고만 답했다 한다.[22] 이는 당시의 강경 네오콘의 사보타주에 의한 것인지도 모른다. 미국의 네오콘이라 불리는 고위 정책입안자들이 협상대표들의 재량권을 극도로 제한한다는 이야기가 많이 퍼져 있었다.

북핵협상에서 약속을 이행하지 않고 파기하는 쪽은 언제나 북한이었다는 것은 분명한 사실이다. 그러나 중요한 것은 교섭 과정에서 북한을 어떻게 다루는가 하는 것이다. 1994년 제네바합의 이후 2002년 10월, 농축우라늄 개발문제로 제네바합의가 파기되기까지 그리고 9·19 공동선언 이후 1년도 되지 않아 북한이 이를 파기하고 2차 핵실험을 할 때까지 무슨 일이 있었나를 상세하게 회고할 필요도 있다.[23]

또한 북핵협상이나 남북 간 협상 과정에서 북한을 장차 진정한 국제사회 파트너로 받아들이겠다는 미래 비전을 공유한 흔적이 전혀 없다. 북한은 다만 타파해야 할 악의 축 중 하나였을 것이다. "북한이라는 악마"와의 협상에서도 가끔은 역지사지와 약간의 진정성이 필요하다.

1998년 4월, 나는 업무협의차 뉴욕 KEDO 본부를 방문하던 중 우연히 마침 KEDO를 방문하고 있던 북한의 허종 순회대사를 만났다. 허대사는 내가 초기에 기차 안에서 만난 적이 있어서 반갑게 인사할 수가 있었다. 허 대사는 경수로가 준공될 경우 발전된 전기를 주요 공업 지역으로 송전할 수 있는 송배전망 건설을 지원받는 방안을 찾는 임무로 뉴욕에 왔다고 했다. 북미 간 제네바합의에 의하면 KEDO는 오직 경수로 원자력발전소 두 기만을 지어주는 것으로 되어 있었다. 따라서 KEDO 사무국은 "송배전망 건설은 KEDO가 담당하는 영역scope밖의 일이니 북한이 알아서 할 일이다"라는 답변뿐이 할 수 없었다. 그러나 송배전망이 없는 발전소 건설은 경제적으로는 아무런 의미도 없는 것이었다. 경제적 의미가 없다면 곧 정치적으로도 의미가 없게 된다. 허 대사는 내게 국제통화기금(이하 IMF)이나 세계은행으로부터 지원받을 수 있는 가능성에 대해서 물었다. 나는 그러기 위해서는 우선 그들 금융기구의 회원으로 가입해야 하는데 회원 가입을 위해서는 최소한의 시장자유화 조치하는 조건conditionality을 충족해야 한다고 설명하고, 뉴욕 금융가에서 혹시 민간 차입을 위한 설명회 계획이라도 있냐고 물었다. 허 대사는 그런 조건은 어느 정도 알고 있다는 표정과 함께 한숨을 쉬면서 "누가 나서서 도와 주겠다는 사람이 있어야디…"라고 말꼬리를 흐렸다. 나는 그 장면이 아쉬움과 함께 아직도 기억에 또렷이 남아 있다. 만약 그 경수로지원프로젝트를 수행하는 데에 당시 KEDO 구성국이었던 한국, 미국, 일본이 좀 더 (경제적인 측면에서라도) 진정성이 있었다면 북한핵문제는 어떻게 흘러왔을까 하는 아쉬움 어린 궁금증이 남아 있다. 이러한 성의 없는 우리 태도가 후술하는 기형적 경제보상이나 지원 형태를 만든다.

다섯째로는 북한에 대한 군사적 제재가 어려운 상황에서 경제 제재도 지렛대 효과를 제대로 발휘하지 못했다. 오히려 경제지원이 북한의 나쁜 버릇만 키운다는 비판이 있다. 북한이 받아먹기만 하고 약속은 이행하지 않기 때문이다. 그런데 6자회담의 '행동 대 행동 원칙'은 북한의 살라미전술에 대응하기 위해서 합의된 단계별로 필요한 조치와 보상만을 이행하는 상호 불신을 전제로 한 것이다. 이 경우 장래 행동에 대한 '구체적'인 인센티브를 보여줄 수가 없으므로 오히려 이 원칙은 북한이 협상 다음 단계로의 진전을 저항하고 거부하는 결과를 초래한다. 이는 다시 협상 자체에 대한 북한 내부의 불신감을 초래하여 상호 간 작은 오해나 착오가 쉽게 위기나 파국으로 증폭되곤 했다.

북한의 생명줄을 쥐고 있는 중국의 미온적 협조 문제가 원인으로 지적되곤 한다. 그러나 보다 근본적으로는 체계적인 경제발전과 연계되지 못하는 일회성 경제보상 방식과도 관련되는 문제다. 종합적인 경제개발계획이 없는 상태에서는 북한은 주로 현금과 식량, 중유 등 당장 필요한 물자, 또는 내부 권력기관이 필요로 하는 것으로 추측되는 철근과 알루미늄창틀 같은 건축자재를 요구해왔다.

그러나 이러한 형태의 지원은 북한의 경제 발전에 도움이 되지 못한다. 이러한 경우에는 북한이 외부의 경제지원을 단순히 정치적인 승전의 노획물로 간주하게 되고, 북한과 교섭상의 지렛대 효과를 기대할 수도 없다. 북한체제의 변화를 유도하는 효과도 기대할 수 없다. 지원 혜택의 가치를 모를 때 '자주성'이 더 강해질 수 있다. 그간 한국 정부는 각종 계기에 약 27~30억 불을 지원하고 미국은 13억 불 정도를 지원한 것으로 알려져 있다.

기존 대북 경제협력의 실패 요인은 다양하다.

북한에 대한 대표적 경제보상은 경수로 사업이었다. 한국의 경제지원 중 대표적 사례는 금강산관광사업과 개성공단사업이었다. 이 사업들은 모두 중단되었다. 일례로 제네바합의에 의해 북한이 핵개발 동결 대가로 북한에게 2,000메가와트 규모의 경수로 핵발전소 두 기를 제공 하기로 했다. 그것은 KEDO 프로젝트로 이행되었다. 그러나 장차 경수 로가 생산할 전력을 이용하는 경제협력 프로그램과 연계되지 않아서 북한은 그 경제적 가치를 깨달을 수 없었다. 북한은 경수로를 단지 군 사적 승리의 노획물로 간주했기 때문에 경수로 사업의 정치적 지렛대 는 처음부터 기대할 수 없었다.

1998년에 시작된 금강산관광사업은 2008년 7월, 한국 여성 관광객 이 북한 경비병의 총격으로 피살된 사건으로 중지되었다. 개성공단사 업도 정치적인 이유로 결국 중단되었다. 이 두 사업은 모두 김대중 정 부 때 시작되었다. 그런데 북한은 걸핏하면 정치적 문제를 제기하며 남쪽 인원의 출입을 통제하곤 했다. 북한은 2013년 4월 3일에도 남쪽 언론의 대북 비판을 이유로 한국 측 인원과 물자 진입을 전면 차단하 고 4월 8일에는 근로자 5만 4천 명을 일방적으로 철수시켰다. 이에 따 라 한국 측은 4월 26일, 공단 잔류 인원의 철수를 결정하고 5월 3일까 지 전원이 철수하는 단호한 조치를 취했다. 같은 해 9월 북한의 희망에 따라 개성공단이 재가동되었으나 북한 측의 무분별한 정치적 조치로 개성공단사업의 안정성은 크게 훼손되었다. 결국 2016년 1월, 북한의 4 차 핵실험에 대한 제재 조치의 일환으로 한국 정부는 2월 16일, 개성공 단사업을 전면 중단하고 남쪽 인원들을 철수시켰다.

이들 경협 사업의 실패에는 공통된 이유가 있다. 각 사업은 서로 경 제적으로 연계되지 않은 고립적 사업이었다. 북한은 전체적인 경제 발 전의 이익보다는 각 사업에서 떨어지는 노동임금 등 외화벌이에만 몰두했다. 따라서 그들이 인식하는 "사업 중단으로 인한 손해"는 외화 수입뿐이다. 북한에서는 모든 사업은 '정치행위'다. 경제 혜택의 가치를 모르거나 무시할 때 북한은 '자주성'을 내세우며 더 강경한 벼랑끝 전술을 구사한다. 북한식 정치적 셈법에 따르면 북한은 언제든지 승리자가 된다, 이 경우 대북한 교섭상의 지렛대 효과를 기대할 수 없고, 북한 체제의 변화를 유도하는 효과가 전혀 없게 된다. 북한에 대한 제재나 경제적 보상이 별로 효과가 없었던 이유도 여기에 있다. 지난 20년간의 협상 노력에도 불구하고 북한의 핵과 미사일 능력은 계속 강화되었다는 오늘의 현실이 이러한 문제점을 반증한다.

강력한 채찍과 구체적 당근 동시 구사

지난 20여 년간의 북핵협상에서 압박이나 유인 전략stick and carrot은 어느 것도 성공하지 못했다. 물론, 북한에 대한 지렛대가 잘 통하지 않는 근본적인 이유는, 북한 정권이 보통사람들의 고통은 전혀 개의치 않기 때문이기도 하다. 압박이 결정적인 고통을 줄 정도로 강하지도 않았고, 유인책이 그리 구체적이지도 매력적이지도 못했다는 것도 원인이 될 것이다. 또한 강경정책으로 일관하다가, 다시 유인전략으로 돌아서는 일관성 없는 정책이, 북한으로서는 오히려 '먹튀'할 수 있는 기회를 제공하는 결과가 되었다. 북한은 주어지는 당근은 일단 받아먹고, 징벌적 제재는 잠시 참으면 되는 것이다. 채찍stick과 당근carrot은 동시에 구사할 수 없는 것으로 생각되었다.

그러나 현재와 같이 안보리결의 2270호와 2016년 11월에 채택된 2321호에 따라 북한 정권에 직접 영향을 미칠 정도의 강한 제재를 행하면서도, 동시에 강한 매력이 있는 당근도 있다는 것도 보여줄 수 있지 않을까? 출구의 방향 정도는 구체적으로 "보여줄 수 있을 것"이다. 이는 북핵협상에서 강력한 '채찍'과 구체적 '당근'을 동시에 구사하는 새로운 전략적 사고다. 20세기 초 미국 제 26대 대통령 시어도어 루스벨트가 말했다는 "큰 몽둥이를 들고 있으면 조용히 얘기해도 효과가 있다"는 말이 유명한데, 그렇다면 "무지막지하게 몽둥이를 휘두르면서도 다사롭게 얘기하는 것"도 큰 효과가 있지 않을까?

한국은 강력한 압박 조치와 동시에 "구체적인 정치경제적 인센티브"를 보여주어 극단적인 관료주의 집단인 북한지도부 내부에서 건설적인 논의를 유발시키는 구상을 준비해두어야 할 필요가 있다. 현재 진행되고 있는 북한에 대한 강력한 제재와 압박은 북한으로 하여금 구체적인 "장래 행동에 대한 보상적 인센티브"에 더 관심을 갖게 만들 것이다. 중국도 이러한 옵션에 대해서는 반대할 명분이 없을 것이다. 중국은 오히려 북한에 대해 더 적극적인 역할을 할 수 있을 것이다. 미·중간의 치열한 대립 속에서도 북한핵문제에 관해서 양국이 협조할 수 있는 부분적인 공간이 열릴 수 있다는 의의도 있다. 러시아도 호의적일 것이다.

우선 북한과의 협상구도를 개선하기 위하여 북한에 대한 교섭 전선을 다양하게 확대하여 북한의 대응 전력을 분산시킬 필요가 있다. 예를 들면, 현재 진행되고 있는 제재와 압박을 강화하는 국제적 협의를 확대하는 한편, 동시에 경제적 유인 수단으로서 구체적인 경제개발협력을 협의하는 별도의 프로세스를 시도하는 것이 유익할 것이다. 북한의 경제개발 지원을 준비하는 목적의 국제적(또는 북한과의 양자 간) 협의체를 설립할 수 있다면 참가국과 북한을 포함한 모두의 공통적 협력 어젠다를 창출할 수 있을 것이다. 이를 통해 북한과의 '신뢰문제'도 해결할 수 있고 북핵협상을 제로섬게임zero-sum game 성격에서 포지티브섬게임Positive-sum game 성격의 프로세스로 전환시키는 것도 기대할 수 있을 것이다. 예를 들면, 북한을 포함하는 새로운 지역 경제개발 수요를 창출하는 조건을 만드는 것은 북핵문제를 해결한 후에 오는 결과가 아니라, 북핵문제를 해결하는 입구가 될 수도 있다고 생각할 수 있지 않을까?

"새로운 경제전선을 개척하는 것"은 오늘날과 같은 세계적인 경제 침체의 시대에는 모두의 이해관계를 조화시킬 수 있는 유일한 건설적 어젠다이다. 경제적 이익은 가장 현실적인 공동 어젠다가 될 수 있다. 특히 중국, 러시아가 극동의 주변지역의 안정적 환경을 원하고 있으므로 동북아지역을 경제적 역동력 지역으로 만드는 방향에 대해서는 어느 나라도 반대하지는 않을 것이다. 따라서 "경제 파트너로서의 북한"이라는 새로운 실용적인 시각과 사고도 필요하게 된다. 북한이 안보상의 위협적 존재기도 하지만, 동시에 "경제·비즈니스 파트너"로 간주하는 발상의 전환해볼 필요가 있다.

북핵문제나 북한문제를 외교적 부담이 아니라, "국제적 협력 어젠다"로 전환시켜 활발한 외교활동 공간으로 활용하는 지혜가 필요한 시점이다. 북핵협상을 "평화협상정책peace making mechanism(이하 PMM)"으로 설정하고, 북한에 대한 경제협력 협의는 "평화건설정책peace building mechanism(이하 PBM)"으로 동시에 작동시킨다. 이 경우 북한에 대한 제재의 계속적 강화를 통한 실체적, 심리적 압박은 북한으로 하여금 PBM에 대한 매력을 더 크게 만들게 하고 이는 다시 PMM을 촉진하는 촉매가 될 수 있다. PBM은 일종의 '사전 준비' 개념으로 추진하며, 그 구체적인 실행은 PMM의 결과에 따라 단계적으로 이행하도록 한다. 즉 "미리 준비를 하되, 조건이 실현되었을 때 실행한다"는 "준비와 이행의 분리원칙"이다.

이 경우 각 교섭채널이 상호보완적으로 시너지 효과를 발휘하거나,

서로 견제, 압박하는 지렛대 효과도 기대할 수 있을 것이다. 북한에 대한 조건부 경제협력 성격의 새로운 협의 어젠다를 개발한다면 북핵문제를 포함한 북한문제를 동북아지역의 새로운 개발수요 창출 등 경제적 이익 신장, 동북아지역의 평화협력체제 배양, 한국의 외교력 신장 등 '긍정적 어젠다positive agenda'로 전환시킬 수 있을 것이다. 물론 그런 조건을 유도하는 데는 한국 사회 전체의 합의consensus를 기반으로 한국 정부가 보다 큰 역할을 해야 할 것이다. 특히 한국 관료들이 이러한 임무를 완수하기 위해 스스로 더 큰 책임과 위험을 감당해야 한다.

북한은 극단적인 보신주의적 관료주의 사회라는 것은 앞에서 이미 설명한 바 있다. 북한 관리들은 구체적이지 않은 제안은 "생활의 지혜"에 따라 즉석에서 부정하거나, 권력내부에 보고하지도 않을 가능성이 크다. 따라서 북한에 대해서는 뭐든지 아주 구체적인 그림을 보여주어야 논의가 개시되고 진전될 수 있다. "장래 행동에 대한 보상적 인센티브"를 북한 측에 구체적으로 보여주기 위해서는, "미리 준비하되, 조건이 실현되었을 때 실행한다"는 "준비와 이행의 분리 원칙"하에 북한에 대한 경제협력 모델을 제시하면서 다음과 같은 분야의 대북한 경제지원을 위한 국제협의체를 시범적으로 구성할 수 있을 것이다. "준비와 이행의 분리 원칙"에 따라 대북지원프로그램 준비 작업에 대한 관련국의 동의와 참여를 비교적 용이하게 유도할 수 있을 것이다. 관련국들은 당장 부담이 없으므로 그만큼 더 적극적으로 연구조사나 협의에 참가할 수 있고 상호 간 이해관계 대립이나 갈등도 준비과정에서 사전에 조정해나갈 수 있을 것이다. 북한의 의구심을 고려하여 미·중·일·러·유럽연합EU 등 주요국, 또는 IMF·유엔 등 국제기구, 또는 민간 학계의 이니셔티브initiative 형식으로 주도하는 1.5트랙 개념으로 우선 시작할 수도 있을 것이다. 대북한 경제지원에 관한 국제적인 협력을 통해 우리의 부담도 경감한다는 목적 외에, 미·일·중 등 특정 국가가 북한에 대해 독자적인 목적으로 접근하는 것 '다자간 틀'의 형식을 통해 견제하는 효과도 기대할 수 있을 것이다. 북한이 초기 단계에서 부터 참여하는 것이 바람직하겠지만, 북한이 참여하지 않더라도 우선 시작하여 그 과정을 보여줄 필요가 있다.

햇볕정책 시기에도 북한경제개발계획에 관한 남북 간 협의는 없었다. 북한경제개발계획에 바탕을 둔 협력이나 원조는 과거의 비합리·비효율적인 대북경협방식을 반성하고 개선하는 효과가 있다. 또한 "북한의 자립능력을 배양해주는 대북원조방식"이기도 하다. 구체적인 경제개발계획을 수립하고, 이와 연계되는 일련의 원조, 투자, 협력 사업이 동시에 진행된다면 북한의 손익 셈법도 달라질 것이다. 경제개발계획은 북한 스스로가 정치·경제적 여건과 목표를 감안하여 작성하도록 하되, IMF와 세계은행이 계획 작성에 필요한 기술지원을 할 수 있을 것이다. 한국은 경제개발계획을 성공적으로 추진한 시범사례이므로 한국과 이들 금융기구가 기술적 지원협의체를 구성할 수도 있다. 북한 정권이 경제개발의 개념에 대해 더 객관적이고 체계적으로 이해할 수 있게 될 것이다.

또한, 핵협상 과정에서 합의되는 경제보상은 이러한 개발계획상의 우선 투입 순위를 고려하여 제공할 수 있게 되어, 경제적 효율성도 높일 수 있고 이를 통해서 북한에 대한 구체적인 경제유인책을 보여줄 수 있다. 주요 프로젝트 몇 개가 연계되어 동시에 진행된다면, 북한도 함부로 일방적인 조치를 하기가 그만큼 어려워질 것이다.

북한이 IMF·세계은행·아시아개발은행(이하 ADB) 등 국제금융기구에 가입하는 것을 준비하는 가이드를 하기 위해 국제적 지원협의체를 구성할 수도 있다. 북한 측에 대한 교육 및 가입 조건과 관련된 기술적 지원 제공 등, 소위 역량강화capacity building 원조프로그램 형태의 지원 협의체를 구성할 수 있다.

북한에 대해 장차 제공할 수 있는 원조를 검토하는 것을 목적으로 하는 '대북한 원조협의체'를 시범적으로 개최할 수 있을 것이다. 세계은행 주도로 결성된 최빈개도국 원조협의체를 모델로 할 수 있다. 북핵협상에 따른 경제보상을 이 협의체를 통해서 시행할 수도 있을 것이다. 참가국이 장차 제공할 수 있는 원조 규모를 검토하는 것을 목적으로 한다.

북핵협상 참가국이 분담하는 경제보상을 이 협의체를 통해서 시행할 수도 있을 것이다. 한국 대외원조기관 한국국제협력단KOICA은 지난 30년간의 대외원조 시행과 국제협력 참여 경험을 살려 국제원조기관의 대북한 협력을 리드하는 중심적 역할을 수행할 수 있을 것이다. 주요 원조 공여국의 원조기관 및 국제원조기구와의 대북한 원조협의체를 구성하여 원조프로그램을 주도하는 조정자coordinator 역할을 할 수 있다. 또한 대북한 원조프로그램 개발을 위한 국제회의 또는 세미나를 주최할 수 있다.

1990년대 중반 이스라엘-팔레스타인 간 평화정착을 위해 추진되었던 '중동개발은행MENA'을 모델로 하여 북한에 대한 경제협력을 목적으로 하는 '동북아개발은행(가칭)' 설립을 추진할 수 있다. '중동개발은행'은 1993년 오슬로 협정(선언)에 의해 개시된 2·8평화협상peace making 을 보완 강화할 '평화건설peace building' 목적으로 추진되었고 우리나라 도 2%의 대주주 지분으로 참여 예정이었으나, 미국 의회의 인준이 지 연되고 2000년 팔레스타인 봉기intifata의 악화로 마지막 단계에서 설립 이 무산되었다. 한편 2016년 4월, 중국 주도로 설립된 아시아인프라투 자은행(이하 AIIB)이 '동북아개발은행(가칭)'을 대체하는 역할을 할 수 도 있을 것이다. 또는 AIIB와 ADB, 세계은행이 투자하고 한국 등 주요 국들이 주주가 되는 '북한개발은행'을 설립할 수도 있을 것이다.

'대북한 인도적 원조협의체'를 구성하여 잘 조정된coordinated 원조를 집행한다면, 개별적이고 무질서한 지원을 융합하여 원조 효과를 극대 화할 수 있다. 이 분야에서도 한국국제협력단이 기존의 축적된 대외원 조 노하우 및 국제적 기준에 맞춘 체계적인 사업집행 능력을 활용하여 독자적 또는 국제적 협력을 통해 시행할 수 있다. 또한 일본국제협력 기구JICA, 미국국제개발처USAID, 기타 선진공여국의 원조기관 및 유엔 등 국제원조기구의 국제적 대북원조의 대행기관으로서의 역할도 기대 할 수 있다.

북한의 에너지 및 자원 개발에 대한 원조를 위한 '대북한 에너지 협 력체'를 추진할 수도 있다.

이러한 모든 협상 채널과 프로그램, 조건 등을 고려하여 적절한 시 점에 북한이 미국과 기초적인 외교관계를 수립할 수 있는 가능성을 열 어놓을 필요가 있다. 이는 1994년 북·미 간 제네바합의나 2005년 9·19 선언에도 명시되어 있는 것이다. 한국은 이러한 외교적 조치가 통일될 때까지의 한시적인 상태라는 것, 그리고 남북연락사무소 설치가 병행

되어야 한다는 것을 북·미 외교관계 수립조건으로 미리 제시해야 할 것이다.

한편, 한반도평화체제가 과거에 몇 차례 거론되었고 북한은 이를 하나의 조건으로 계속 제시하고는 있으나, 우리 입장에서는 개념적으로 한반도평화체제(교섭)는 선행 조건이 아니라 위와 같은 조건들이 어느 정도 성숙되어 가면서 결과론적으로 거론할 사항이 되어야 할 것이다.

우리들만의 냉전

우리 세대는 냉전 속에서 태어났다. 어쩌면 태어나서 처음 들어본 국제 언어가 냉전이었을 것이다. 학교에서도 냉전은 외우고 싶지 않아도 머릿속에 항상 남아 있는 용어 중에 하나였다. 우리에게 냉전은 곧 민족의 분단상태를 의미했고, 분단이 우리 뜻이 아니라 타의에 의해서 이루어졌다고 믿어왔다. 그렇다면 그것은 운명이나 마찬가지다. 그러나 분단은 남 탓이라고 하면서도, 분단의 골은 감정의 골과 겹쳐져서 더욱더 깊고 어두운 앙금의 골짜기가 되었다. 분단이 우리 책임이 아니라면, 분단을 심화시킨 것은 또 누구 책임일까?

이렇듯 냉전은 우리 땅과 운명 위에 그 그림자가 투영되면서 또 한 번 우리를 혼란스럽게 만든다. 그 혼란에서 벗어나지 못하는 한 "국제적인 냉전은 끝났는데 한반도에서는 냉전이 아직 끝나지 않았다"는 말의 뜻을 잘 이해할 수가 없다. 단지 연설문에서나 쓰는 수사적인 말로 받아들일 것이다. 냉전을 일으킨 장본인들은 화해를 하는데, 그 냉전의 '희생자'인 우리는 왜 여전히 희생자로 남아 있어야 하는가? 분단이 냉전 탓이었다면 냉전이 끝났는데 왜 분단의 골은 심연처럼 더 깊어만 가는 것일까?

여기서도 냉전 선발주자와 후발주자의 운명에 차이가 있다. 냉전 선발주자들은 스스로 새로운 상황에 때늦지 않게 적응하고 변신할 수 있지만, 냉전 후발주자들, 즉 수동적 역할자들은 스스로 변신할 수 없는 운명을 피할 수 없었나 보다. 역시 후발주자들은 냉전의 본질에는 관심이 없다. 그저 지배이데올로기에 가장 적합한 형태로 냉전이데올로기를 수용했을 뿐이다. 북한 지배계급에게 냉전은 더할 나위 없이 강력하고 편리한 독재적 지배수단을 제공해주었다. 남쪽에서도 이러한 경향이 전혀 없었다고 해야 할까? "지배계급에게 유리한 것부터 선택하고 모방한다"는 말과 같이 국제적인 냉전 상황은 우리 머리 위에 그렇게 덮여 내려왔다.

그렇기 때문에 세계인들에게는 냉전이 한 가지 모양을 하고 있겠지만, 우리에게는 세 가지 서로 다른 모습으로 다가왔다. 그래서 우리 냉전은 더 복잡했고 혼란스러웠을 것이다.

첫 번째 형태의 냉전은 물론 세계적 차원의 냉전이다. 미국과 소련이라는 강대국을 대표로 하는 양대 진영 간 대립이었다. 그것은 또한 영국의 세계경영이 끝나고 미국의 직접적 세계경영이 시작되었다는 것을 의미했다. 처칠이 언급한 '철의 장막'으로 분단된 자유진영과 공산진영, 동서 유럽 간 냉전은 유럽에서 시작되어 점차 전 세계적인 대결구도로 확대되었다. 그리고 1950년대 초반 미국의 정·관계를 휩쓸었던 극단적인 반공주의 매카시즘McCarthyism의 열풍이 소련과의 이데올로기적 대립을 심화시킴으로써 군사적·이데올로기적 냉전의 전체 구도가 완성되었다.

그리고 세계적 차원의 냉전은 1989년, 베를린 장벽이 무너지는 소리와 더불어 종말이 시작되었다. 그와 함께 자유진영의 대립 진영으로서의 사회주의권도 붕괴되었다. 그래서 우리 운명을 좌우해왔던 외생적인 변수로 우리가 일반적으로 언급하던 냉전은 사라졌다. 아쉬운 점은 독일의 통일이 국제적 냉전이 소멸되는 시작이 되었는데, 냉전이 사라져도 우리가 당면한 분단의 냉전은 더욱더 깊어져간다는 것이다.

우리의 두 번째 냉전은 한반도에서의 분단과 대립이라는 냉전이다. 우리 분단에 미소 간 세계적인 냉전이 작용했다는 것은 의심할 여지가 없다. 어쨌든 강대국 간 대립구도와 지역전략에 의해서 우리 민족의 운명이 좌지우지될 수밖에 없었다는 것은 분명한 사실이다. 그래서 오늘날까지도 주변 강대국 간 이해관계의 영향을 받는 종속적 구도를 벗어나지 못하고 있다. 우리의 힘만으로 한반도 냉전을 주도적으로 해체해 나가기에는 아직 분명한 힘의 한계가 있다는 것도 부인할 수 없는 사실이다. 따라서 한반도 냉전구도의 해체는 주변국들의 협조를 얻어가면서 북한을 대상으로 벌여나가야 하는 국제적인 외교게임이 될 수밖에 없다. 우리는 이러한 외교를 통일시기까지 전쟁을 방지하고 '분단을 관리'하는 것이라고 말하기도 한다. 한반도 냉전을 해체하는 것은 그만큼 시간이 걸리는 일일 것이다.

그리고 북한의 변화와 한반도의 평화 정착, 궁극적인 통일을 위한 우리 노력은 여러 형태로 계속되겠지만, 우리가 옳다고 생각해서 선택하는 방안이 언제나 우리가 의도했던 결과를 가져오지 않을 수도 있을 것이다. 우리 선택의 옳고 그름도 북한과 주변 강대국의 태도로부터 영향을 받을 수밖에 없기 때문이다. 이러한 사정이 우리 선택의 타당성에 관한 논란과 혼란을 야기하곤 한다. 아무튼 당분간은 우리 힘만으로는 어쩔 수 없는 냉전구도 속에서 살아야 할지도 모른다.

그러나 그러한 아쉬움 속에서도 우리 스스로의 힘으로 해체할 수 있는 냉전이 있다. 우리 자신 내부에서 뿌리를 틀고 있는 냉전적 유산이다. 바로 세 번째 종류의 냉전이다. 우리가 알게 모르게 내부에서 자리 잡아 온 냉전적 사고로부터 싹튼 냉전증후군은 우리의 힘만으로도 해체할 수 있는 것이다. 그것은 곧 우리가 통일을 준비하는 중요한 과정이기도 하다. 그 냉전증후군의 가장 대표적인 것은 흑백논리의 이분법적 가치판단이다. 서로 달라 보이는 생각이나 견해 간 적대적 대립과 충돌, 계층 간 이해대립의 심화, 지역간 배타성 등으로 표출되면서, 우리 사회 내부의 대립구도를 심화시켰다. 그것은 법보다는 상황논리가, 원칙보다는 편법이, 타협이 아니라 야합이 우선하는 사회풍조를 합리화해주었다. 일상생활에서 이런 증상을 경험하는 것이 필자 혼자만은 아닐 것이다.

우리 스스로는 과연 냉전의 해체와 통일을 위해 준비되어 있는가? 우리 내부에서 다른 것을 조금도 포용하지 않으면서, 북한 사람들을 어떻게 우리 속으로 받아들일 수 있는 여유가 있겠는가? 북한 사람들이 그러한 우리에게 의지하기를 어떻게 기대할 수 있겠는가? 경상도다 전라도다 서로 지방색을 따지며 지역감정을 부추기고 으르렁거리면서, 북한 사람들에 대해서는 지역감정을 가지지 않을 수 있을까? 그리고 그것이 지금의 지방색 수준일까? 남쪽 사람들이 북한 사람들을 그러한 지방색의 색안경을 끼고 보는 것을 이미 여러 번 보았다. 그렇다면 북한 사람들이 우리를 어떻게 신뢰할 수 있겠는가?

빈부 격차가 확대되고 계층 간 대립이 심화된다면, 북한 사람들을 어떤 계층으로 받아들이게 될 것인가? 북한 사람들이 자신들이 결국 최빈곤층으로 전락할 것이라는 것을 남한 모습을 보고 일찌감치 알게 될 때, 그들은 통일에 어떤 반응을 보이게 될까? 정권만 바뀌면 여야 할 것 없이 정치보복이다 뭐다 하면서 싸우는 모습을 볼 수 있는 위치에 있는 북한 사람들은 무슨 생각을 할까? 정권만 바뀌어도 그 정도인데, 남북 간 차원에서 자신들이 어떻게 될지는 불을 보듯 뻔한 일이다. 우리의 포용력이라는 것을 그들이 믿을 수 있을까? 아무리 엄청난 일이 벌어져도 책임지는 사람이 없는 사회에 북한 사람들은 무엇을 믿고 자신들의 안전을 우리와 상의하겠는가?

그리고 "통일비용이 너무 들어가니 천천히…"라는 사람들하고 무슨 통일을 논의하고 무엇을 기대하겠느냐고 북한 사람들은 볼멘소리를 할지도 모른다. 우리는 흔히 알려진 엄청난 규모의 통일비용이라는 것이 "일거에 그만한 돈이 들어간다", "그것이 다 우리 주머니에서 나와야 한다"는 잘못된 이해를 하고 있다. 그러나 그것은 북한 주민들의 소득수준을 남한의 일정한 비율까지 끌어올린다는 조건과, 그에 따르는 긴 시간을 전제로 하여 산출된 가상 금액이다. 그리고 국제사회에는 떠도는 돈도 많다. 우리 주머니의 쌈짓돈만 나가야 하는 것도 아니다. 우리가 국제사회의 '봉'이 아니라 '봉이 김선달'이 될 수도 있는 것이다. 또한 통일비용은 새로운 투자고, 새로운 투자는 경제의 확대재생산을 의미한다. 북한은 우리 민족 전체에게 새로운 경제영역을 확대하는 뉴프런티어가 될 수도 있지 않을까?

이 긴 고백을 마치면서 북한과 관련되는 정책만은 국내 정쟁대상이 되지 않기를 바라는 또 다른 고백을 하지 않을 수 없다. 우리나라와 같이 강대국이 아닌 작은 나라의 대외관계가 어느 지도자 개인이나 어떤 이해집단의 국내정치적 이해관계로 이용될 때, 그 결과가 어떠했는지는 19세기 말에 우리 조상들이 이미 경험하지 않았는가. 미국과 같은 강대국은 국내 정치의 향방에 따라 대외정책이 조정될 수도 있다. 과거 패권국가인 로마도 그랬다. 그러나 불행히도 우리는 헨리 키신저 Henry Kissinger가 말한 것처럼, "질서를 만들어가는 패권국가"는 아니다. 우리는 재주 좋게 "적응해나가야 하는 나라"에 불과하다는 것이 엄연한 현실이다. 우리가 주변의 냉엄한 안보환경에 잘 적응하여 살아남기 위해서는 국내 정쟁의 영향에서 어느 정도 독립된 중장기적인 비전과 전략을 바탕으로 하는 외교장치가 보장되어야 할 것이다.

그리고 '북한 사람들에게 우리의 자랑스럽고 의연한 모습을 보여줄 수 있는 남한 사회'가 만들어지기를 바란다. 그것은 북한 사람들이 좀 더 편한 마음으로 자신들 명을 우리와 상의할 수 있도록 하는 길이다. 상대방을 포용할 수 있는 아량의 깊이를 우리 스스로가 주변 사람들에게 먼저 보여주는 것이다. 그것은 세계인들에게 우리 민족 스스로 한반도의 냉전을 해체해나갈 것이라는 믿음을 주는 길이기도 하다. 그런 면에서는 냉전의 진정한 종언이 외부 환경 변화로부터가 아니라 우리 내부에서부터 시작되어야 하는 것이 아닐까? 결국은 그것이 우리가 그토록 바라는 민주적이고 평화로운 통일된 한국을 건설하는 원동력이 될 것이다.

주

1. Erich Fromm, 《Escape from Freedom》, Owl Book, 1994, p.164

2. 같은 책, p.169

3. 같은 책, p.208

4. 마루야마 마사오, 《현대정치의 사상과 행동》, 김석근 옮김, 한길사, 1997, 57쪽

5. Friedrich A. Hayek, 《The Road to Serfdom》, The University of Chicago Press, 1994, p.153

6. 같은 책, pp.152-153

7. Karl Polanyi, 《The Great Transformation》, Beacon Press, Inc., 1957, p.152

8. Michael W. Doyle, 《Ways of War and Peace : Realism, Liberalism, and Socialism》, Norton, 1997, p.379

9. Hayek, 앞의 책, p.169

10. Fromm, 앞의 책, p.221

11. 같은 책, p.221

12. Hayek, 앞의 책, pp.101-102

13. John Kenneth Galbraith, 《A Journey through Economic Time : A Firsthand View》, Houghton Mifflin , pp.154-155

14. Hayek, 앞의 책, p.82

15. Henry Kissinger, 《Diplomacy》, Simon & Schuster, 1994, p.795

16. Fromm, 앞의 책, p.130

17. 이현주, 중국의 진화타겁 그리고 소탐대실, 〈서울신문〉 2017년 1월 2일자

18. John J. Mearsheimer and Stephen M. Walt,《The Case for Offshore Balancing : A Superior U.S. Grand Strategy》, Foreign Affairs, July/Ausgust 2016

19. George Friedman,《The Next Decade》, Anchor Books, 2012, pp.184-185

20. 이현주, 앞의 글

21. 이현주, 트럼프 '역발상'으로 북핵 푼다면, 〈세계일보〉 2017년 1월 22일자

22. 송민순,《빙하는 움직인다 : 비핵화와 통일외교의 현장》, 창비, 2016, 208쪽

23. 같은 책, 184~391쪽